Letras Hispánicas

Cuentos

Letras Hispánicas

Rubén Darío

Cuentos

Edición de José María Martínez

CÁTEDRA

LETRAS HISPÁNICAS

© Ediciones Cátedra, S. A., 1997
Juan Ignacio Luca de Tena, 15. 28027 Madrid
Depósito legal: M. 26.581-1997
I.S.B.N.: 84-376-1551-8
Printed in Spain
Impreso en Gráficas Rógar, S. A.
Navalcarnero (Madrid)

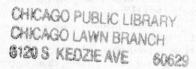

Índice

Introducción

Rubén Darío.

Es ya una costumbre comenzar toda antología con una justificación por parte de su autor, pues resulta obvio que este tipo de trabajos dependen casi exclusivamente de su voluntad y presentan un carácter esencialmente aleatorio. Toda antología, se ha dicho, es culpable y objetable, y no puede no reflejar las preferencias de quien la lleva a cabo.

La presente selección de cuentos no es una excepción a esa regla, pero se explica también por razones de otra índole, entre ellas y de manera principal las que tienen que ver con los avatares editoriales de la obra de Darío. Para comenzar, en esta misma colección han aparecido ya otros dos volúmenes con relatos del nicaragüense, y por tanto y a pesar de su calidad artística, su repetición aquí resultaría ciertamente innecesaria[1]. Por otro lado, desde 1950, año en que Ernesto Mejía Sánchez publicó la primera edición de los *Cuentos completos* de Darío, se han rescatado casi una docena de nuevos relatos, que raramente han sido publicados en recopilaciones posteriores. Es cierto que el mérito de alguno de esos relatos no es muy elevado —otros se encuentran entre las mejores narraciones del nicaragüense—, y que si nos hubiéramos dejado guiar únicamente por criterios estéticos, algunos de ellos no habrían tenido cabida en este volumen; pero también es cierto que su filiación dariana los hace merecedores de una difusión más amplia que la que han tenido hasta ahora, limitada generalmente a su reproducción en

---

[1] Nos referimos en concreto a «El caso de la señorita Amelia» y a los cuentos de *Azul...*, que se recogieron respectivamente en la edición de las *Páginas escogidas* de Darío (núm. 103 de la colección) y en la de *Azul...* y *Cantos de vida y esperanza* (núm. 403).

los trabajos donde los críticos han dado cuenta de sus hallazgos[2].

En el proceso de selección y análisis de los cuentos darianos, el antólogo suele enfrentarse a varios obstáculos, de índole teórica principalmente. El primero de ellos está relacionado con el mismo punto de partida, es decir, con el problema del cuento como género literario. En este sentido, da la impresión de que, para la crítica, el cuento moderno es un concepto tan atractivo como escurridizo, y de que, realmente, desde el trabajo de Allan Poe sobre Nathaniel Hawthorne[3], las especulaciones teóricas han girado en torno a las ideas que el estadounidense ya entendió como constantes propias del cuento, que serían principalmente la brevedad, la unidad de impresión, la intensidad, el efectismo y la autonomía. Como resultado, y a pesar de la extensa bibliografía existente, no podemos decir aún que contemos con una definición satisfactoria, y parece más bien que debemos conformarnos con una descripción negativa o analógica de lo que sea el cuento[4]. De todos modos, sí podrían asegurarse, al menos,

[2] Entre las recopilaciones posteriores a la de Mejía Sánchez (México, FCE, 1950), debe destacarse la que Julio Valle Castillo publicó por primera vez en 1990 (*Cuentos Completos*, La Habana, Arte y Literatura), que da cuenta de la mayoría de los hallazgos posteriores a 1950. En nuestra selección recogemos además dos cuentos ausentes en la recolección de Valle Castillo («La klepsidra» y «Cherubín a bordo») y otros nueve más que, aunque sí aparecen en ella, no lo hacen en la de Mejía Sánchez («Primera impresión», «Caín», «Paz y Paciencia», «Historia de mar», «Pierrot y Colombina», «D. Q.», «Cuento de Año Nuevo», «Huitzilopoxtli» y «El cuento de Martín Guerre»).

Por razones obvias, la presente introducción se referirá al conjunto de la producción cuentística de Darío y no sólo a los relatos seleccionados en este volumen. Tampoco hemos creído oportuno utilizar marca alguna para indicar si el cuento mencionado en la introducción se recoge o no en nuestro trabajo; en el supuesto de que no sea así, remitimos al lector a los volúmenes citados en la nota anterior y a las recopilaciones de Mejía Sánchez y de Valle Castillo. Desde aquí queremos también expresar nuestro sincero agradecimiento al Faculty Research Council de la Universidad de Texas-Pan American, por la beca que hizo posible la presente investigación.

[3] El artículo de Poe sobre las narraciones cortas de Hawthorne («Review of *Twice-Told Tales*») se recogió por primera vez en el *Graham's Magazine*, en mayo de 1842, y puede leerse en la edición de Julio Cortázar (Edgar A. Poe, *Ensayos y críticas*, Madrid, Alianza, 1973, 125-171).

[4] Entre abundante bibliografía sobre el tema, podríamos destacar aquí los

dos claves en su definición, que son también las que han guiado nuestra selección de los textos darianos. La primera sería la brevedad, que, aunque relacionada con algo tan poco literario como la extensión física, sigue siendo una nota recurrida explícita o implícitamente por todos los teóricos del cuento. La segunda sería la existencia narrativa de una acción o suceso, los cuales, aunque mínimos en su duración o discontinuos en su desarrollo, impiden que este tipo de prosa se confunda con una descripción, un cuadro o una mera evocación lírica. Ambas notas, brevedad y movimiento, presentan además la utilidad de servir al cuento de límites naturales con la novela corta y el poema en prosa, los dos géneros colindantes con él[5].

Una segunda dificultad es la derivada de las características propias del cuento modernista, las cuales, frente a la generalidad del cuento moderno y en especial frente a los relatos del Realismo o del Naturalismo, le confieren una posición todavía más inestable. En general, el cuento modernista se caracteriza por un notable debilitamiento de la anécdota y, como lógica contrapartida, por una presencia más notable de los componentes estáticos de la narración. Es decir, en el relato modernista lo sintagmático dejará paso a lo paradigmático, lo diacrónico a lo sincrónico, lo épico a lo lírico, lo deno-

---

trabajos de Anderson Imbert (1979), Baquero Goyanes (1967), Juan Bosch (1967), Cortázar (1973), Durán-Cerda (1976), Eberenz (1989), Fell (1987), Friedman (1958), Frohlicher y Guntert (1995), Mora (1993), Pupo-Walker (1973 y 1995), Rueda (1992), Serra (1978), Vallejo (1989) y Zavala (1995). Tras su lectura, y a manera de conclusión, podría hablarse del cuento como de un género que combina unos elementos fijos o constantes, lo que permitiría entenderlo como un género autónomo, con otros aleatorios y tan relativamente numerosos que impedirían una definición rígida del mismo. Sobre este particular son especialmente clarificadoras las afirmaciones de escritores como Valera (I, 1049) o Cortázar (1973, passim) y de críticos como Serra (14), Anderson Imbert (1979, 48), Aínsa (Fell, 71), Rueda (27-28) o Martínez (Moreno, 117).

[5] Por otra parte, y al igual que otros autores, creemos que ambas notas hacen del término «cuento» un sinónimo de «relato corto» o «narración breve», y por ello los utilizaremos aquí como conceptos intercambiables. Sobre la importancia de la brevedad y la acción narrativa como constantes del cuento, cfr., entre otros, Anderson Imbert (1979, 331), Baquero Goyanes (1967, 41), Friedman (1958, 117) y Martínez Moreno (118).

tativo a lo connotativo y lo lineal o temporal a lo espacial o discontinuo. No es extraño, por tanto, que durante el Modernismo las fronteras entre el cuento y el poema en prosa sean especialmente difíciles de determinar y que, por ejemplo, el propio Darío incluya entre los «Cuentos en prosa» de *Azul...* un trabajo —«El velo de la reina Mab»— al que varios años más tarde él llegaría a considerar el primer «poema en prosa» de la literatura castellana (Darío, 1950, I, 199-200). Y no es extraño tampoco que el Modernismo sea uno de los momentos literarios cuyos autores pasen de la poesía al cuento y del cuento a la poesía con mayor frecuencia y espontaneidad, o que algunos críticos hayan propuesto el concepto de «cuento lírico» como el más apropiado para el relato corto de este periodo[6].

En tercer lugar, no contamos tampoco con una teoría dariana del cuento, hecho que habría resultado de gran ayuda en un momento —siglo XIX y comienzos del XX— en que éste era un concepto particularmente ambiguo y polivalente. En cierta manera, tal ausencia es algo lógico y esperable, ya que el nicaragüense fue siempre más fecundo como poeta o cronista que como escritor de cuentos, y más brillante como artífice y creador que como teórico de la literatura; es por tanto natural que sus valoraciones teóricas versen con más frecuencia sobre poesía, periodismo o literatura en general que sobre la problemática específica del cuento[7]. Por otro lado, sus pocas menciones explícitas al cuento como género nos remiten al concepto común entre los autores y críticos de entonces —narración breve de un sucedido— y, en últi-

---

[6] Manuel Gutiérrez Nájera, Leopoldo Lugones o Amado Nervo serían algunos de los autores en cuya obra de conjunto sería más fácil seguir esa alternancia entre el verso y la narración breve. Acerca del concepto «cuento lírico», cfr. Ezama, 62-63.

[7] Una buena muestra de esta preferencia de Darío por lo lírico podrían ser los capítulos de *Los raros* dedicados a cuentistas como Poe, Villiers de L'Isle-Adam o Jean Richepin, a cuyas narraciones no presta apenas atención, y en donde, por el contrario, se extiende en repetidas ocasiones sobre sus obras en verso. Otra prueba podría ser el hecho de que en la *Historia de mis libros*, de 1909, no ahonde en las múltiples innovaciones y originalidades de sus cuentos de *Azul...* y opte mejor por señalar sus fuentes e influjos y por reivindicar con ellos su papel de iniciador del Modernismo.

14

ma instancia, a esa polivalencia o ambigüedad del término a la que acabamos de aludir y que, en nuestra literatura, iba a continuar hasta las formulaciones teóricas de Horacio Quiroga[8]. Así, en su famoso artículo de 1888 sobre Catulle Mendès, Darío calificaba al parnasiano francés de contador «espléndido», que «no se parece a los últimos narradores de los tiempos nuevos, no tiene nada de Musset, de Balzac, de Daudet mismo, aunque con éste se le noten algunas analogías de arte»[9]; en *A. de Gilbert*, de 1890, habla del cuento como de un género «sutil y peligroso», y en *Los raros*, de 1896, lo califica también de «género delicado y peligroso que en los últimos tiempos ha tomado todos los rumbos y todos los vuelos». Estas afirmaciones bastan para asegurar lo que, como luego veremos, confirma la práctica del género por parte de Darío, es decir, la ausencia en el panorama cuentístico de su tiempo de unas creaciones que correspondieran de modo unívoco al género cuento y, consiguientemente, la confusión o intersección de éste con otros como la leyenda, las anécdotas o los llamados chascarrillos[10]. Al mismo tiempo nos permiten adivinar la multiplicidad de orientaciones temáticas y argumentales que dominaban en la cuentística de entonces, y a las que, como comprobaremos más adelante, el propio Darío no consiguió permanecer ajeno.

Ahora, antes de ofrecer un análisis más detallado de los

---

[8] Sobre la ambigüedad del término «cuento» en los años de Darío y sobre su convivencia y contagio con otros géneros afines a él pueden consultarse, entre otras, las definiciones de Juan Valera y de Hermenegildo Giner de los Ríos (Ezama, 33 y 85) y también las aportaciones de José Miguel Oviedo (8-9) y Juana Martínez (232). En cuanto a Quiroga, nos referimos a los dos trabajos que el uruguayo publicó en 1925, en *El Hogar* de Montevideo («Manual del perfecto cuentista» y «Decálogo del perfecto cuentista»), y en los cuales el cuento recibe, por primera vez en nuestra literatura, una conceptualización que lo convierte definitivamente en un género distinto a las demás narraciones breves (cfr. Quiroga, 60-65 y 86-87).

[9] Darío, 1934, 166-167; sobre las dos afirmaciones que siguen, cfr. Anderson Imbert, 1967b, 216 y Darío, 1950, II, 170.

[10] Estas aserciones pueden confirmarse, por ejemplo, con la clasificación de cuentos populares que Valera hizo en 1896 (I, 1209-1213); para la literatura hispanoamericana podría recordarse a Daniel Riquelme, tenido por el primer cuentista de Chile y cuyo primer volumen de relatos cortos llevó el título de *Chascarrillos militares* (1885); cfr. también Fell, 31 y Martínez, 229-232.

cuentos darianos y con el fin de evitar algunos prejuicios a la hora de valorarlos, conviene adelantar algunas ideas generales sobre ellos. Conviene recordar, por ejemplo, lo que también se ha dicho a propósito de su poesía: que sus relatos son, en conjunto, desiguales, y que al lado de unos que merecerían el puesto más alto en la antología más exigente, se encuentran otros dignos del olvido más completo, si no fuera por su filiación dariana. También habría que decir que la producción cuentística de Darío resulta cuantitativamente muy inferior al resto de su prosa y también a su poesía, y por ello puede asegurarse que el cuento no fue para él, salvo en momentos muy concretos, la actividad literaria que más esfuerzo le exigió, y que, por tanto, tampoco nosotros debemos exigirle una intensidad semejante al resto de su obra. Ampliando un poco lo que afirma Anderson Imbert (1967, 26 y 45), Darío sería un poeta o cronista puro, pero un cuentista impuro, en quien las notas líricas o periodísticas se transfieren a sus cuentos de manera continua e inevitable. Lo que habría hecho grande a Darío sería el verso, pero también alguno de sus cuentos, y es en estos casos, cuando consideramos unidos sus mejores poemas y sus mejores narraciones, cuando indiscutiblemente nos encontramos ante una de las cimas más altas de nuestra literatura.

Por último, se corre el riesgo de comparar los méritos del Darío cuentista con los logros de los narradores del siglo xx, es decir, con lo que podríamos llamar la cuentística vocacional de Quiroga, Borges o Cortázar, por poner unos ejemplos. En esa comparación, evidentemente, Darío saldría perdiendo. Pero es que se trataría de una comparación inadecuada por el anacronismo que encierra, ya que Darío vivió en un tiempo en que, con contadas excepciones, la práctica literaria del cuento moderno se hallaba en un estado embrionario, ajeno al proceso de experimentación y maduración que desembocaría en los grandes aciertos del siglo xx. La tarea de Darío y de los modernistas no pudo consistir, por tanto, en culminar la evolución del cuento decimonónico, sino en dar comienzo al cuento moderno, en librarlo de las ataduras románticas o realistas. Y es entonces, en el momento en que a Darío lo enfrentamos a los cuentistas anteriores o contempo-

ráneos a él, cuando esta faceta suya sobresale por encima de
la de los demás con la misma fuerza y evidencia con que lo
hace su calidad de poeta.

UNA PERIODIZACIÓN DE LA CUENTÍSTICA DARIANA

La producción cuentística de Darío podría agruparse en
cinco momentos diferentes, en función no sólo de la biografía externa del poeta sino —y esta coincidencia es lo que proporciona validez a nuestra división— de las propiedades mismas de los relatos.

El primer momento correspondería a su juventud nicarag-
güense, hasta su viaje a Chile en junio de 1886. Aunque parece que hubo más, son sólo cuatro los cuentos de estos años
que han llegado hasta nosotros[11]. En ellos vemos a un autor
joven y primerizo, sin pretensiones estetizantes en su estilo
ni originalidades singulares en sus argumentos; al mismo
tiempo, aparece especialmente dotado para una personal
imitación de otros autores, con una notable fluidez en el lenguaje y una llamativa inclinación a la perspectiva autobiográfica en sus relatos. Las evidentes limitaciones de estos primeros cuentos tienen su origen en la propia juventud del poeta,
pero también es cierto que el panorama narrativo centroamericano era entonces realmente pobre, y Darío no pudo tomar
de él ningún modelo digno que seguir. «En Nicaragua todo
el siglo XIX y considerable parte del siglo XX, es una cámara de
vacío sin narradores» (Ramírez, 1976, 9). La primera novela
nicaragüense es de 1878, sólo un poco anterior en fechas a
los primeros cuentos de Darío; y el primer cuentista de cierto renombre en Centroamérica, el costumbrista costarricen-
se Manuel González Zeledón, no comenzó a publicar sus
trabajos hasta 1885, sólo un año antes del viaje de Darío a

---

[11] Al regresar de San Salvador, en 1883, recuerda Darío que escribió en diversos periódicos «versos y cuentos y uno que otro artículo político» (1950,
I, 49). Entre otros, se habría perdido el titulado «La pluma azul», que parece
haber sido recogido en algún número de *El Diario Nicaragüense* (cfr. Sequeira, 1945, 271 y Darío, 1988, 411).

Chile[12]. Así, resulta lógico que los influjos o alusiones librescas de sus primeros cuentos procedan en su mayoría de ámbitos europeos (romanticismo medievalizante en «A orillas del Rhin»), peninsulares (Bécquer en «Primera impresión», Campoamor en «Las albóndigas del coronel») o sudamericanos (Ricardo Palma en «Las albóndigas del coronel»)[13]. Es fácil deducir, por tanto, que de no haber alcanzado su autor la trascendencia que luego alcanzó, estos cuentos habrían quedado relegados al olvido más absoluto. Lo que nos parece más significativo en ellos, aparte de su valor documental, es la presencia de las dos notas señaladas antes, notas éstas —fluidez verbal e inclinación autobiográfica— que volveremos a encontrar en su producción posterior y que a la larga se convertirán en dos de las notas más características de su faceta de narrador.

El segundo momento correspondería a su etapa chilena, desde mediados de 1886 hasta febrero de 1889. Como narrador, éste sería también su segundo periodo más fecundo, ya que durante los dos años y medio de su estancia publicó un total de veintiún cuentos, lo que constituye aproximadamente un veinticinco por ciento de su producción total[14]. Las razones de este salto cuantitativo nos parecen ligadas al diferente estatus social que a Darío le tocó vivir en la sociedad chilena, muy diferente de la centroamericana de donde procedía. En efecto, si en su Nicaragua natal su condición de niño prodigio le había evitado penurias económicas en diversas ocasiones y le había permitido vivir al cobijo de algunas protecciones oficiales, en Chile, su condición de meteco y las circunstancias propias del nuevo país iban a convertirlo en un joven inadaptado a su nuevo medio, e iban a hacer de-

---

[12] Cfr. también Ramírez, 1976, 9 y ss.

[13] Igualmente, resulta ilustrativo el hecho de que sea el nombre de Darío el primero que aparezca en las cronologías y antologías del cuento o la novela nicaragüense o que algunos críticos hayan llegado a considerarlo el primer narrador de su país (cfr., por ejemplo, Ramírez, 1976 y 1984).

[14] Aceptamos, aunque cabría hacerle algunas matizaciones, el corpus de cuentos de Darío elaborado por Mejía Sánchez, al cual habría que sumar ahora las once narraciones mencionadas en nuestra primera nota. En total, la cifra final de cuentos escritos por el nicaragüense sería de ochenta y ocho.

18

pender su supervivencia, principalmente, de su trabajo de periodista, el cual llevaba implícita la necesidad de una constante productividad literaria[15].

Pero más importante que este salto cuantitativo es el cambio cualitativo que se observa en sus cuentos chilenos. Aunque no todos ellos sobresalgan por sus méritos, lo cierto es que la mayoría, y especialmente los recogidos en *Azul...* (1888), son auténticas piezas maestras del género y muestran también a un cuentista completamente distinto del Darío nicaragüense. Lo que con acierto Ángel Rama denominó la transformación chilena de Darío (1970, 81), que explicaría este cambio cualitativo, se concretaría en una mayor originalidad en el planteamiento de las anécdotas de sus cuentos, en la maestría y variedad del material lingüístico y de los recursos formales y narrativos que en ellos se emplean, en la naturalidad con que las numerosas referencias librescas y culturales discurren por las narraciones y, simultáneamente, en la manera en que éstas reflejan la sensibilidad real de las modernas urbes chilenas; también en la sentida intensidad que envuelve a cada uno de los relatos, y, en definitiva, en su condición de narraciones capaces de revolucionar la forma de escribir y entender el cuento en nuestro idioma.

La singularidad de estas narraciones adquiere todavía más relieve si las ubicamos en el conjunto de la producción cuentística chilena de esas fechas, porque también en ese contexto son piezas únicas. Darío es, realmente, un gran cuentista aislado en el Chile de entonces, ya que los logros de aquella narrativa, aunque mayores y más abundantes que los centroamericanos, no pasaban de una discreta mediocridad. En cuanto a la narración breve, a pesar de su abundancia, no puede decirse sino que las manifestaciones contemporáneas a Darío continuaban dentro de cánones como el cuadro de costumbres, los relatos moralizantes, la narración fantástica o las tradiciones locales al estilo de Ricardo Palma. Por otro

---

[15] Sobre las peculiaridades de la sociedad chilena de entonces y sobre el modo en que ésta condicionó al poeta, cfr. los trabajos de Ángel Rama (1970), Teodosio Fernández (1990) y nuestra introducción a *Azul...* (Darío, 1995, 13-58).

lado, las preceptivas literarias tampoco favorecían la aparición de nuevos tipos de escritura, pues se movían todavía entre el neoclasicismo de Andrés Bello, el romanticismo nacionalista de José Victorino Lastarria o el historicismo de Benjamín Vicuña Mackenna. Todas ellas coincidían en considerar al cuento como un género secundario, como una narración inferior a la novela, a la poesía e, incluso, a los tratados históricos[16]. Algunos ejemplos de la narrativa breve de estas fechas, que confirmarían la heterogeneidad y medianía a las que nos estamos refiriendo, podrían ser la serie de *Leyendas y tradiciones* que Enrique del Solar publicó entre 1875 y 1882, las *Fantasías humorísticas* de Pedro N. Cruz, de 1881, los cuadros de *Después de la tarea* de Adolfo Valderrama, de 1882, las *Novelas y cuentos de la vida hispanoamericana* de Lastarria, recopilados en 1885, los *Chascarrillos militares* de Daniel Riquelme, aparecidos en 1885 y reeditados en 1890, los cuadros costumbristas de Arturo Gigovich, uno de los cuales resultó premiado en el Certamen Valera de 1887 —el mismo en que Darío vio premiados dos trabajos suyos—, o, finalmente, las narraciones de Federico Gana que se leían en el Ateneo de Santiago en agosto de 1888, el mismo mes en que iba a aparecer *Azul...* en Valparaíso[17].

---

[16] En su trabajo sobre la ubicación del cuento latinoamericano como género literario, Luis Bocaz recoge entre otras las opiniones de Vicuña Mackenna y de Diego Barros Arana. Para el primero los cuentos serían sencillamente narraciones destinadas a un público infantil y por supuesto sin categoría de género independiente. Para el segundo, rector del Instituto Nacional, los cuentos debían entenderse «siempre sometidos a los preceptos fijados para las composiciones novelescas» (cfr. Fell, 87-111). También es significativo, como ese mismo artículo recuerda, que en los comentarios que algunos críticos hicieron de los cuentos de Federico Gana y de Baldomero Lillo, se confiase la verdadera consagración de ambos autores a la publicación ulterior de alguna novela.

[17] Una prueba de lo poco estimulante que para Darío resultaba este panorama y, por el contrario, lo atractivo de otras literaturas, es lo que podemos deducir de su crítica literaria de entonces. Así, frente a la admiración por los cuentos de Catulle Mendès y de otros autores franceses, en sus trabajos sobre literatura chilena, centroamericana o peninsular, la narrativa breve está prácticamente ausente, y las menciones a los autores chilenos se concretan en los comedidos elogios que hace a Pedro Balmaceda y Luis Orrego, con quienes

Si éste era el panorama de preferencias literarias que dominaba en Chile y además, junto a otros factores, tenemos en cuenta también que Darío salió del país sólo unos pocos meses después de publicar *Azul...*, no debe extrañarnos que la repercusión de sus cuentos fuera bastante limitada[18] y que, después de 1888, sirviera de modelo sólo a amistades suyas como Pedro Balmaceda, Emilio Rodríguez Mendoza o Luis Orrego Luco y no llegase a calar en los narradores que como Federico Gana, Augusto d'Almar o Eduardo Barrios continuaron dentro de la anterior tradición. Hubo que esperar algunos años más hasta que la difusión del Modernismo por toda Hispanoamérica originase en Chile alguna débil imitación de *Azul...*, como lo fueron las *Páginas sueltas* de Tomás Ríos, de 1899, y *Eros*, de Alejandro Parra, también de 1899. De todos modos, aun estas secuelas resultaron productos esporádicos y mediocres y quedaron pronto ocultas entre la narrativa criollista que dominó en Chile a partir de 1900 y también ante la obra de Baldomero Lillo, el primer cuentista chileno de verdadera talla[19].

Pero, a pesar de la escasa resonancia inmediata de estos trabajos de Darío, su trascendencia posterior merece que nos hagamos algunas preguntas, preguntas que hasta ahora la crítica dariana ha contestado sólo de modo parcial.

En primer lugar, interesaría saber por qué los cuentos de Darío aparecen tan alejados de lo que era más común entre los autores chilenos coetáneos, por qué, en otras palabras, su narrativa corta es tan distinta de los ejemplos que hemos citado anteriormente. En este caso resultan insuficientes las explicaciones de quienes ven en la estructura socioeconómica

---

entonces compartía sus preferencias estéticas, y en las contadas alusiones a Daniel Riquelme y a Federico Gana, cuyos cuentos, sin embargo, no le arrancan comentario alguno (cfr. sus artículos, «Catullo Méndez *[sic]*, parnasianos y decadentes», «La literatura en Centroamérica», «A propósito de un nuevo libro», «El triunfo de Préndez» y «Prólogo a *Asonantes*», todos ellos en Darío, 1934).

[18] Sobre la recepción de la primera edición de *Azul...* en Chile nos hemos extendido ya en Darío, 1995 (24-36).

[19] Para un panorama más detallado de la cuentística chilena en tiempos de Darío, cfr. el trabajo de Silva Castro recogido en la bibliografía (Silva Castro, s.f.).

del país la causa última de la transformación literaria de Darío y, con ella, de las diferencias del nicaragüense con los autores chilenos. Si ésta fuera la verdadera razón, tales circunstancias habrían afectado por igual a los escritores nativos y, por tanto, debería haber existido una abundancia de relatos y narraciones semejantes a las de Darío y entre las cuales las del nicaragüense sólo habrían sido el ejemplo más conseguido. Evidentemente, la causa debe pertenecer al ámbito personal, es decir, a lo que especialmente distinguía a Darío de los demás escritores en esas fechas concretas. En otras palabras, la intensidad y peculiaridades de los cuentos chilenos de Darío tendrían su última explicación en la crisis personal que atravesó el poeta durante su estancia en aquel país, crisis que habría tomado cuerpo artístico al tiempo que Darío, un joven privilegiado, descubría un nuevo mundo referencial y buscaba conscientemente la modernización de las formas expresivas del lenguaje[20].

Cabría preguntarse también por la singularidad de los cuentos chilenos dentro de su propia producción, es decir, por qué Darío no vuelve a alcanzar este mismo nivel de conjunto en las narraciones de sus posteriores etapas. Porque es evidente, y ya se ha recordado repetidamente, que muy pocos son los cuentos del Darío más maduro que puedan ponerse a la altura de «El rey burgués», «La ninfa» o «La canción del oro». Lo que ambos grupos de cuentos comparten, y por tanto no basta para explicar la diferencia, es lo que se ha llamado la magia verbal de su estilo, es decir, más que la abun-

---

[20] Sobre todo esto nos extendemos también en Darío, 1995 (49-58). A propósito de su deseo de renovar el lenguaje literario, pueden recordarse las explícitas afirmaciones de «La literatura en Centroamérica», artículo de 1888: «Y no es que censuremos el apego, por ejemplo, al decir puro y hermoso de los maestros de los mejores días del habla hispana, que esto es plausible, sino que desearíamos más vuelo, más entusiasmos, pues tenemos el convencimiento de que hemos llegado a un estado tal en nuestra América, hemos vivido una vida tan rápida, que es preciso dar nuevas formas a la manifestación del pensamiento, forma vibrante, pintoresca y, sobre todo, llena de novedad y libre y franca; dar (...) toda la soberanía que merece la idea escrita, hacer del don humano por excelencia un medio refinado de expresión, utilizar todas las sonoridades de la lengua en exponer todas las claridades del espíritu que concibe» (1934, 208).

dancia de recursos narrativos, la fluidez, naturalidad y armonía con que discurre la prosa de sus cuentos. Lo que nos parece que realmente hace singulares a las narraciones de *Azul...* y a otras pocas más es la sinceridad personal con que Darío está viviendo lo contenido en su relato en el mismo momento de su redacción; es, en otras palabras, lo que Julio Cortázar dio a entender cuando se refería al exorcismo que todo cuentista necesita para transmitir una vibración de autenticidad a sus obras, esa situación que, por otra parte, coloca al cuentista tan cerca del poeta[21]. Así, lo que hará grandes a relatos como «El pájaro azul», «La ninfa» o «El palacio del sol» frente a otros como «Febea», «Sor Filomela» o «El linchamiento de Puck» radicará entonces no en sus méritos formales o en la originalidad de sus argumentos sino en la latencia en los primeros de una situación biográfico-existencial mucho más intensa y auténtica que en los segundos. De ahí que cuando el primer plano de la narración no se encuentre ocupado por esta peculiar catarsis del poeta y cuando en él domine más bien el simple deseo de contar una historia («La muerte de Salomé»), la intención moralizante («El perro del ciego») o el deseo del autor de mostrar su ingenio («Las bastardas del rey Apolo»), el lector, en el momento de concluir su lectura, no podrá evitar una sensación de decepción o desengaño, y se verá obligado a admitir que la cuentística del poeta tiene en estos altibajos una de sus constantes más llamativas[22].

---

[21] Afirma el autor de *Las armas secretas* que en «cualquier cuento breve memorable se percibe esa polarización, como si el autor hubiera querido desprenderse lo antes posible y de la manera más absoluta de su criatura, exorcizándola en la única forma en que le era dado hacerla: escribiéndola.

»Pretender liberarse de criaturas obsesionantes a base de mera técnica narrativa puede quizá dar un cuento, pero al faltar la polarización esencial, el rechazo catártico, el resultado literario será precisamente eso, literario; al cuento le faltará la atmósfera que ningún análisis estilístico lograría explicar, el aura que pervive en el relato y poseerá al lector como había poseído, en el otro extremo del puente, al autor» (108-109); cfr. también los trabajos de Mora (1993, 47) y Brownlow (1989).

[22] Todavía cabría una pregunta más, referida al criterio de Darío para decidir qué trabajos pasarían a formar parte de *Azul...* y qué trabajos quedarían fuera. Al comparar los dos grupos nos parece que Darío seleccionó los cuen-

23

Después de Chile seguiría la etapa centroamericana, desde marzo de 1889 hasta mediados de 1892, que ve aparecer un total de catorce cuentos y que, por tanto, puede considerarse también como una etapa de gran fecundidad[23]. A nuestro juicio, lo más característico en ella no serían tanto los aciertos estéticos, más bien limitados, cuanto el cambio de intención perceptible en la mayoría de esas narraciones y la aparición en las mismas de nuevas tendencias temáticas y referenciales. Así, resulta significativo que salvo «La muerte de la emperatriz de la China», de más que probable origen chileno, ninguna otra narración de este momento pueda ser incluida en las páginas de *Azul...* sin producir graves discordancias con el tono general del libro. El regreso de Darío a tierras centroamericanas, donde se tuvo que sentir menos extranjero que en Chile, y su nueva condición de autor consagrado por las cartas de Valera sobre *Azul...*, explicarían en parte la desaparición de aquellas tensiones personales que originaban la intensidad de los cuentos chilenos, intensidad que en estos relatos va a ser considerablemente menor o va a estar ausente por completo. Una consecuencia de ello sería la desaparición de los cuentos vertebrados en torno a la oposición artista/sociedad, tan abundantes en Chile pero que ahora, en Centroamérica, no se correspondían ya con la biografía real de Darío[24].

---

tos de acuerdo con un criterio estético, pero entendido éste en su sentido integral, no meramente formal. Darío habría elegido entonces los trabajos mejor acabados, los más redondos, los que mejor concretaban su intención de modernizar la forma, pero los que al mismo tiempo eran portadores de una experiencia catártica —el exorcismo del que habla Cortázar— especialmente intensa. Y así entendemos que escogiera relatos como «El pájaro azul», «El rey burgués» o «El velo de la reina Mab», que tan vívidamente mostraban su condición de artista extraño al mundo burgués y que incluían también parte de su doctrina estética, y que, por el contrario, dejase fuera otros como «El año que viene siempre es azul», con un lenguaje similar a aquéllos pero con unas implicaciones biográficas mucho más desdibujadas.

[23] Ni en este caso ni en los que siguen tenemos en cuenta las reimpresiones de los relatos de Darío, que siempre fueron muy numerosas y se extendieron a lo largo de toda la vida del poeta.

[24] Tan sólo «La muerte de la emperatriz», del que ya hemos indicado su posible origen chileno (cfr. Darío, 1995, 236), cabría en este grupo, en el sentido de que su protagonista se bastaría del arte y del amor para crear un mundo independiente del mundo externo a él.

Igualmente, este cambio se concretaría en las pretensiones moralizantes de algunos de los cuentos[25], y también en el despego con que Darío llegó a juzgar sus relatos chilenos. A propósito de esto último, Máximo Soto Hall, que convivió con el poeta en Guatemala, recordaba que el nicaragüense los había calificado, literalmente, de «florescencias líricas, fragores de espuma, telas de ensueño» y que había planeado un nuevo volumen, con relatos «más vividos [que los de *Azul...*], más reales, no en su tendencia, sino en su factura» (Soto Hell, 89).

Con las últimas palabras, Darío se estaba refiriendo a un inacabado proyecto que tituló *Cuentos nuevos*, y para el que sólo parece haber redactado tres narraciones. Dos de ellas, «El buen Dios» y «Betún y sangre», estarían unidas por la temática de la guerra y tendrían su origen en un breve episodio bélico en El Salvador; la tercera, «La novela de uno de tantos», se movería entre una intención moralizante y una ambientación de tintes naturalistas. Puede resultar llamativo que el naturalismo de este último relato se repita también en otros como «Rojo» o «Fugitiva», también de estos años. Podría pensarse en una especie de retroceso estético, después de la revolución de *Azul...*; sin embargo, creemos que se trata más bien de la manifestación en Darío de algo más general que ya adelantamos al comienzo, y que sería la convivencia en la narrativa breve del pasado siglo de diferentes orienta-

---

[25] En Chile, con la lógica excepción de «El perro del ciego», que Darío destinó al público infantil, no hubo ningún otro relato de corte moralizante, hecho éste que ya llamó la atención de Valera al comentar *Azul...*: «Si se me preguntase qué enseña su libro de usted y de qué se trata, respondería yo sin vacilar: no enseña nada, y trata de nada y de todo» (Darío, 1995, 108). Fente a ello, los últimos párrafos de «La novela de uno de tantos», de 1890, muestran un claro cambio en las intenciones de Darío: «los que tenemos por ley servir al mundo con nuestro pensamiento, debemos escudriñar, buscar el mal y sacar el ejemplo de su escondido agujero, con el pico de la pluma. El escritor deleita, pero también señala el daño. Se muestra el azul, la alegría, la primavera llena de rosas, el amor; pero se grita: ¡cuidado! al señalar el borde del abismo.

»Lee tú mi cuento, joven bullicioso que estás con el diario en la cama, sin levantarte aún, a las once del día. Lee estos renglones si eres rico, y si pobre y estudiante, y esperanza de tus padres, léelos dos veces y ponte a pensar en el enigma de la esfinge implacable».

ciones literarias, donde, por tanto, este tipo de alternancias —como la de «El fardo» con respecto al resto de los cuentos de *Azul...*— no constituiría ningún extraño anacronismo sino un fenómeno lógico y natural hasta cierto punto[26]. Algo nuevo en los relatos de estos años sería la aparición de recreaciones como «El árbol del rey David», que anunciarían la progresiva importancia que la Biblia y la cultura cristiana van a adquirir como contextos o telones de fondo en las narraciones del poeta. Finalmente, podrían señalarse también algunas recreaciones del mundo antiguo, como «Febea» o «La muerte de Salomé», con las que Darío estrenaría en su narrativa el recurso del palimpsesto, tan cultivado entre los modernistas, y que consiste sencillamente en la reescritura de aquellos momentos reales o ficticios consagrados por la historia cultural.

En definitiva, un momento, éste de su intermedio centroamericano, fecundo en producción, mediocre en calidad, pero interesante por la aparición de nuevos tonos, temas y contextos que nos informan también de la convivencia de Darío con líneas literarias distintas al modernismo más tópico.

Durante su estancia en Argentina, de 1893 a 1898, Darío publicó un total de treinta y cuatro nuevos cuentos, lo que hace el porcentaje más alto de toda su producción, el cuarenta y uno por ciento aproximadamente. Los datos que sobre el tema proporciona el trabajo de Lea Fletcher (130-162) añaden a este hecho algunas interesantes matizaciones. Así, durante el primer año, la producción de Darío resulta abrumadoramente mayor que la de los demás autores, pues de su mano salieron dieciséis de los dieciocho relatos que podemos considerar modernistas, y sólo una pequeña parte de ellos serían reimpresiones de relatos anteriores. El número de cuentos disminuye en los años siguientes pero mantiene una media de cuatro o cinco por año, inéditos también en su mayoría, y tan sólo Leopoldo Lugones, que en 1898 publica

---

[26] Otros casos serían los de Manuel González Prada y Carlos Reyles, en cuya producción conviven también naturalismos y modernismos (cfr. Oviedo, 19).

once cuentos y en 1899 un total de veintidós, consigue colocarse en el nivel del nicaragüense. La razón principal de esta fecundidad nos parece fácil de adivinar, ya que Darío, al llegar a Buenos Aires, debía principalmente su fama a los cuentos de *Azul...*, y es lógico que los periódicos le solicitasen más narraciones que poemas, y más cuentos a él que a otros autores todavía desconocidos[27] .

Al llegar Darío a Buenos Aires, la narrativa breve argentina era otro claro ejemplo de la variedad de tendencias que convivían en la literatura hispanoamericana del siglo XIX. Los relatos cortos de Vicente Quesada, Martín García Merou, Pastor Obligado, Javier de Viana, Paul Groussac o Fray Mocho, repetían, con ligeras variaciones, un tono literario semejante al que Darío había encontrado en Chile pocos años atrás. Sin embargo, existían también algunos hechos que hacían de Buenos Aires un ambiente más receptivo a las narraciones de Darío y también más propicio para su éxito ulterior. En primer lugar, la obra de los parnasianos y simbolistas franceses era ya bien conocida por la generalidad de los autores argentinos, pues llevaba apareciendo repetidamente en periódicos y revistas del país desde el comienzo de la década de los ochenta (Fletcher, 10). Igualmente existía un pequeño grupo de autores como Eduardo Wilde, Santiago Estrada, Miguel Cané o Bartolomé Mitre, que, aunque participaba de las orientaciones típicamente decimonónicas, frecuentaba también las narraciones donde la anécdota perdía relieve en favor de los aspectos líricos o descriptivos, y en donde la visión objetivista del mundo dejaba paso también a una apreciación mucho más emocional y subjetiva. Por último, merece destacarse la popularidad de la narrativa fantástica, mayor en Argentina que en otras partes de América, que podía darse bien como tendencia autónoma o bien entreverada en re-

---

[27] Es lo que cabe concluir al comprobar que la cantidad de composiciones poéticas redactadas en esos años —salvo en 1896, año de la publicación de *Prosas profanas*— es aproximadamente la misma que la de los cuentos (cfr. Darío, 1987, 183-186). Y tampoco hay que olvidar el hecho de que el nicaragüense era uno de los pocos autores remunerados —y bien— por sus colaboraciones con la prensa (cfr. Quiroga, 90).

latos de otro tipo y que iba a encontrar en Darío uno de sus cultivadores más adelantados.

Con todas estas condiciones es fácil entender que las narraciones del poeta circularan en la prensa argentina con mayor frecuencia y aceptación que en Chile, por sintonizar mejor con los gustos de los lectores, y que su éxito, en definitiva, fuera más amplio que en tierras chilenas. Todo ello, y el prestigio propio de Darío, desembocaría a su vez en la aparición de una profusa serie de autores y narraciones que trataban de seguir el modelo de los cuentos de *Azul...* o de los que el nicaragüense publicaba en estos años y que entrarían dentro del canon modernista más tópico. Aquí podríamos incluir, por ejemplo, las creaciones de Luis Berisso, Leopoldo Díaz, Eugenio Díaz Romero, Ricardo Jaimes Freyre, Martín Goycoechea o, el más sólido de todos ellos, Leopoldo Lugones. No siempre, sin embargo, los frutos de esta secuela merecen ser recordados, y creemos que, con excepción de Lugones, tan sólo algún relato suelto de estos autores podría incluirse en una antología medianamente exigente. Al mismo tiempo, la propia narrativa dariana se contagia de ese ambiente argentino, siendo el cultivo de la narrativa fantástica el mejor exponente de ello. La mayoría de los críticos han ubicado en estos años el nacimiento de la orientación fantástica de las narraciones de Darío, orientación en la que el nicaragüense, como luego veremos, habría conseguido colocarse ya con sus primeras incursiones en el género muy por delante de sus contemporáneos.

Pero quizá lo más característico del conjunto de su narrativa argentina es la ampliación del espectro temático, que más que en la aparición de motivos completamente nuevos u originales, consistiría en la matización de los que ya había tratado anteriormente. En algunos casos asistimos a la recreación de los tópicos modernistas más conocidos, aunque con una ligera reorientación temática, como es el caso de «Historia prodigiosa de la princesa Psiquia», donde el mundo exótico de orientalismos, reyes, princesas y palacios sirve al poeta para exponer sus afanes de trascendencia sobre la muerte. Las vicisitudes por las que pasa el escritor durante su trabajo creativo se ofrecen en «La klepsidra», y la difícil pervivencia de los valores artísticos en la sociedad burguesa la encontraríamos reflejada en cuentos como «En la batalla de las flores» o «La pesca». Su aprecio por el mundo de la historia literaria o cultural lo vemos en recreaciones míticas como «Las lágrimas del centauro» o librescas como «Por el Rhin» o «El linchamiento de Puck». Encontramos también episodios autobiográficos adornados de literatura, como «La miss» o «Caín», o muestras de sus fobias y experiencias más hondas, como en «La pesadilla de Honorio» o «Thanatophobia». En otros casos, aparecen por primera vez temas de alcance mucho más amplio y general, que rozan con cuestiones filosóficas generales, como es el caso de «El Salomón negro», acerca de la coexistencia del bien y del mal, o «Las razones de Ashavero», acerca del régimen político más conveniente para el hombre. Podríamos aludir también a su insistente recurso a la tradición cristiana como fondo contextual o argumental de su relato, que es lo que nos muestran relatos como «Voz de lejos», «Cuento de Nochebuena» o «La leyenda de San Martín».

Para concluir, debemos recordar algo parecido a lo que notábamos respecto a los cuentos de su etapa centroamericana, esto es, su menor altura estética y emocional frente a los escritos en Chile. Realmente, son muy pocas las narraciones argentinas que puedan colocarse al nivel de «El rey burgués», «El palacio del sol» o «Palomas blancas y garzas morenas». En cierta medida esto es contrario a lo que de acuerdo con la lógica de la crítica tradicional debería haber ocurrido; es decir, que ya que Darío se encontraba en un ambiente cultural mucho más abierto a sus innovaciones y que la sociedad porteña de Buenos Aires era moderna, burguesa y cosmopolita en un mayor grado que la santiaguina, los logros estéticos de los cuentos de esta época deberían haber sido, al menos, equiparables a los de *Azul...* Que no fuera así queda explicado, nos parece, por el hecho obvio pero a veces olvidado de que toda creación artística es, en primer lugar, algo personal, a lo que luego se añaden condicionamientos de otro tipo. Y en lo personal, creemos que Darío ya consideraba lograda la modernización formal pretendida en sus escritos de Chile, y así sus escritos argentinos no tendrían como finalidad principal proponer otra nueva revolución sino consolidar o continuar la ya conseguida años atrás. Esto es lo que a nuestro juicio explicaría la producción de relatos semejantes en ambientación y lenguaje a los de *Azul*... y, sobre todo, el tono justificatorio de textos teóricos argentinos como «Los colores del estandarte» o las «Palabras liminares» de *Prosas profanas*, siempre menos agresivos que las reivindicaciones chilenas de «El rey burgués» o «Catulo Méndez *[sic]*. Parnasianos y decadentes»[28]. Además, Darío había dejado de ser el advenedizo extranjero de Chile y había pasado a convertirse en el mentor de la juventud modernista rioplatense, ya mucho más numerosa y combativa que la chilena. Esta mayor aceptación e integración de una persona, junto a una relativa seguridad económica, hicieron, por un lado, desaparecer aquellas tensiones interiores que al ser exorcizadas explicaban la intensidad emotiva de los relatos de *Azul*..., y, por otro, al unirse a las continuas demandas de la prensa, proliferar las narraciones de una menor intensidad emotiva o de menores exigencias estilísticas.

No es mucho lo que puede decirse del último periodo, que comenzaría con la salida de Darío de Argentina, a finales de 1898, y concluiría con su muerte en 1916. El escaso número de relatos y a la vez el amplio y heterogéneo espacio de tiempo en que fueron redactados hacen demasiado aventurado deducir unas conclusiones generales para todos ellos[29]. Sí puede, sin embargo, afirmarse que como promedio poseen

---

[28] Los textos aludidos pueden leerse, respectivamente, en Darío, 1950, IV (872-882), Darío, 1968a (545-547), Darío, 1995 (155-162) y Darío, 1934 (166-172). Otro dato más en favor de nuestra postura es el hecho de que en su obra posterior a *Azul*..., no encontremos un texto tan explícito sobre el tema como el de «La literatura en Centroamérica» (cfr. nota 20), o el de que en la *Historia de mis libros* considere a *Azul*..., más que a *Prosas profanas* o *Cantos de vida y esperanza*, el verdadero punto de ruptura con la literatura anterior o, en sus palabras, «el origen de las bregas posteriores» (1950, I, 203).

[29] El total de los cuentos nuevos sería de quince, recogidos bien en periódicos de América, bien en *Mundial* o *Elegancias*, las revistas que Darío dirigió en París entre 1911 y 1913. Para un periodo de dieciocho años, esa cantidad de cuentos proporciona el promedio más bajo de todas sus etapas, aunque esta conclusión deba completarse con el dato de que Darío conservó hasta el final de su vida la intención de escribir cuentos: «A pesar de mi enfermedad —comentaba en su lecho de muerte— no he permanecido ocioso. He meditado dos cuentos que me gustan. Hubiera querido escribirlos; creo que han salido buenos, pero primero es el testamento» (Huezo, 26).

una calidad literaria más alta y constante que los de periodos anteriores y, en este sentido, el nicaragüense seguiría también a la cabeza de los grandes cuentistas del momento, donde sólo figuras como Lugones, Quiroga, Lillo o Payró producían relatos dignos de recordación. También cabría destacar el predominio en este periodo de los cuentos fantásticos como «La larva», el «Cuento de Pascuas» o «Huitzilopoxtli», lo cual tendría su explicación en los cambios psicológicos e intranquilidades existenciales experimentados por Darío en este tramo final de su vida[30]. Finalmente, habría que llamar la atención sobre la frecuencia de relatos construidos sobre uno de los recursos preferidos del poeta y en los que éste se muestra especialmente adelantado frente a sus contemporáneos. Nos referimos a esos momentos en que la acción del cuento se estanca y da paso a un largo parlamento o monólogo de algún protagonista, que acaba por ocupar el mayor espacio del relato. Aunque realmente se trata de una constante perceptible en todas las épocas de Darío —algunos ejemplos serían «El sátiro sordo», «¿Por qué? o «El caso de la señorita Amelia»—, en estos años Darío recurre a ello de manera continua, convirtiéndolo en uno de los recursos más característicos de su técnica narrativa[31].

PERIODISMO Y NARRATIVA BREVE

Antes de comentar las cualidades internas de los relatos de Darío conviene hacer algunas observaciones sobre la condición periodística del cuento moderno, que es una de sus notas más típicas. En el caso del nicaragüense, esta digresión re-

---

[30] Sobre ello nos hemos extendido ya en Darío, 1995 (58-71); especialmente útil y profunda resulta también la introducción de Ángel Rama a *El mundo de los sueños* (Darío, 1973, 5-63).

[31] Algunos ejemplos de esta última época podrían ser «El último prólogo», donde, por boca de un novel autor, Darío se reprocha y justifica a sí mismo en su manía de escribir prólogos para otros, «Cherubín», donde el poeta reprende a «un ejemplar del eterno femenino» su dureza para con las inquietudes amorosas de un admirador, o «Cuento de Pascuas», donde Darío construye el telón de fondo del relato con el largo parlamento de Mr. Wolfhart.

sulta todavía más necesaria, ya que la primera aparición de sus cuentos tuvo lugar, en todos los casos, en las páginas de la prensa periódica, y por tanto su producción cuentística constituye un espacio ideal para estudiar las relaciones e interferencias entre este producto literario y su medio de difusión[32]. Como ya se vio, el nacimiento del cuento moderno puede fecharse a mediados del siglo XIX, con los trabajos de Poe como principal punto de partida. Al mismo tiempo la difusión de las narraciones cortas —de todas las tendencias— y de las polémicas ideológicas y literarias dependió principalmente de la prensa periódica, en sus múltiples variedades (diarios, semanarios, revistas ilustradas, almanaques, gacetas, boletines, etc.); y esto es así hasta el punto de poder asegurarse que la prensa fue el factor más influyente en el ambiente literario de la segunda mitad del siglo XIX.

Las razones que lo explican son varias y en su mayoría coinciden también con las notas características de la modernidad[33]. En primer lugar tendríamos las consecuencias originadas por el fortalecimiento y expansión del sistema burgués-capitalista, proceso especialmente intenso en la segunda mitad del XIX. Tal proceso habría derivado, por lo que a literatura se refiere, en la desaparición del mecenazgo, en la consecuente profesionalización del escritor —que queda obligado a vender su talento a cambio de una retribución más o menos inmediata—, y en la comercialización de sus productos literarios —que así quedan sometidos a leyes del mercado. A ello se añadirían las ventajas propias de este tipo de publicación y su sintonía con las circunstancias de la vida cotidiana. Además de su brevedad, que facilita su lectura en un

---

[32] Únicamente los cuentos de *Azul...* fueron recogidos a posteriori en un volumen independiente, aunque ya se vio que el poeta tuvo intención de publicar otros trabajos semejantes. Tampoco debemos olvidar que su vida transcurrió siempre ligada al mundo periodístico, donde ocupó toda la gama de cargos posibles, y que éste fue el origen más frecuente de sus ingresos económicos.

[33] Para el concepto de modernidad tomamos como principal referencia el estudio de David Lyon (*Posmodernidad*, Madrid, Alianza Editorial, 1996), donde aquél queda definido en torno a las ideas de progreso, diferenciación, racionalización, urbanismo y secularización, y en torno también a las implicaciones que de estas ideas se derivan.

mundo en que el tiempo se convierte también en un valor de mercado, el cuento periódico resulta más asequible que el libro, llega más rápidamente a un público más amplio, resulta también más fácil de leer y releer y es especialmente accesible por aparecer junto a las noticias de interés inmediato para el lector[34]. Otro factor que debe tenerse en cuenta es la penuria del mundo editorial, tanto en la Península como en Hispanoamérica, a la que los autores se refieren una y otra vez de manera casi obsesiva y que hizo que a menudo el periódico fuera el único medio posible para creaciones de este tipo[35]. Igualmente, merece señalarse el cambio de orientación que experimentó el periodismo en las últimas décadas del siglo, pasando de la «prensa de opinión, que materializaba "el raciocinio", la "discusión" (...) a una prensa propiamente comercial, orgánica a la emergente sociedad de consumo» (Ramos, 99)[36]. Esta nueva orientación del periódico pro-

---

[34] Emilia Pardo Bazán, en *La literatura francesa. El naturalismo*, había relacionado así el éxito de Maupassant con este medio: «El momento en que Maupassant debió a una obra breve entrar en las letras por la puerta grande, ya hemos dicho que era propicio al cuento. La gente, ocupada y preocupada, quería leer aprisa y los diarios inauguraban el reino del cuento, que todavía dura. En la librería siguieron y siguen vendiéndose más las novelas; en la publicación diaria y semanal, el cuento domina» (en Baquero, 1949, 163). Igualmente, en el lado hispanoamericano, Manuel González Prada, en un trabajo de 1908, había escrito: «Para la multitud que no puede o no quiere alimentarse con el libro, el diario encierra la única nutrición cerebral: miles y miles de hombres tienen su diario que aguardan todos los días, como el buen amigo, portador de la noticia y del consejo. Donde no logra penetrar el volumen, se desliza suavemente la hoja» (*Horas de lucha*, Callao, Luz, 1924, 133).

[35] Cfr., por ejemplo, los testimonios recogidos por Ramos (1989, 86) o los del propio Darío (1934, 195; 1938a, 66-74 y 1950, III, 224).

[36] El propio Darío supo ya percibir esta transformación en los años finales del siglo; así en «La Prensa y la Libertad», artículo de 1890, escribe: «El periodista actual se basa en el reportaje, en las novedades. Hay que llamar la atención, hay que hacer grande la tirada del *Diario*, hay que poner vistosas letras, con llamativos títulos, noticias frescas, aunque ellas tengan por base el dolo y la mentira. Pasaron aquellos hermosos tiempos de la gran Prensa *[sic]* pensadora (...) Los que han impulsado por este camino el periodismo actual son los yanquis. Ellos, por su mercantilismo y por su aprecio al tiempo, han hecho que el telegrama se anteponga al editorial; han establecido el reinado de la información sobre la doctrina» (1950, II, 121-25; cfr. además las palabras de J. Habermas acerca del pragmatismo que invadió las empresas periodísticas a partir de 1870 [Ramos, 103]).

33

voca una doble actitud en los escritores, pues si por un lado criticaban su conversión de artistas en asalariados y la de la literatura en un producto de consumo, por otro entendían su intervención como una posibilidad de redimir el prosaísmo inherente al medio y de ampliar la difusión de sus propias creaciones, y comprendían también que se trataba de una excelente ocasión para mejorar su escritura y para, al entrar en competencia con otros autores, buscar su identidad a través del estilo[37]. Si en los autores más mediocres todo esto se resolvió en una proliferación de relatos intrascendentes, en las grandes figuras, y al lado de narraciones de bajo vuelo, abundaron también los grandes aciertos, como fruto de esa exigencia y competitividad que pedían las nuevas circunstancias.

Las consecuencias de estos condicionamientos son abundantes, y abarcan a todos los niveles del cuento. Por lo que se refiere al género en sí y vista la ya mencionada ambigüedad de este término, lo que se observa es una cierta tendencia a especificar con subtítulos la modalidad de narración corta ante la que nos encontramos, lo cual, al mismo tiempo, es también indicio de una preocupación por buscar límites, por diferenciar al cuento de otros géneros como las leyendas, los poemas en prosa o las crónicas que aparecían en las mismas páginas[38]. Darío, recordemos, no es ajeno a estas incertidumbres terminológicas, y entre sus cuentos contamos con títulos como «La historia de un picaflor», «La novela de uno de tantos» y el «Cuento de Nochebuena», o con subtítulos como «Tradición nicaragüense» («Las albóndigas

---

[37] Ejemplos de esta ambivalencia pueden ser, por un lado, las acusaciones de monotonía y aburrimiento que Gutiérrez Nájera hacía a la prensa mexicana en su cuento «Historia de un paraguas» o los reproches de González Prada a la tendencia repetitiva de la literatura periódica (cfr. Gutiérrez Nájera, 192 y Ramos, 103); por otro, tendríamos los elogios de Clarín al cuento periodístico, como alternativa a las novelas por entregas, o la confianza del propio Darío en la pervivencia de parcelas periodísticas ajenas a la vulgarización literaria (cfr. Vallejo, 56 y Darío, 1950, II, 124).

[38] Para este dato y para algunos de los que siguen, nos ha sido de gran utilidad el trabajo de Ángeles Ezama (1993, 33 y ss.), que, a pesar de centrarse en el cuento peninsular, aporta muchas ideas igualmente aplicables al lado americano.

del coronel»), «Cuento alegre» («El rey burgués») y «Paisajes de un cerebro» («Carta del país azul»). Obviamente, la materialidad del periódico condiciona también la extensión física del relato[39], que además resulta contagiado de las notas de los textos no literarios —noticias, reportajes, etc.— con los que convive; esas notas podrían ser su afán de verosimilitud, su profusión de referencias historizantes o su tendencia a crear un mundo referencial asequible a la cultura del lector medio. En el caso de Darío podrían señalarse como ejemplos las alusiones históricas de «El fardo», la insistencia de los narradores de «Thanatophobia» o «La larva» en la veracidad de su historia, el recurso en «La ninfa» a autoridades consagradas para justificar la existencia de lo inverosímil, la conversión de una noticia en el punto de partida de su narración, como en «El rubí» o «El linchamiento de Puck», la cercanía del lector de «D. Q.» con los hechos históricos a los que en él se aluden, o, igualmente, la frecuente ficción biográfica con narrador homodiegético[40], como en el caso de «Huitzilopoxtli» o «Cuento de Pascuas». La dependencia periodística del cuento explica también la aparición de los relatos de circunstancias, es decir, de aquéllos redactados en función de la fecha de su publicación, casi siempre una festividad religiosa. Algunos ejemplos en Darío podrían ser el «Cuento de Nochebuena» o el «Cuento de Pascuas», de temática navide-

---

[39] Cfr. por ejemplo, las expresivas palabras de Horacio Quiroga acerca de sus primeras colaboraciones en *Caras y Caretas*: «El cuento no debía pasar entonces de una página, incluyendo la ilustración correspondiente (...) Tal disciplina, impuesta aún a los artículos, inflexible y brutal fue sin embargo utilísima para los escritores noveles, siempre propensos a diluir la frase por inexperiencia y por cobardía; y para los cuentistas, obvio es decirlo, fue aquello una piedra de toque, que no todos pudieron resistir» (en Pupo-Walker, 1995, 197). Por el lado peninsular, podrían recordarse las excusas de Valera para abreviar uno de sus cuentos: «esta conversación siguió largo rato, y yo tengo notas y apuntes que me ha suministrado don Juan Fresco y que me harían muy fácil referirla con todos sus pormenores; pero como mi historia tiene que ir en el *Almanaque*, sin excitar a nadie a que los haga, y no puede extenderse mucho, sino ser a modo de breve compendio, me limitaré a lo más esencial, deslizándome algunas veces con rapidez y como quien patina, en aquellos parajes que se presten a ello por lo resbaladizos» (I, 1075).

[40] Es decir, del narrador que a la vez es protagonista de la historia que narra (Genette, 1972, 252).

ña, «Las pérdidas de Juan Bueno», próximo a la fiesta de San José, «La pesadilla de Honorio» y «Pierrot y Colombina», cercanos al Carnaval, o «Las tres Reinas Magas», cercanos también a la fiesta de la Epifanía.

Por lo que al autor se refiere, la demanda continua de narraciones breves por parte del periódico y el carácter esencialmente efímero de éste, ocasionan un extraordinario aumento en el número de escritores de cuentos, que tenía su contrapartida en la mediocridad general de los mismos[41]. En general, y en proporción a su popularidad y a sus necesidades pecuniarias, el autor acababa viéndose obligado a repetir el mismo tipo de historias, a copiarse a sí mismo, a frecuentar las traducciones e imitaciones de autores extranjeros o a imitar a los nacionales de mayor éxito, a repetir sus propios relatos con alguna ligera modificación, a recurrir al palimpsesto como medio de originar nuevos argumentos para sus historias, a publicar un mismo relato en diversos periódicos, o, también, a emplear un seudónimo con intención de crear una autoría ficticia. En el caso de Darío podríamos recordar la publicación del mismo cuento con un título diferente y algunas ligeras variantes, como es el caso de «Verónica» y «Fugitiva», sus seudónimos en la prensa nicaragüense, las modificaciones textuales de «Las tres Reinas Magas» y «Sor Filomela», palimpsestos como «La muerte de Salomé», «Las lágrimas del centauro» y «Respecto a Horacio», o, finalmente, las numerosas reimpresiones de sus cuentos de *Azul...* durante los años de Centroamérica y Argentina.

Lo positivo de todo ello sería el reverso de la moneda, es decir, el contacto casi inmediato que se tiene con las reacciones del público y de sus preferencias, como el mismo Darío muestra divertidamente en «Mis primeros versos». Y en esto los autores ofrecen, en general, un doble comportamiento. Al mismo tiempo que denunciaban cómo el pobre gusto estético de los lectores agravaba la decadencia de la literatura periodística, en otros casos sabían aprovechar esa dependencia del lector para enriquecer el caudal de los recursos técni-

---

[41] Cfr., por ejemplo, Darío, 1938 (118) y también Ezama, 1992 (31-32).

cos y así aumentar la expresividad y carga apelativa del lenguaje literario[42]. Las muestras más típicas y numerosas de este tipo de recursos, que por otro lado contribuyen al efectismo que Poe quería para el cuento moderno, serían las interpelaciones al lector o al narratario, como Darío hace en «El perro del ciego» o en «El palacio del sol», la búsqueda de singularidades estilísticas que confirmen la presencia de un autor original, como ocurre en «Álbum porteño» con la alternancia de la frase excepcionalmente larga con frases cortas o nominales, o, también, la debilitación de la fábula en favor del diálogo con el lector o en favor de las valoraciones subjetivas del autor, como ocurre en «El año que viene siempre es azul».

Ya como conclusión, podría afirmarse que los cuentos de Darío, a pesar de no explicarse desde su condición periodística más que de un modo incompleto, necesitan de la misma para ser entendidos en su integridad. Las repercusiones de este medio se manifestarían en todos los niveles del producto literario, pues proporcionaría a éste unas notas comunes al resto de la narrativa periodística del momento (brevedad, vacilación terminológica, contextualización historicista, etc.) o lo condicionaría en aspectos particulares como la frecuencia de sus reimpresiones, sus variantes textuales, sus orientaciones temáticas o sus peculiaridades estilísticas. Olvidarnos de esta dimensión significaría, en definitiva, considerar los cuentos de Darío como algo ajeno al contexto real de su época.

LA TEMÁTICA: SINGULARIDAD, DISFORIA Y FANTASÍA

Hemos dicho ya que Darío ocupa un lugar especial en la historia del cuento, porque a pesar de participar en las tendencias decimonónicas, el conjunto de su producción resul-

---

[42] En este sentido, *Azul...* continúa siendo uno de los trabajos modélicos para la crítica, como prueban los frecuentes asedios de los que ha sido objeto (cfr., por ejemplo, Rama, 1970, Mattalía, 1993, Sorensen, 1985 y Coloma, 1988).

ta esencialmente moderno. Esto lo confirma también el análisis temático de sus narraciones. Un balance del mismo nos muestra que su narrativa corta se apoyó en parte de los tópicos comunes al siglo XIX[43], pero al mismo tiempo excluyó a otros igualmente representativos. Con los matices que sean necesarios, Darío coincidiría con ellos, por ejemplo, en las narraciones fantásticas, en las religiosas o en las amorosas, en las recreaciones bíblicas o en las de orientación psicológica o dramática, o también en su ocasional atención al mundo de los objetos o al mundo infantil. Pero, al mismo tiempo, lo que mejor muestra su originalidad es la entidad de los temas y tópicos decimonónicos que deja fuera de su producción y que es, precisamente, lo que mejor contribuye a ubicarle en la modernidad. Darío, a pesar de ser contemporáneo de los epígonos costumbristas, del realismo de Fray Mocho y de *Caras y caretas*, de Palma y de sus imitadores, del romanticismo tardío de los narradores chilenos o de la generación argentina del ochenta, y también de gran parte del criollismo, ofrece una producción más bien parca en este tipo de temas y, por el contrario, frecuenta de manera insistente aquellos otros que luego se han colocado entre los tópicos de la literatura moderna. Podríamos contar, por ejemplo, con los relatos que, como varios de *Azul...*, «Luz de luna», «En la batalla de las flores» o «El último prólogo», muestran la problemática inserción y adaptación del artista o intelectual en el nuevo mundo. También nos servirían aquellos en los que Darío intenta un análisis o descripción de dicho mundo o aquellos en los que la situación de éste lleva al autor a meditar sobre problemas generales como la existencia del mal, las cuestiones políticas particulares o los problemas de la guerra; y aquí cabrían, por ejemplo, «La canción del oro», «La matuschka», «¿Por qué?», «Las razones de Ashavero», «La pesadilla de Honorio», «Cuento de Pascuas», «Gerifaltes de Israel» o «Huitzilopoxtli». Otras notas que podrían destacarse serían el cultu-

---

[43] Para comprobarlo, bastaría sencillamente con una comparación del conjunto de la cuentística dariana con el de la literatura peninsular (cfr. Baquero, 1949) o con el que ofrecen los diversos estudios y antologías del cuento hispanoamericano que recogemos en la bibliografía.

ralismo («Horacio», «Las lágrimas del centauro»), el conflicto arte/vida («La muerte de la emperatriz», «La col», «Caín») y las reflexiones sobre cuestiones generales pero con especial peso en su vida personal, tales como el enigma de la muerte («Morbo et umbra», «Historia prodigiosa de la princesa Psiquia», «Thanatophobia»), las inquietudes del alma («Un cuento para Jeannette», «Este es el cuento de la sonrisa...»), las vicisitudes creativas del poeta («La klepsidra»), su lectura de la cultura cristiana («Febea», «Palimpsesto», «La pesca»), o sus mitificaciones literarias («Un sermón», «Historia de un sobretodo»).

Si ahora enfrentamos todo ello al grupo de motivos ausentes que hemos mencionado antes, tendremos que pensar que la razón que se esconde detrás de esta diferencia sería la consciencia del poeta de hallarse en una época distinta —más avanzada— a aquélla en la que seguían viviendo y escribiendo muchos de sus contemporáneos, de haber sabido adivinar que la literatura posterior a él iba a estar más cerca de los cambios que él proponía que de la tendencia a la repetición que veía a su alrededor[44]. A esto habría que añadir su más o menos permanente condición de extranjero y al mismo tiempo su mentalidad cosmopolita, que forzosamente tenía que sentirse constreñida tratando temas localistas o reductores de la condición humana más general, y en la que, por tanto, sólo de modo ocasional cabrían las muestras de costumbrismo, indigenismo, criollismo o folklorismo que las circunstancias del momento impusieran.

Entre las líneas temáticas de la narrativa dariana, dos han sido las que, justamente, han ocupado la atención de la crítica con mayor frecuencia. La primera de ellas, que ubica a Darío en la tradición decimonónica y al mismo tiempo lo muestra, en sus logros, muy por delante de la misma, sería la temática fantástica, de la que ya han tratado, entre otros, Rai-

---

[44] Podemos recordar aquí de nuevo aquellas palabras suyas de «La literatura en Centroamérica» (1888), ya reproducidas anteriormente, en las que Darío se mostraba con el «convencimiento de que hemos llegado a un estado tal en nuestra América, hemos vivido una vida tan rápida, que es preciso dar nuevas formas a la manifestación del pensamiento» (1934, 208; cfr. nota 20).

mundo Lida, Enrique Anderson Imbert y José Olivio Jiménez[45]. Lo que podría concluirse de sus trabajos es, primero, la relativa imprecisión del término fantástico, que dejaría sin resolver la catalogación definitiva de algunos cuentos de Darío y convertiría en provisional cualquier intento en este sentido. En segundo lugar, habría que mencionar el hecho de que la mayor parte de los relatos de Darío considerados fantásticos vieran la luz en o a partir de su estancia en Buenos Aires, lo que lleva a tener que admitir sus deudas con el ambiente cultural de la capital argentina y, a veces, a la posibilidad de incluirle en esa tradición. Finalmente, debe recordarse que esta línea anda muy unida a las inquisiciones del poeta sobre la vida de ultratumba y a sus contactos con las diversas heterodoxias y sucedáneos religiosos del fin de siglo, y que por ello no es extraño que tenga una aparición constante en la narrativa del poeta posterior al periodo argentino. A todas estas conclusiones debe añadirse lo que quizá sería la aportación más original del nicaragüense, y que consistiría sobre todo en una modernización técnica del género, a través principalmente de un mayor acercamiento de los dos mundos —el verosímil y el inverosímil, el imaginado y el inmediato— cuyo conflicto define todo relato fantástico[46]; es decir, que Darío, por medio de recursos de diversa índole, encaminados a aumentar la verosimilitud del relato, habría limado o hecho desaparecer los tremendismos, brusquedades e incoherencias argumentales que, procedentes de la novela gótica

---

[45] Cfr., respectivamente, los trabajos de Lida (1958, 251-256), Anderson Imbert (1967, 223-249) y Jiménez (Darío, 1979, 7-23), donde se coincide en admitir la mayor altura estética de los relatos de Darío frente a los de autores anteriores o coetáneos a él. Basta, por otra parte, una lectura de antologías como la de Oscar Hahn (1978) para darse cuenta de los avances de Darío con respecto a los autores decimonónicos más representativos de esta corriente. Sobre la dimensión fantástica del relato modernista conviene consultar también los trabajos de John F. Day (1987) y Howard M. Fraser (1992).

[46] Para nuestra caracterización del relato fantástico seguimos los postulados de Todorov, quien, en síntesis, lo entiende como aquella narración en la que la coherente convivencia literaria de lo objetivamente verosímil con lo objetivamente inverosímil conduce a la duda sobre la verosimilitud del resultado final de la historia (cfr. Tzvetan Todorov, *Introducción a la literatura fantástica*, Buenos Aires, Tiempo Contemporáneo, 1972, 41 y ss.).

o de las leyendas románticas, abundaban aún en los relatos fantásticos contemporáneos a él[47].

El segundo grupo temático sería el binomio artista/mundo, sin duda alguna el más recurrido por la crítica dariana, hasta el punto de haber relegado a los demás a un plano muy secundario. Nosotros nos referiremos a él desde las ventajas que ofrecen las categorías de *euforia* y *disforia* apuntadas por Greimas, a las cuales concedemos un alcance más amplio que el puramente intratextual[48]. En nuestro caso, la relación eufórica o disfórica no se referirá sólo a la anécdota concreta de cada cuento —a Orfeo frente al bosque del sátiro en la narración de *Azul...*, por poner un ejemplo—, sino al modo en que la euforia o disforia global de cada cuento recoge la cosmovisión de Darío en un momento biográfico concreto, su euforia o disforia personal en relación con el mundo.

Así, lo que se desprende de sus cuentos nicaragüenses es la existencia de un mundo —el poscolonial centroamericano— que el poeta considera armónico, pues no provoca en él un cuestionamiento crítico, es decir, se trata de un mundo o una sociedad cuyos miembros mantienen unas interrelaciones carentes de tensión y donde la estabilidad social se concibe como algo dado de antemano y no necesitado de alteraciones. Esto se concretará en la condición inmanente de cada una de las anécdotas, en el sentido de que cada historia vive y muere en ella misma y no contiene ninguna intención extraliteraria del autor, ninguna reflexión contestativa sobre su mundo. Se manifestará también en el hecho de que cada

---

[47] Entre esos recursos se encontrarían, por ejemplo, la ubicación del cuerpo de la anécdota en estados paranormales como el sueño o la alucinación («El humo de la pipa», «La pesadilla de Honorio», «Cuento de Pascuas», «Huitzilopoxtli»), la insistencia en la historicidad del mismo a través de numerosas alusiones a datos reales («El caso de la señorita Amelia») o la utilización de la perspectiva autobiográfica por un narrador que se presenta tan real como su público («Thanatophobia»).

[48] Aunque el sentido que les da Greimas es más bien de índole sociológico (*Sémiotique et Sciences sociales*, París, Seuil, 1976, 129-157), la crítica literaria ha tendido a aplicar estos conceptos al calificar la relación armónica o disarmónica de un personaje con su medio (cfr. Angelo Marchese y Joaquín Forradellas, *Diccionario de retórica, crítica y terminología literaria*, Barcelona, Ariel, 1994, 104 y 155).

41

historia concluya con un breve epílogo que la ofrece como algo ya completo y cerrado a otra lectura que no sea la meramente denotativa, o también en la ausencia de finales conflictivos, que suelen ser indicio de desacuerdo entre el autor y su mundo[49].

El momento chileno es diferente. Por un lado, y como ya se ha dicho, los cuentos de esos años le sirvieron a Darío para algo más que para contar historias, y se caracterizaron por la presencia dominante de los exorcismos espirituales del autor y de sus intenciones de revolución textual. Como bien ha visto Jeanne Brownlow (1989), el cambio formal de *Azul...* con respecto a la literatura anterior tiene su principal origen en la personal disforia del autor con la sociedad chilena y, por extensión, con la sociedad moderna. Ahora, el mundo y la vida social pasan a presentarse al poeta como algo esencialmente disfórico, desequilibrado, algo que necesita ser cuestionado y puesto en tela de juicio. La sociedad moderna no ha conseguido hacer desaparecer algunos elementos que, como la muerte, el sufrimiento o la miseria, son incompatibles para Darío con una concepción positiva de la vida («El fardo», «Morbo et umbra»). Tampoco el nuevo orden le parece un orden ideal, porque los individuos que dan forma al sistema no son sino seres incompletos o incapacitados para entender las aspiraciones idealistas o espirituales del hombre, es decir, incapaces de entender al hombre en su integridad. Y así, la miopía estética del rey burgués, la sordera del sátiro, el afán lucrativo del padre de Garcín o la fe ciega en la ciencia de los hombres de «El rubí» o de «El palacio del sol», se convierten en taras que trascienden sus propias historias y alcanzan un sentido simbólico, refiriéndose a la incapacidad

---

[49] Otra muestra sería el espíritu festivo que envuelve «Mis primeros versos», donde Darío toca un tema que en muy pocas ocasiones posteriores va a solucionar de modo positivo. También podría señalarse la experiencia onírica de «Primera impresión», cuyo tono positivo resulta también único en el conjunto de los cuentos darianos con este motivo. Podría apuntarse también la recreación libresca de «A orillas del Rhin», donde se nos presenta un mundo cerrado al presente y a sus preocupaciones personales en un grado mucho mayor que, por ejemplo, «Historia de la princesa Psiquia» o «La leyenda de San Martín».

de los valores representados en ellos para la creación de un mundo de relaciones eufóricas. El mundo que produzcan tales valores, podría concluirse, será un mundo donde el artista, habitante de su parcela espiritual, forzosamente ha de sentirse extraño y ajeno, y, en consecuencia, adoptará ante él un crítico distanciamiento, apartándose del espacio que simboliza ese nuevo mundo, como el Ricardo de «En Chile» respecto a Valparaíso (cfr. Darío, 1995, 222), o ironizando sobre los dioses del nuevo orden, como el mendigo de «La canción del oro» («Cantemos al oro, porque es la piedra de toque de toda amistad»)[50]. Simultáneamente y como compensación, cuando las situaciones disfóricas se hacen más frecuentes o intensas, aparecerán también diversos intentos de recrear los momentos eufóricos. Por ello acudirá al amor («El año que viene simpre es azul»), a los recuerdos de su infancia («Palomas blancas y garzas morenas»), a la belleza («Bouquet») o al arte («El velo de la reina Mab», «El humo de la pipa») como fuerzas capaces de contrarrestar esa disarmonía, postulándolos como valores capaces de crear, si no un mundo nuevo, sí ámbitos particulares donde la euforia sea posible. Por último, cabe añadir que en este contexto Darío descubrirá también la figura ambivalente de la mujer, ambivalente ya que pertenece a una categoría ontológica superior al poeta y por tanto posee un funcionamiento autónomo en este sistema de relaciones eufóricas o disfóricas; el poeta dependerá de ella a la hora de generar momentos eufóricos («Un retrato de Watteau», «El ideal») y, al mismo tiempo, no podrá evitar que esa autonomía y esa agresividad femeninas den origen o le oca-

---

[50] En esta línea pueden leerse también los versos de «Aviso del porvenir», de marzo de 1887, en los que Darío hace una crítica de la cultura estadounidense: «¡Atención! ¡Atención! Se abre una fábrica / de buenos sentimientos. ¡Atención! / ¡Acudid! ¡Acudid! La ciencia hipnótica / le ha tocado las barbas al buen Dios. / Procedimientos de excelentes médicos / pueden hacer sentir su corazón, / en un minuto o dos, a precios módicos, / lo que guste el feliz consumidor. / Pueden hacerse los bandidos ángeles / como se hacen tortillas con jamón, / y se dan pasaportes baratísimos / para ir al reino celestial, *by God!* (...) Yo, señores, me llamo Peter Humbug / (obsecuente y seguro servidor), / y me tienen ustedes a sus órdenes, / 30, Franklin Street, en Nueva York» (Darío, 1968a, 871-872).

sionen momentos de disforia o incertidumbre («Historia de un picaflor», «La ninfa»)[51].

Las tornas cambiarán parcialmente con su vuelta a Centroamérica, todavía anclada en el mundo poscolonial y, por tanto, en un contexto social semejante al nicaragüense. Es muy sintomático, por ejemplo, el contraste entre el poeta de «El rey burgués» o el simpático Garcín de «El pájaro azul», ambos víctimas inocentes del espíritu burgués y alter-egos del poeta, y el estudiante de «La novela de uno de tantos», cuya desedificante vida se presenta ahora como un ejemplo negativo y en favor de los valores que sostienen esa sociedad tradicional[52]. Algo parecido podría decirse de «La historia de un sobretodo», evocadora en parte de la vida chilena de Darío, pero cuya redacción en Centroamérica parece haber desalojado de ella todo tipo de carga trágica. La disforia de «Rojo» podría entenderse en cierta manera como paralela a la de los cuentos chilenos en que Darío dejaba ver su conflicto con la modernidad emergente; sin embargo, también parece que Palanteau, el protagonista, no es otro alter-ego del poeta, como sí lo eran Garcín u Orfeo, sino más bien una secuela libresca del Naturalismo y de las teorías finiseculares sobre criminología[53]. La historia del cuento, pues, quedaría cerrada sobre sí misma y sería una muestra más de la ausencia de conflicto entre Darío y el mundo social que le servía de contexto en ese momento.

Tal conflictividad reaparece, con matices, cuando Darío entra de nuevo en contacto con la modernidad, primero en Buenos Aires y luego en Europa; y es esta concepción disfó-

---

[51] Como complemento a lo que se dijo a propósito de Nicaragua, convendría recordar que en Chile, el número de relatos con final conflictivo es muy superior al de los que presentan un final eufórico; paralelamente, es también muy superior el número de epílogos que sugieren lecturas extraliterales del cuento frente a aquellos que conformarían al lector con una lectura meramente denotativa.

[52] Consecuentemente, nos debe parecer lógico que en este periodo de su producción abunden también los cuentos con finales eufóricos, cerrados o no conflictivos (ej.: «Febea», «El árbol del rey David», «La resurrección de la rosa», etc.).

[53] Sobre la difusión de estas ideas en las letras hispánicas, cfr. Lily Litvak, *España 1900*, Barcelona, Anthropos, 1990, 155-200.

rica de la vida la que le acompañará ya hasta el final de su existencia. Emblemático de tal situación podría ser el cuento «Las tres Reinas Magas» (1901), en el que Crista, el alma de Darío, frente a la gloria, el placer y el poder acaba aceptando el sufrimiento, el «paraíso de la mirra», como compañero de su vida. El principal matiz que se añade en estas dos etapas es que ahora la conciencia de conflictividad provocará en Darío planteamientos críticos con un alcance más amplio que los ocurridos en Chile, dependientes al fin y al cabo de una experiencia tan concreta como fue su inadaptación a la sociedad chilena. Ese ensanchamiento en el alcance de lo disármonico se explicaría ahora no tanto por su inadaptación a la sociedad capitalista, que sigue existiendo, aunque en menor grado[54], como por la aparición de nuevos motivos de desacuerdo entre el poeta y el mundo, tal como éste se presenta a un Darío a quien, por otra parte, el paso del tiempo va marcando de forma especialmente intensa (cfr. Darío, 1995, 58-71). Son años, por ejemplo, en que crece su preocupación por la expansión de aquellos países que para él encarnan los valores negativos de la modernidad, aunque también, como vemos en «D. Q.» y la posterior «Oda a Roosevelt», piensa que su avance no conseguirá aniquilar completamente las fuerzas del idealismo. Por otro lado, los peculiares enfoques de sus narraciones fantásticas nos dicen que aumenta en él la convicción de que el progreso de la Historia y los avances técnicos seguirán siendo incapaces de ofrecer una explicación orgánica del mundo («El caso de la señorita Amelia», «La larva», «La extraña muerte de fray Pedro») y también incapaces de evitar la presencia de desarmonías como la muerte («Thanatophobia»), la coexistencia del mal con el bien («Las razones de Ashavero», «Cuento de Nochebuena»), la

---

[54] En este momento, convendría recordar lo que dijimos anteriormente a propósito de la mayor integración de Darío en el mundo cultural de Buenos Aires. Ésta se materializaría por ejemplo en la disminución en las narraciones argentinas de la radicalidad con que el dilema artista/mundo se presentaba en *Azul...* Es lo que nos puede explicar que Apolo no esté vencido del todo en «En la batalla de las flores», que en «Caín» quede mucho espacio para los momentos felices del poeta o que en «La klepsidra» y «La pesca» los esfuerzos del artista no resulten siempre estériles.

atracción personal por el mal («Cuento para Jeannette», «El Salomón negro»), la estupidez de la conducta humana («La admirable ocurrencia de Farrals») o las perversiones de la guerra y la violencia («Cuento de Pascuas», «Huitzilopoxtli»). A todo ello podrían añadirse esos momentos más puntuales en que Darío piensa que la utopía de una realidad cosmopolita se ha convertido en una realidad de confusa agitación, como en «La pesadilla de Honorio», aquellos en los que, como en «Por el Rhin» o «Gesta moderna», el mundo libresco acaba resultando insuficiente para compensar la ausencia de estados de euforia, o esos otros en los que las miserias humanas hacen su presencia en el mundo de la literatura («El último prólogo»). Aunque este pesimismo y la consiguiente disforia con el mundo sean a nuestro juicio la percepción dominante en estos dos últimos periodos de su creación, también existen en ellos otros relatos que, como en Chile, concretan sus movimientos de compensación hacia lo eufórico, sus intentos de conciliarse con el mundo o de encontrarle una respuesta. Quizá lo más sintomático en este sentido sea la vuelta al cristianismo de su infancia, al cual no había recurrido durante su estancia en Chile. Vemos, por ejemplo, cómo en «Voz de lejos» o en la «Historia prodigiosa de la princesa Psiquia», es en el contexto cristiano en donde Darío acaba solucionando las inquietudes de su alma sobre la muerte, o cómo también en «La leyenda de San Martín» el mal acaba siendo vencido por medio de una vida virtuosa. Finalmente, como en Chile, la figura femenina volverá a verse como un ente con funcionamiento autónomo en este tipo de relaciones, autosuficiente para generar momentos eufóricos o disfóricos y de la cual, en un significativo número de relatos, va a depender la euforia o disforia del poeta con relación al mundo[55].

Como conclusión, podría considerarse que, al igual que el conjunto de su poesía, los relatos de Darío transmiten una

---

[55] Euforia es lo que podríamos encontrar en «Historia de un 25 de mayo», «Caín» o «Mi tía Rosa», y disforia en «Pierrot y Colombina» o «La miss». Sobre la ambivalencia de la figura femenina y de la experiencia sexual en los años europeos del poeta cfr. también Darío, 1995 (58-71).

ubicación conflictiva del autor en su momento histórico, y confirman aquellas famosas palabras de *Prosas profanas* en las que el poeta detestaba «la vida y el tiempo en que [le] tocó nacer» (1968a, 546). Sin negar la existencia de momentos de acomodación al mundo, bien sean biográficos —su estancia centroamericana— o culturales —algunas de sus recreaciones literarias—, y sin negar tampoco sus intentos de una conciliación eufórica con el mismo —a través de la mujer o de las creencias cristianas—, puede decirse que su visión del mundo y su instalación en él resultan disfóricas en su globalidad[56]. Darío no acepta muchos de los valores de la modernidad emergente que le tocó vivir, porque no se concilian con su concepción del hombre, de la vida y del arte. Tampoco cree que la tecnología moderna sea capaz de solucionar los interrogantes más profundos de la condición humana o de responder a la inquietante presencia del misterio en nuestras vidas. Comprueba también que el discurrir de la Historia, en donde continúan existiendo la injusticia o la guerra, no conlleva un perfeccionamiento integral del hombre, y concluye por tanto que la realidad de un futuro ideal no pasará de ser otra utopía de las muchas construidas por el hombre. La visión que Darío tiene de la modernidad es, pues, esencialmente crítica; pero, al mismo tiempo, este descontento y esta ubicación disfórica en el mundo es lo que hacen de él un autor moderno por definición.

ANÉCDOTA, NARRADOR Y LENGUAJE

La tendencia del cuento modernista al adelgazamiento de la anécdota y a la alteración de la linealidad va a traer también consecuencias importantes a la hora de organizar el argumento. De acuerdo con Rolf Eberenz, la mayor parte de los cuentos decimonónicos organizaba sus tramas en torno a «la secuencia de unos sucesos en el tiempo y el entrelaza-

---

[56] Dicho de otro modo, esa relativa abundancia de intentos compensatorios sería, precisamente, un indicio de la intensidad de su sentimiento disfórico con respecto al mundo.

miento de estos sucesos en un entramado de oposiciones ideológicas (...) La relación entre ellos puede ser temporal, pero sobre todo es causal» (77). Aunque este tipo de relaciones se siguen conservando en el cuento modernista, su intensidad y proporción van a variar significativamente y van a ser causa de sus notas más características[57]. Como ya se ha dicho, en el caso de Darío, su natural y privilegiada condición de poeta o cronista lleva la contrapartida de interferir frecuentemente en su tarea de narrador. A este respecto, la crítica ha recordado a menudo sus repetidos y frustrados intentos por redactar una novela y también el hecho de que los capítulos de esos proyectos suyos abunden en diálogos y descripciones pero carezcan de una acción progresiva que los unifique[58]. Por lo que se refiere a sus cuentos, de ellos se ha destacado lo que veíamos como tendencia general del Modernismo, y por eso no es extraño que a menudo se hayan tomado como modelos paradigmáticos de esta literatura. Así, Manuel Pedro González aseguraba que en la mayoría de ellos «no ocurre nada: no hay enredo, ni acción, ni siquiera intención de dibujar caracteres. El poeta toma pie del embrión de trama que apenas esboza para elucubrar y hacer reflexiones que más se aproximan al breve ensayo lírico que al cuento» (332)[59].

---

[57] Es evidente que ni todos los cuentos del Modernismo ni los del propio Darío modificaron estas relaciones en el mismo grado, y que no son pocos los casos en que siguieron conservando los patrones narrativos tradicionales. Lo que pretendemos ahora es, sencillamente, insistir en las notas que los alejan de estos patrones y que les confieren su singular fisonomía. Cfr., en apoyo de nuestra postura, Day, 1987 (272) y Pupo-Walker, 1995 (173).

[58] Con la excepción de *Emelina*, novela folletinesca que escribió junto con Eduardo Poirier en 1886, el poeta no llegó a publicar más que unos pocos capítulos de las otras tres que intentó llevar a cabo, a saber, *El hombre de oro*, de 1897, *La isla de oro*, de 1906, y *El oro de Mallorca*, de 1913 (cfr. también Kohler, 509).

[59] Cfr. la proximidad de esta idea con la descripción que Antonio Muñoz hace de la narración modernista en general: «En el cuento modernista de raíz lírica, el volumen anecdótico es, por lo general, muy reducido. En parte, esa escasez se debe a que la narración pretende comunicar, como el poema, desde el aguijonazo intuitivo y no mediante una progresión detallada de incidentes encadenados» (Pupo-Walker, 1973, 61).

48

Aunque estas afirmaciones pueden darse como válidas, creemos también que necesitan de una importante matización, ya que responden a la tendencia de valorar los cuentos de Darío fijándose en aquellos que más se alejan de los modos tradicionales. Un recuento más detallado nos lleva a la contraria conclusión de que los relatos suyos que responden al esquema de la narración tradicional, es decir, organizada en torno a la sucesión diacrónica o consecuencial de los hechos, son más numerosos que los vertebrados en torno al eje sincrónico o espacial de la narración[60]. Lo que sí hay que admitir es que dentro de este esquema tradicional, los elementos sincrónicos particulares (descripciones, evocaciones, mo-

---

[60] Para llegar a esta conclusión nos hemos basado en una división de los cuentos de Darío en tres grupos, de acuerdo a su relación con los patrones narrativos tradicionales. Un primer grupo sería el de aquellos cuentos que, prescindiendo de la presencia o ausencia de un marco narrativo, no supondrían una alteración de los esquemas tradicionales, pues habrían construido sus tramas en función de la linealidad diacrónica y de la consecuencialidad de los sucesos. Un segundo grupo sería el de aquellos en que, sin desaparecer la consecuencialidad, la linealidad diacrónica quedaría alterada por algún tipo de analepsis o prolepsis. El tercer grupo, el que encajaría propiamente en el paradigma modernista más tópico, sería el de aquellos en que tanto diacronía como consecuencialidad quedarían reducidas a la mínima expresión, o, en el caso de la consecuencialidad, podrían llegar a desaparecer. El porcentaje global sería aproximadamente de un 60% para el primer grupo, un 25% para el segundo grupo y un 15% para el tercero. El periodo chileno sería el más equilibrado, con un porcentaje de un 33% para cada grupo, y el bonaerense el más desigual, con un 75% para el primer grupo, un 17% para el segundo y un 8% para el tercero. También resulta interesante el dato de la última época, es decir la más alejada cronológicamente de los inicios modernistas, donde el tercer grupo no contaría con ningún representante, al primero pertenecería un 65% de los relatos y al segundo el 35% restante. En cuanto a la etapa centroamericana, el primer grupo contaría con un 85% de los relatos y el tercero con el 15% restante.

Al mismo tiempo, todo esto no implica ninguna contradicción con su catalogación como narraciones modernistas, pues es evidente que éstas no quedan definidas sólo en función de su trama, sino que dependen también de elementos como la cosmovisión del mundo que se ofrece en ellas, su tono o la entidad de sus cualidades formales. Por otro lado, ya dijimos que uno de los principales condicionamientos del relato modernista era su dependencia del medio periodístico, concretada en la tendencia del escritor a repetir los patrones consagrados por el gusto del público, entre los cuales se encontraba, evidentemente, la linealidad y consecuencialidad de los relatos realistas.

nólogos, diálogos, etc.) ocupan un espacio notablemente mayor que en los relatos realistas, y acaban provocando alteraciones fundamentales en la organización de la trama. La principal de estas alteraciones es quizá la simplificación del sistema de oposiciones que definirían el progreso de la acción en el relato tradicional, lo cual, evidentemente, es una consecuencia lógica del adelgazamiento de la anécdota; en otras palabras, que el cuento dariano, y el modernista en general, se caracterizarían también por una reducción notable de aquellas categorías funcionales que Propp asignaba al cuento popular[61]. Como ejemplo puede recordarse el caso de «Un sermón», cuya anécdota podría resumirse como la historia de alguien que asiste a la homilía de un gran predicador para descubrir luego que aquél fue previamente un gran orador político. Ésta sería la base diacrónica o lineal del relato, el cual se llena principalmente con la descripción del predicador y de su sermón, sin que en él puedan determinarse claramente categorías tales como los antagonistas de la acción, adyuvantes, coadyuvantes, etcétera[62].

Simultáneamente, la atenuación de esos sistemas de oposiciones hace que la tensión narrativa descanse más en el nivel paradigmático que en el sintagmático, es decir, que la catarsis de estos relatos dependa más de la emotividad lírica del momento que de la construcción y resolución de conflictos en la diacronía narrativa. En estos cuentos, la sustitución de los esquemas temporales por otros de índole espacial resulta bastante frecuente[63]. Unas veces el autor altera la diacronía

---

[61] Cfr. Propp, 1971, especialmente págs. 135-152.

[62] Otros ejemplos serían «El humo de la pipa», «La pesadilla de Honorio», «La miss», «Mi tía Rosa», etcétera.

[63] Sobre el concepto de espacialidad en literatura, sobre la presencia del mismo en las letras del fin de siglo y sobre sus implicaciones técnicas, cfr., entre otros, los trabajos de Joseph Frank («La forme spatiale dans la littérature moderne», *Poétique*, 10, 1972, 244-266) y David Scott («La structure spatiale du poème en prose. D'Aloysius Betrand à Rimbaud», *Poétique*, 59, 1984, 295-308). Por supuesto, lo que sigue a continuación no contradice nuestra afirmación anterior acerca de la relativa abundancia de esquemas tradicionales —linealidad y coherencia— en los cuentos de Darío, y a menudo puede decirse que ambas técnicas podrían entenderse coexistiendo en el mismo relato.

de la acción con prolepsis que anticipan el desenlace pero ocultan o posponen el nudo o la explicación a ese desenlace («El palacio del sol», «El perro del ciego», «El linchamiento de Puck», «El caso de la señorita Amelia»). En otras ocasiones sí podemos hablar de un *crescendo* en la tensión narrativa, pero generalmente no se trata de un *crescendo* de momentos encadenados por una razón de causa-efecto —complicación de la trama— sino de una simple yuxtaposición de momentos climáticos individuales —simplificación de la trama—; serían los casos de «El velo de la reina Mab», «El humo de la pipa», «Rojo», «Arte y hielo», «Carta del país azul», «La novela de uno de tantos» o «Las tres Reinas Magas». Podemos asistir también a un único momento de tensión, concretado generalmente en una evocación lírica o situación límite enmarcadas por un comienzo y/o un final que contiene/n el mínimo narrativo del relato («Cherubín a bordo», «La canción del oro», «Por el Rhin»); o bien el cuento tiende a reducirse a una o varias escenas teatrales en las que la voz del narrador se limita prácticamente a la acotación de tales momentos («Voz de lejos», «Las razones de Ashavero», «Cátedra y Tribuna»). En otros casos el autor sorprende con un final marginal a la historia, con lo que la linealidad o coherencia interna de ésta queda en entredicho («El sátiro sordo», «Betún y sangre»), o bien retiene a la historia en un momento climático, sin cerrarla por completo («La ninfa»). También puede construir su relato en forma de un díptico de piezas independientes, para que sea el contraste ulterior de las mismas lo que origine la tensión del cuento («Palomas blancas y garzas morenas», «La klepsidra») o, finalmente y de manera ocasional, la acción puede avanzar en medio de oposiciones

---

Y, por supuesto, también encontraremos en las narraciones de Darío y de otros modernistas los recursos inherentes a la narrativa breve de todos los tiempos, tales como alusiones, prolepsis, anagnórisis, comentarios del autor tras el clímax final o resoluciones del clímax en la última palabra o en el último párrafo del texto. Lo que se trata de mostrar es que la frecuencia de estos recursos y estructuraciones espaciales es mucho mayor en Darío y en el resto de los modernistas que en la cuentística de su tiempo, y que por ello puede afirmarse que constituyen una de sus principales aportaciones al cuento contemporáneo.

laterales, es decir oposiciones ideológicas que se interponen en el progreso de la acción, pero que resultan extrañas a lo que pediría la «lógica interna» del relato[64].

Una de las principales notas que define el panorama ideológico del fin de siglo es el subjetivismo, que en gran medida depende de la expansión del sistema capitalista y del auge de diversas filosofías individualistas[65]. Por lo que a literatura se refiere, ello desemboca en una presencia continua del escritor en sus textos, no sólo en cuanto artífice sino en cuanto autor, inventor y propietario de los mismos, en un subjetivismo que podemos calificar más de pragmático que de egocéntrico o intimista. Y así, una de las primeras impresiones que saca el lector de los cuentos de Darío es que éstos no aparecen como objetos de arte con vida autónoma, al modo de la escultura exenta, sino pegados a la pluma y a la mano del poeta, como si éste no quisiera o no fuera capaz de desprenderse de ellos. «La intrusión de Darío en la narración de estos cuentos es constante, y por eso quedan desprovistos desde el principio de una firme orientación genérica. Darío abandona, por ejemplo, la consistencia de una perspectiva narrativa fija, permitiéndose idealizar o ironizar a su antojo las actitudes de cada personaje. La voz narrativa adopta actitudes contrarias dentro del mismo cuento, y aun dentro del mismo párrafo» (Brownlow, 380-381). Darío, como cuentista, es un yo que quiere mostrarse presente en todas sus narraciones. Como narrador aparecerá al comienzo, durante el de-

---

[64] Una oposición lateral aparecería en el momento en que lo sorprendente e inesperado sustituye a lo que se entiende como esperable y lógico en la vida interna del relato. Valdrían como ejemplos el caso de «El año que viene siempre es azul» y «El rubí». En el primer cuento, lo más esperable —quizá por la fuerza del tópico— sería la irrupción de un nuevo pretendiente o alguna mudanza en la fidelidad del primero de ellos, y no tanto que la anécdota no pueda llegar a buen término por la enfermedad repentina de la joven. En el segundo, podríamos considerar como tal la irrupción de una mujer de carne y hueso en el devenir de la historia, precisamente en un momento en que incluso los narratarios del meta-cuento están esperando la presencia de una criatura fantástica o irreal.

[65] Sobre la presencia de este fenómeno en la literatura del periodo, nos extendemos en *Los espacios poéticos...* (67-73); sobre su repercusión en el cuento, cfr. Pupo-Walker, 1995 (155-170) y Eberenz, 1989 (33).

sarrollo o al final del relato, asegurando que se trata de un sucedido real que le ha sido contado a él o que ha leído en algún documento histórico («Primera impresión», «El fardo» o «La extraña muerte de fray Pedro»); en otras ocasiones interrumpirá la progresión de éste lo concluirá con comentarios metatextuales, con el fin de condicionar la interpretación del lector[66]; con llamativa frecuencia apelará al lector general de su cuento («Palimpsesto», «Voz de lejos»), al narratario concreto del mismo («El perro del ciego», «El palacio del sol», «Un cuento para Jeannette») o, incluso, a alguno de los protagonistas («Morbo et umbra», «La muerte de la emperatriz», «Fugitiva»). Serán frecuentes también los relatos de índole etiológica, es decir aquellos en los que el poeta elabora un mito para explicar o reexplicar el mundo, como ocurre en «El rubí», «Hebraico», «La muerte de Salomé» o «Las lágrimas del centauro». O bien puede el autor presentarse como protagonista o coprotagonista de sus propias narraciones, bien sea el biografismo de éstas auténtico («Palomas blancas», «La larva»), ficticio («D. Q.», «Huitzilopoxtli») o expuesto en forma de clave («Caín»). La estadística realizada en torno a las categorías narrativas de Genette (1972, 183-269) arroja unas conclusiones semejantes. Así, en cuanto a la focalización o perspectiva, la práctica totalidad de los cuentos darianos se repartirían entre el relato no focalizado o de grado cero, es decir, el del narrador omnisciente tradicional, y el relato internamente focalizado o construido por medio de la narración de los personajes. Quedarían fuera de su narrativa los relatos con focalización externa, es decir, aque-

---

[66] Utilizamos el concepto de metatexto en el sentido que le da Ángeles Ezama (enunciados del narrador o de un personaje que guían al lector en su interpretación del texto; 57), y, así, encontraríamos ejemplos en cuentos como «A las orillas del Rhin», «Las albóndigas del coronel», «El palacio del sol» o «La muerte de Salomé». En el mismo sentido, llamaría la atención la ausencia de comentarios paratextuales, es decir de aquellos discursos interpretativos sobre los personajes y sucesos narrados, pero situados en un nivel de abstracción superior al de la inmediatez de la historia (cfr. Ezama, 66); tal ausencia no nos parece sino otra muestra más de la insistencia del autor, de Darío, en permanecer al lado, lo más cerca posible, de su historia y de sus criaturas.

llos en que el autor habría renunciado a intervenir en la subjetividad de sus criaturas o, en otras palabras, a conceder a éstas el mayor grado de autonomía que les resulta posible[67].

Paralelamente, no es extraño que el modo de escribir de Rubén invada el modo de hablar de sus personajes, que pocas veces mantienen un diálogo con las peculiaridades que les serían propias en una reproducción mimético-realista, y, así, la heterogloxia de sus cuentos será una heterogloxia inexistente o muy limitada[68]. Rubén, ya se ha dicho, es ante todo poeta y la lírica siempre exige del poeta una identificación inmediata con sus palabras; es, por naturaleza, reacia a la heterogloxia. Si para el novelista y el narrador de cuentos esta uniformidad en el estilo puede suponer una limitación, para el poeta, para Darío, se trata más bien de su marca distintiva, la mejor señal de su presencia en la narración.

Tras las aportaciones de Raimundo Lida, Enrique Anderson Imbert y otros autores más, resulta ya repetitiva cualquier enumeración de los recursos y peculiaridades estilísticas de los cuentos darianos[69]. Lo que tales trabajos permiten concluir es que la prosa cuentística de Darío, a pesar de po-

---

[67] Algo similar ocurre con los narradores, siendo el grupo extradiegético —92% del total—, con mucho, el más numeroso. Dentro de este grupo el extra-heterodiegético (50%) iría por delante del extra-homodiegético (29%) y del extra-autodiegético (21%), aunque no es extraño que dos de ellos aparezcan combinados en la misma narración. Significativamente menos numeroso sería el grupo intradiegético (hetero u homodiegéticos), que ocuparía el 8% restante del total.

[68] Cfr. cuentos como «¿Por qué?» o, sobre todo, «El fardo», que ya atrajo la atención de Homero Castillo en este sentido: «Los ejemplos anteriores y otros muchos (...) muestran que lo relatado por Lucas se ha transformado en versión del narrador, si bien con exactitud en cuanto a lo substancial, a un idioma que deja ver su propia posición y sentir con respecto a la impresión que le produjeron los hechos (...) el relato del lanchero ha sido aderezado por un narrador que no puede desprenderse del subjetivismo ya manifestado al describir el espacio en que se hallaba situado en espera del relato de su informante» (34-35).

[69] Además de estos trabajos clásicos (Lida, 1958, 200-259; Anderson Imbert, 1967, 37-45 y 249-261), conviene consultar también las contribuciones de Rudolph Kolher (1968), Fidel Coloma (114 y ss.), Iber H. Verdugo (Darío, 1971, 32-33), Ricardo Gullón (Darío, 1982), Leonore Gale (Jiménez, 1975, 173-188) y Teodosio Fernández (1990).

seer una singularidad propia como tal, remite una y otra vez, por su concepción y recursos, al ámbito de la lírica, al ámbito del verso y de la poesía. Lo cual, obviamente, no es ninguna limitación, y de menos cuando el propio Darío había pensado en esta confusión de fronteras como el medio más apropiado para llevar a cabo su revolución formal[70].

En lo que creemos que no se ha insistido lo suficiente es en las consecuencias o efectos de este peculiar lirismo de su prosa, de lo que la crítica ha llamado la magia de su lenguaje, y que va más allá de esa natural y poética fluidez verbal que el lector percibe en sus cuentos y que constituye uno de sus méritos más sobresalientes[71]. A este hecho propiamente estilístico habría que añadir también el salto de calidad que la intensificación lírica de la prosa representa con respecto a la literatura anterior. Como ya se vio, Darío persiguió conscientemente —y esta consciencia de su intención es su principal ventaja sobre Gutiérrez Nájera— una revolución para

---

[70] Al poco de la publicación de *Azul...*, Darío parecía justificar las cualidades líricas de su prosa con las siguientes palabras: «la prosa cuando es rítmica y musical es porque en sus períodos lleva versos completos que marcan la armonía (...) Por tanto un poeta no puede ser plagiario de un prosista, porque tiene reglas absolutas que se lo evitan, tales como rimas y acentos, y un prosista sí puede tomar versos de un poeta para hacer más armoniosa una frase, o para acabar pomposamente el cimiento de sus epifonemas» (1938, 263; cfr. también Darío, 1950 I, 196). Y en este sentido, la prosa de Darío y de gran parte del Modernismo no sería sino los primeros testimonios de la literatura del siglo XX, que como Pedro Salinas demostró hace ya tiempo, estaría marcada por la preeminencia de lo lírico (cfr. Pedro Salinas, *Literatura española siglo XX*, Madrid, Alianza, 1983, 34-45).
[71] Esta fluidez verbal es algo que ya llamó la atención de sus primeros lectores. Así Juan Valera comentaba la prosa de *Azul...* con unas palabras que valdrían también para el resto de los cuentos del poeta: «Y sin embargo, no se nota el esfuerzo, ni el trabajo de la lima, ni la fatiga del rebuscar, todo parece espontáneo y fácil, y escrito al correr de la pluma, sin mengua de la concisión, de la precisión y de la extremada elegancia» (Darío, 1955, 108). También resulta muy explícita la valoración de Manuel Pedro González: «la imaginación creadora de Rubén en cuanto narrador era muy parca y no siempre original. Lo que en él es insuperable es el poeta —ya se exprese en verso o en prosa— y la magia de su verbo (...) Lo que en estos cuentos —a veces meros relatos, crónicas, glosas— nos seduce no es el tema, ni el tratamiento, ni la trama, ni los personajes, sino la continua invención verbal que en ellos se descubre» (331); cfr. igualmente las opiniones de Anderson Imbert y José Olivio Jiménez (Darío, 1979, 22).

nuestro idioma; pero la pretensión suya de «dar nuevas formas a la manifestación del pensamiento» y de «hacer del don humano por excelencia un medio refinado de expresión» (1934, 208) iba a acabar desembocando en algo más que en una simple alteración y perfeccionamiento del material lingüístico, que es a lo que a veces se han reducido sus innovaciones formales. En primer lugar, iba a concluir en la renovación del cuento por uno de sus lados más esenciales, como lo es el de la peculiar dependencia de este género de su aspecto estilístico. Realmente, puede afirmarse que, con la excepción de Gutiérrez Nájera —excepción que necesitaría de algunas matizaciones—, esa nota tan característica del cuento que es la unidad entre género y estilo (cfr. Lancelotti, 1968, 9 y Leal, 1971, 11) no llega de forma definitiva a las letras hispánicas hasta las aportaciones de Darío en *Azul...*, y convierte a su autor y por extensión a los modernistas en el eslabón que une el cuento moderno, tal como Poe lo quería, con el cuento contemporáneo más reciente. Los realistas, por ejemplo, no habían comprendido «el imprescindible trabajo textual, que supone conciencia y reflexión de los recursos narrativos, para transfigurar los materiales de la realidad y el lenguaje en obra artística» (Zanetti, 9). La segunda y principal consecuencia en este cambio afecta a la misma idea de literatura porque, en el fondo, lo que esta renovación implicaba era el cuestionamiento de la función mimética o referencial como intención primera del lenguaje. Se trataría, en definitiva, de la revolución anticontenidista que todavía sigue guiando a la narrativa breve contemporánea[72]. La principal manifestación de este cambio sería la emergencia de la connotación a un primer plano, en perjuicio de los valores denotativos del texto. Y es que una vez relegados la anécdota y el mundo referencial a un segundo plano, el vínculo de éstos con las palabras también pierde consistencia, y éstas —las palabras—

---

[72] Sobre este significado peculiar de la revolución modernista, cfr. el trabajo de Noé Jitrik (1978, 3-5). En cuanto a la modernidad de este rasgo, cfr. Durán-Cerda, 1976 (124-132) y Rueda, 1992 (29-32); y sobre su empleo en otros modernistas, cfr. Ezama, 1992 (63-65), Martínez Cachero, 1994 (27) y Dionisio Cañas (*El poeta y la ciudad*, Madrid, Cátedra, 1994, 53).

pasan a adquirir su principal significado en función de sus relaciones mutuas o en función de sus relaciones con el sujeto —autor o lector—, lo cual, por otro lado, nos coloca a un paso de las vanguardias. «El lenguaje modernista es moderno porque es un lenguaje que destaca su desconexión crítica del mundo de las cosas, e insiste en esa desconexión poniendo de manifiesto no ya los mecanismos de su propia producción, sino sobre todo el carácter de producto que él mismo tiene» (González Echevarría, 159). Así, en el cuento modernista, el primer objetivo del narrador no sería la historia sino el mundo autónomo de evocaciones, sugerencias, alusiones, sensaciones e implicaciones de diverso orden que él sea capaz de despertar en el lector a través del empleo de un lenguaje inusual y de unos recursos desacostumbrados. Y creemos que esta preeminencia de lo connotativo sobre lo denotativo es precisamente el criterio más útil para medir la calidad literaria de los grandes cuentos modernistas frente a las también abundantes mediocridades, mediocridades que tendrían como principal defecto el haber utilizado un material lingüístico semejante pero sin haber conseguido que sus valores connotativos —ese mundo autónomo de evocaciones y sugerencias— hayan pasado a un primer plano.

Por último, esta inversión en las relaciones entre el signo lingüístico y su referente estaría estrechamente vinculada a otras notas típicas de la literatura modernista, formando todas ellas una red de correspondencias mutuas en la que resultaría difícil determinar la correlación causa-efecto. Una de esas notas sería la desaparición de la frontera entre géneros, ya que ante la preeminencia del material, el criterio contenidista pasaría a un segundo plano y, por tanto, prosa y verso podrían caber en un mismo volumen o en un mismo texto sin que su unidad se viera afectada[73]. Igualmente, ya que esta libertad en el empleo del lenguaje sería la marca del escritor en un mundo definido por la división del trabajo, la preeminencia del material lingüístico sintonizaría también con la atención que en esta literatura reciben aquellos motivos di-

---

[73] Como pruebas se podrían citar el *Azul...* de Darío, el *Lunario sentimental* de Lugones o la aparición del poema en prosa como género independiente.

rectamente relacionados con la identidad del escritor en el nuevo orden social (el repetido dilema artista/mundo) o con los fundamentos metafísicos de su actividad (las también repetidas inquisiciones sobre el Arte y la Belleza con mayúscula). Finalmente, tal atención al material de trabajo nos permitiría explicar la cercanía de estas creaciones literarias con las artes plásticas y en especial con el Impresionismo, ya que ambos, al subordinar su función mimética al efectismo de su técnica, compartirían una desrealización esteticista muy semejante.

Conclusión

En cierta manera, resulta difícil ubicar a Darío en el panorama histórico del cuento en español. Por un lado, su cosmopolitismo mental y biográfico desaconseja estudiarlo dentro de literatura nacional alguna, y lo convierte en uno de los cuentistas hispánicos por excelencia, junto a Cortázar, Borges o García Márquez y frente a otros como Nájera, Lugones o Carpentier, cuyas figuras no quedarían tan dañadas con una reducción semejante. Por otro, su trayectoria creativa lo sitúa en un terreno incómodo para quien guste de reducciones didácticas o cronológicas. Así, junto a la obviedad de su modernismo, tampoco cabe ignorar su ocasional participación o contagio de las corrientes y orientaciones de procedencia decimonónica con las que le tocó convivir, algunas de las cuales aún seguían cultivándose después de su muerte. Y en este sentido, el caso de Darío no sería una excepción, pues tal tipo de heterogeneidad es algo que el cuento hispanoamericano lleva como marca de nacimiento, y por tanto, y sin negar su modernismo, colocaría al nicaragüense en la tónica general de la narrativa breve coetánea a él.

Simultáneamente, Darío aparece como una figura singular dentro de ese abigarrado panorama. Ya adelantamos que, dada la peculiar evolución del género, la tarea del poeta no pudo consistir en culminar una tradición, la decimonónica, sino en dar inicio a otra nueva, que sería la moderna; así, como ocurrió con su poesía, la narrativa hispanoamericana también habría comenzado con los cuentos de Darío su definitiva independencia de la narrativa peninsular. Es, entonces, en ese contexto de ruptura en donde debemos entender su singularidad y maestría como cuentista, en el sentido de que, a pesar de encontrarse en los primeros momentos de una nueva etapa y a pesar de no ser un narrador por vocación, consiguiera producir unas narraciones paradigmáticas y con unas cualidades técnicas y formales realmente excepcionales. Los condicionamientos generales del cuento en el tiempo de Darío junto a otros de índole más personal justificarían en parte las limitaciones de muchos de sus relatos, pero simultáneamente permitirían concretar la grandeza de su autor, porque así éste no debería su trascendencia al volumen global y al tono medio de sus cuentos sino a lo numeroso y brillante de sus excepciones.

De Darío, en definitiva, no podrá decirse que sea un cuentista constante y modélico por la calidad estética de sus trabajos, pero sí que se trata de un autor necesario para entender la evolución histórica de nuestra narrativa breve. A pesar de algunas notas relativamente negativas, tales como la debilidad o monotonía de sus argumentos o la artificiosidad de diversas evocaciones, no puede negarse que el balance final resulta sumamente positivo y que, sin sus aportaciones, el cuento contemporáneo presentaría posiblemente una configuración muy distinta a la actual. Darío, como otros modernistas, fue de los primeros en trabajar el cuento con una finalidad claramente artística, con una conciencia de estilo intencionada, librándolo de la obsesión por el contenido y de la manía mimética, y concediendo a la imaginación personal del autor un lugar prioritario en la génesis de cada relato. En este sentido, los cuentos darianos más logrados pueden no ser modelo en argumentos y anécdotas, pero sí lo son en intensidad y en vida interior, y esto último, más que lo primero, es lo propio y característico del cuento de nuestros días.

Esta edición

Para la presente selección de cuentos hemos tomado como base, en su reimpresión de 1988, la edición que Ernesto Mejía Sánchez llevó a cabo en 1950. Hemos eliminado de ella los relatos aparecidos ya en otros volúmenes de esta misma colección, y le hemos añadido las narraciones recuperadas por la crítica después de 1950. En cuanto al resto de los cuentos, mantenemos todos aquellos que, con las investigaciones más recientes, han visto alterados significativamente los datos referidos a su cuerpo textual o a su fecha o lugar de publicación. Para las demás narraciones hemos seguido nuestras preferencias personales, procurando sin embargo dejar representadas todas las variaciones argumentales y técnicas de la narrativa de Darío. A la hora de ordenar los cuentos seguimos un criterio cronológico, para facilitar al lector una idea de la evolución de la cuentística dariana. Al fijar los textos nos apoyamos generalmente en su primera publicación conocida y, cuando esto no ha sido posible, en la versión que hemos creído más fiable, señalando en cada caso las variantes de mayor importancia. También hemos actualizado la ortografía y la puntuación de los textos, intentando siempre respetar el significado, entonación y matices que Darío quiso dar a sus palabras. Por último, y ante la posibilidad de que el propio Darío se encuentre detrás de ellos, hemos decidido también respetar los signos interliminares de cada relato, que se mantienen tal como los presenta el texto que en cada caso nos sirve de referencia.

Bibliografía

ACHUGAR, Hugo, «"El fardo" de Rubén Darío: receptor armonioso y receptor heterogéneo», *Revista Iberoamericana,* 52:137 (1986), 857-874.

ANDERSON IMBERT, Enrique, *La originalidad de Rubén Darío,* Buenos Aires, Centro Editor de América Latina, 1967.

— *Teoría y técnica del cuento,* Buenos Aires, Marymar, 1979.

ÁVILA, Mary, «Principios cristianos en los cuentos de Rubén Darío», *Revista Iberoamericana,* 24:47 (1959), 29-39.

BAQUERO GOYANES, Manuel, *El cuento español en el siglo XIX,* Madrid, CSIC, 1949.

— *¿Qué es el cuento?,* Buenos Aires, Columbia, 1967.

— «El hombre y la estatua (A propósito de un cuento de Rubén Darío)», *Cuadernos Hispanoamericanos,* 212-213 (1967), 506-518.

BALDERSTON, Daniel, *The Latin American Short Story. An Annotated Guide to Anthologies and Criticism,* Nueva York, Greenwood, 1992.

BOSCH, Juan, *Teoría del cuento. Tres ensayos,* Mérida (Venezuela), Universidad de los Andes, 1967.

BROWNLOW, Jeanne P., «La ironía estética de Darío: humor y discrepancia en los cuentos de *Azul....*», *Revista Iberoamericana,* 146-147 (1989), 377-393.

BURGOS, Fernando (ed.), *Antología del cuento hispanoamericano,* México, Porrúa, 1991.

CASCARDI, Anthony J., «Reading the Fantastic in Darío («La pesadilla de Honorio») and Bioy-Casares («En memoria de Paulina»)», *Crítica Hispánica,* VI:2 (1984), 117-130.

CASTILLO, Homero, «Recursos narrativos en "El Fardo"», *Atenea,* 415-416 (1967), 29-37.

COLOMA GONZÁLEZ, Fidel, *Introducción al estudio de «Azul...»,* Managua, Manolo Morales, 1988.

Cortázar, Julio, *La casilla de los Morelli*, Barcelona, Tusquets, 1973.
Darío, Rubén, *El árbol del rey David*, Ed. Regino E. Boti, La Habana, Imprenta El Siglo XX, 1921.
— *Primeros cuentos*, Madrid, Imprenta de G. Hernández, 1924.
— *Impresiones y sensaciones*, Madrid, Imprenta de G. Hernández, 1925.
— *Obras desconocidas. Escritas en Chile y no recopiladas en ninguno de sus libros*, Ed. Raúl Silva Castro, Santiago, Universidad de Chile, 1934.
— *Escritos inéditos*, Ed. Erwin K. Mapes, Nueva York, Instituto de las Españas, 1938.
— *Poesías y prosas raras*, Ed. Julio Saavedra Molina, Santiago, Universidad, 1938.
— *Antología Chilena*, Ed. Eugenio Orrego Vicuña, Santiago, Prensas de la Universidad, 1942.
— *Obras Completas*, Ed. M. Sanmiguel, 5 vols., Madrid, Afrodisio Aguado, 1950.
— *Poesías completas*, Ed. Alfonso Méndez Plancarte, Madrid, Aguilar, 1968.
— *Escritos Dispersos*, Ed. Pedro Luis Barcia, La Plata, Universidad, vol. 1, 1968.
— *Páginas desconocidas*, Ed. Roberto Ibáñez, Montevideo, Biblioteca de Marcha, 1970.
— *Cuentos*, Ed. Iber H. Verdugo, Buenos Aires, Kapelusz, 1971.
— *El mundo de los sueños*, Ed. Ángel Rama, Universitaria, San Juan de Puerto Rico, 1973.
— *Escritos Dispersos*, Ed. Pedro Luis Barcia, La Plata, Universidad, vol. 2, 1977.
— *Cuentos fantásticos*, Ed. José Olivio Jiménez, Madrid, Alianza Editorial, 1979.
— *Páginas escogidas*, Ed. Ricardo Gullón, Madrid, Cátedra, 1982.
— *Prosas profanas y otros poemas*, Ed. Ignacio M. Zuleta, Madrid, Castalia, 1987.
— *Cuentos Completos*, Ed. Ernesto Mejía Sánchez; estudio preliminar de Raimundo Lida, México, FCE, 1988.
— *Cuentos Completos*, Ed. Julio Valle Castillo, La Habana, Arte y Literatura, 1994.
— *Azul... Cantos de vida y esperanza*, Ed. José M. Martínez, Madrid, Cátedra, 1995.
Darío, Rubén (III), *Versión inédita de un cuento de Rubén Darío escrito en Costa Rica*, San José, Universidad, 1967.
Day, John F., *El cuento modernista hispanoamericano y la exploración de lo irracional*, tesis doctoral, Austin, University of Texas, 1987.

DIXON, Paul, «Rebirth Patterns in several short-stories by Rubén Darío: a Distinctive Feature», *Hispanic Journal,* VII:2 (1986), 87-91.

DONGHI HALPERIN, Renata, *Cuentistas argentinos del siglo XIX,* Buenos Aires, Estrada, 1950.

DURÁN-CERDA, «Sobre el concepto de cuento moderno», *Explicación de textos literarios,* V:2 (1976), 119-132.

EBERENZ, Rolf, *Semiótica y morfología textual del cuento naturalista,* Madrid, Gredos, 1989.

EZAMA GIL, Ángeles, *El cuento de la prensa y otros cuentos. Aproximaciones al estudio del relato breve entre 1890 y 1900,* Zaragoza, Universidad, 1992.

FELL, Claude (ed.), *Thecniques narratives et representations du monde dans le conte latino-américain,* París, Université de la Sorbonne III, 1987.

FERNÁNDEZ, Teodosio, «Rubén Darío y la gestación del lenguaje modernista», Tomás Albaladejo *et al.* (coord.), *El Modernismo,* Valladolid, Universidad, 1990, 47-59.

FLETCHER, Lea, *El cuento modernista en revistas y diarios argentinos: 1890-1910,* tesis doctoral, Lubbock, Texas Tech University, 1981.

FLORES, Ángel (ed.), *Narrativa hispanoamericana 1816-1981. Historia y antología,* México, Siglo XXI, 1981, vol. 2.

FRASER, Howard M., «Irony in the fantastic stories of *Azul...*», *Latin American Literary Review,* 2 (1973), 37-41.

— «Magic and Alchemy in Darío's *El rubí*», *Chasqui,* 2 (1978), 17-22.

— *In the Presence of Mistery: Modernist Fiction and the Occult,* Chapel Hill, North Carolina UP, 1992.

FRIEDMAN, Norman, «What makes a short story short?», *Modern Fiction Studies,* 4 (1958), 103-117.

FROHLICHER, Peter y GUNTERT, Georges (eds.), *Teoría e interpretación del cuento,* Berna, Peter Lang, 1995.

GONZÁLEZ, Manuel Pedro, *Estudios sobre Literaturas Hispanoamericanas,* México, Cuadernos Americanos, 1951.

GONZÁLEZ ECHEVARRÍA, Roberto, «Modernidad, modernismo y nueva narrativa: *El recurso del método*», *Revista Interamericana de Bibliografía,* 30 (1980), 157-163.

GUTIÉRREZ NÁJERA, Manuel, *Cuentos Completos,* Ed. Erwin K. Mapes, México, FCE, 1984.

HAHN, Oscar (eds.), *El cuento fantástico hispanoamericano en el siglo XIX,* Puebla, Premia Editora, 1978.

HERNÁNDEZ DE LÓPEZ, Ana María, *El «Mundial Magazine» de Rubén Darío,* Madrid, Beramar, 1989.

HERNÁNDEZ MIYARES, Julio E. y RELA, Walter (eds.), *Antología del cuento modernista hispanoamericano*, Buenos Aires, Plus Ultra, 1987.

HUEZO, Francisco, *Últimos días de Rubén Darío*, Managua, Lengua, 1962.

JIMÉNEZ, José Olivio (ed.), *Estudios críticos sobre la prosa modernista hispanoamericana*, Nueva York, Eliseo Torres and Sons, 1975.

JINESTA, Carlos, *Rubén Darío en Costa Rica*, México, n.e., 1944.

JIRÓN TERAN, José y ARELLANO, Jorge Eduardo, *Rubén Darío primigenio. Nuevas investigaciones de sus inicios literarios*, Managua, Convivio, 1984.

JITRIK, Noé, *Las contradicciones del Modernismo*, México, El Colegio de México, 1978.

KOHLER, Rudolph, «La actitud impresionista en los cuentos de Rubén Darío», Ernesto Mejía Sánchez (ed.), *Estudios sobre Rubén Darío*, México, FCE, 1968, 503-521.

LANCELOTTI, Mario A. (ed.), *El cuento argentino (1840-1940)*, Buenos Aires, EUDEBA, 1964.

— *De Poe a Kafka. Para una teoría del cuento*, Buenos Aires, EUDEBA, 1968.

— *Teoría del cuento*, Buenos Aires, Ediciones Culturales Argentinas, 1973.

LASTRA, Pedro, *El cuento hispanoamericano del siglo XIX. Notas y documentos*, Garden City (NY), Helmy F. Giacoman, 1972.

LEAL, Luis, *Historia del cuento hispanoamericano*, México, De Andrea, 1971.

LIDA, Raimundo, *Letras hispánicas*, México, FCE, 1958.

LLOPESA, Ricardo, «Las fuentes literarias de "La ninfa"», *Revista de Literatura*, 107 (1992), 247-255.

— «Las fuentes de "El fardo" de Rubén Darío», *Revista Hispánica Moderna*, XLVII:1 (1994), 47-55.

LOVELUCK, Juan (ed.), *El cuento chileno (1864-1920)*, Buenos Aires, EUDEBA, 1964.

MAIORANA, M. Teresa, «Du "Satyre" de Victor Hugo au "Sátiro sordo" de Rubén Darío», *Revue de Littérature Comparée*, 44 (1970), 296-321.

MARINI PALMIERI, Enrique (ed.), *Cuentos Modernistas Hispanoamericanos*, Madrid, Castalia, 1989.

— *El Modernismo Literario Hispanoamericano. Caracteres esotéricos en las obras de Darío y Lugones*, Buenos Aires, García Cambeiro, 1989.

MARTÍNEZ, Juana, «El cuento hispanoamericano del siglo XIX», Luis Iñigo Madrigal (coord.), *Historia de la literatura hispanoamericana: del neoclasicismo al modernismo*, Madrid, Cátedra, 1987, 229-243.

MARTÍNEZ CACHERO, José María (ed.), *Antología del cuento español 1900-1930*, Madrid, Castalia, 1994.

MARTÍNEZ DOMINGO, José María, *Los espacios poéticos de Rubén Darío*, Nueva York, Peter Lang, 1995.

— «Sobre la intextualidad de "La ninfa"», *Hispamérica*, 70 (1995), 103-109.

— «Nuevas luces para las fuentes de *Azul...*», *Hispanic Review*, 64:2 (1996), 199-215.

MASTRÁNGELO, Carlos, *El cuento argentino*, Buenos Aires, Hachette, 1963.

MATTALÍA, Sonia, «El canto del "aura": autonomía y mercado literario en los cuentos de *Azul....*», *Revista crítica literaria latinoamericana*, 38 (1993), 279-292.

MEJÍA SÁNCHEZ, Ernesto, «Otro cuento desconocido de Rubén Darío», *Texto Crítico*, enero-junio 1975, 122-130.

MORENO, Fernando (ed.), *Coloquio internacional. El texto latinoamericano*, vol. I., Madrid, Fundamentos, 1994.

MORA, Gabriela, *En torno al cuento: de la teoría general y de su práctica en Hispanoamérica*, Buenos Aires, Daniro Albero, 1993.

MUÑOZ, Luis, «La interioridad en los cuentos de Rubén Darío», *Atenea*, 415-416 (1967), 173-192.

OSSA BORNE, Samuel, «La historia de "La canción del oro"», *Revista Chilena*, 9 (1917), 368-375.

OVIEDO, José Miguel (ed.), *Antología del cuento hispanoamericano*, 2 vols., Madrid, Alianza, 1989.

PICADO, Teodoro, *Rubén Darío en Costa Rica (1891-1892)*, 2 vols., San José, García Monge, 1919-1920.

PROPP, Vladimir, *Morfología del cuento*, Madrid, Fundamentos, 1971.

POE, Edgar Allan, *Ensayos y críticas*, Ed. Julio Cortázar, Madrid, Alianza, 1973.

PUPO-WALKER, Enrique (ed.), *El cuento hispanoamericano ante la crítica*, Madrid, Castalia, 1973.

— (ed.), *El cuento hispanoamericano*, Madrid, Castalia, 1995.

QUIROGA, Horacio, *Sobre literatura*, Montevideo, Arca, 1970.

RAMA, Ángel, *Rubén Darío y el Modernismo*, Caracas, Alafadil, 1985.

RAMÍREZ, Sergio (ed.), *El cuento nicaragüense*, Managua, Ediciones El Pez y la Serpiente, 1976.

— (ed.), *Antología del cuento centroamericano*, San José, Educa, 1984.

RAMOS, Julio, *Desencuentros de la Modernidad en América Latina. Literatura y política en el siglo XIX*, México, FCE, 1989.

RUEDA, Ana, *Relatos desde el vacío*, Madrid, Orígenes, 1992.

SAAVEDRA MOLINA, Julio, *Bibliografía de Rubén Darío*, separata de la *Revista Chilena de Historia y Geografía*, Santiago, 1945.

SALOMÓN, Noel, «América Latina y el cosmopolitismo en algunos cuentos de *Azul...*», Matías Horanyi (ed.), *Actas del Simposio Internacional de Estudios Hispánicos*, Budapest, Academia de las Ciencias de Hungría, 1978, 13-37.

SEGALL, Brenda, «The function of irony in "El rey burgués"», *Hispania*, 49:2 (1966), 223-227.

SEQUEIRA, Diego Manuel, *Rubén Darío criollo*, Buenos Aires, Guillermo Kraft, 1945.

SERRA, Edelweis, *Tipología del cuento literario*, Madrid, Cupsa, 1978.

SILVA CASTRO, Raúl (ed.), *Los cuentistas chilenos*, Santiago de Chile, Zig-Zag, s.f.

SORENSEN GOODRICH, Diana, «*Azul...*: los contextos de lectura», *Hispamérica*, 40 (1985), 3-14.

SOTO HALL, Máximo, *Revelaciones íntimas de Rubén Darío*, Buenos Aires, Ateneo, 1925.

SZMETAN, Ricardo, «El escritor frente a la sociedad en algunos cuentos de Darío», *Revista Iberoamericana*, 146-147 (1989), 415-423.

URIARTE, Iván, «El intertexto como principio constructivo en los cuentos de *Azul...* y su proyección en la nueva narrativa latinoamericana», *Revista Iberoamericana*, 137 (1986), 937-943.

VALERA, Juan, *Obras completas*, 3 vols., Madrid, Aguilar, 1968.

VALLEJO, Catharina V. de (ed.), *Teoría cuentística del siglo XIX (Aproximaciones hispánicas)*, Miami, Universal, 1989.

VERA, Catherine, «El "cuento de las tres reinas" y "Las tres reinas magas", de Rubén Darío», *The American Hispanist*, 2:18 (1977), 7-8.

ZAVALA, Lauro (comp.), *Teorías del cuento*, 2 vols., México, UNAM, 1995.

ZANETTI, Susana (ed.), *El cuento hispanoamericano del siglo XIX*, Buenos Aires, Centro Editor de América Latina, 1978.

Cuentos

Primera impresión[1]

Yo caminaba por este mundo con el alma virgen de toda ilusión.

Era un niño que ni siquiera sospechaba existiera el amor.

Oía a mis compañeros contar sus conquistas amorosas, pero jamás prestaba impresión[2] a lo que decían y no comprendía nada.

Nunca mi corazón había palpitado amorosamente. Jamás mujer alguna había conmovido mi corazón, y mi existencia se deslizaba suavemente como cristalino arroyuelo en verde y florida pradera, sin que ninguna contrariedad viniera a turbar la tranquilidad de que gozaba.

Mi dicha se cifraba en el cariño de mi madre; cariño desinteresado, puro como el amor divino.

¡Ah, no hay amor que pueda semejarse al amor de una madre!

Yo quería a mi madre y pensaba que ése era el único amor que existía.

Los días, los meses, los años transcurrían y mi vida siem-

---

[1] De acuerdo con José Jirón Terán y con Jorge Eduardo Arellano, éste sería el primer cuento publicado por Darío, en 1881, cuando el poeta sólo contaba catorce años. Se recogió en *El Ensayo* de León e iba firmado con el seudónimo de Jaime Jil *[sic]*, que era el que Darío habitualmente utilizaba en este periódico. Seguimos el texto de Jirón y Arellano quienes, debido a algún descuido, proponen simultáneamente el 23 de marzo y el 6 de abril como fechas de la primera aparición del relato (Jirón, 1984, 8 y 51-54).

[2] *Sic.*

pre era feliz, y ninguna decepción venía a trastornar la paz de mi espíritu.

Todo me sonreía: todo era placer y ventura en torno mío.

Así pasaba el tiempo y cumplí quince años.

Una noche tuve un sueño. Sueño que tengo grabado en el corazón, y cuyo recuerdo jamás he podido apartarlo de mi mente.

Soñé que me encontraba en un hermoso campo. El sol iba a ocultarse en el horizonte, y la hora del crepúsculo vespertino se acercaba.

Por doquiera se veían frondosos árboles de verde ramaje, que parecía enviaban su último adiós al astro que desaparecía.

Las flores inclinaban su corola tristes y melancólicas.

Allá a lo lejos, detrás de un pintoresco matorral, se oía el dulce susurrar de una fuente apacible, en cuyas límpidas aguas se reflejaban mil pintadas flores que se alzaban en su orilla y que parecía se contemplaban orgullosas de su hermosura.

Todo allí era tranquilo y sereno. Todo estaba risueño.

Yo me hallaba recostado en un árbol, admirando la naturaleza y recordando las inocentes pláticas que cuando niño había sostenido con mi madre, en las que ella con un lenguaje sencillo y convincente, con el lenguaje de la virtud y de la fe, me hacía comprender los grandes beneficios que constantemente recibimos del Omnipotente, cuando vi aparecer de entre un bosquecillo de palmeras una mujer encantadora.

Era una joven hermosa.

Sus formas eran bellísimas.

Sus ojos, negros y relucientes, semejaban dos luceros.

Su cabellera larga y negra caía sobre sus blancas espaldas formando gruesos y brillantes tirabuzones, haciendo realzar más su color alabastrino.

Su boca pequeña y de labios de carmín guardaba dentro unos dientes de perla.

Yo quedé estático al verla.

Ella llegóse junto a mí y púsome una mano sobre la frente.

A su contacto me estremecí. Sentí en mi corazón una cosa inexplicable. Me parecía que mi rostro abrasaba.

Estuvo mirándome un momento y después con una voz armoniosa, voz de hadas, voz de ángel, me dijo:

—¡Ernesto!...

Un temblor nervioso agitó todo mi cuerpo al oír su voz. ¿Cómo sabía mi nombre? ¿Quién se lo había dicho? Yo no podía explicarme nada de esto. Ella continuó.

—Ernesto, ¿has sentido alguna vez dentro de tu pecho el fuego misterioso del amor? Tu corazón, ¿ha palpitado por alguna mujer?

Yo la miraba con arrobamiento y no pude contestar; la voz expiró en la garganta y por más esfuerzos que hacía no me fue posible hablar.

—Contestadme —prosiguió ella— decidme una palabra siquiera. ¿Has amado alguna vez?

Hice otro nuevo esfuerzo y por fin articulé una palabra.

—¿Qué es el amor? —dije.

—¡El amor! ¡Ah!, no hay quien pueda explicar el amor. Es necesario sentirlo para saber lo que es. Es necesario haber experimentado en el corazón su influencia para adivinarlo. El amor es unas veces un fuego que nos abrasa el corazón, que nos quema las entrañas, pero que sin embargo nos agrada; otras un bálsamo reparador que nos anima y nos eleva a las regiones ideales mostrándonos en el porvenir mil halagüeñas esperanzas. El amor es una mezcla de dolor y de placer; pero en ese dolor hay un *algo* dulce y en ese placer nada de amargo. El amor es una necesidad del alma; es el alma misma.

Al pronunciar estas palabras su rostro había adquirido una belleza angelical. Sus ojos eran más brillantes aún y despedían rayos que penetraban en mi corazón y me hacían despertar sensaciones desconocidas hasta entonces para mí.

Miróme nuevamente y yo, extasiado ante su hermosura, subyugado por su belleza, iba a echarme a sus plantas para decirle que en ese momento empezaba a sentir todo lo que había dicho, que amaba por la primera vez de mi vida, cuando ella lanzó un grito y se alejó apresuradamente yendo a perderse en el bosquecillo de palmeras de donde la había visto salir momentos antes.

El sol ya se había ocultado completamente, y la noche extendía sus negras alas sobre el mundo.

La luna se levantaba majestuosa en Oriente y su luz venía a iluminar mi frente.

Yo quise seguir a la joven, pero al dar un paso caí al suelo, y al caer me encontré con la cabeza entre las almohadas, mientras que un rayo de sol que penetraba en la ventana hería mis pupilas, haciéndome comprender toda la realidad.

¡Todo había sido una alucinación de mi fantasía!

Ésta fue la primera impresión que recibí y nunca se ha borrado de mi corazón.

Desde entonces yo camino por este mundo en busca de la mujer de mi sueño y aún no la he encontrado. Ésta es la causa por que me ves, amigo Jaime, siempre triste y sombrío. Pero yo no desespero; ha de llegar un día en que se presentará ante mi paso. Ese día será el más feliz de mi vida: más feliz que aquellos que pasaba al lado de mi madre y en medio de la inocencia.

Ésta fue la relación que una vez me hizo mi amigo Ernesto y yo la publico hoy, seguro de que no disgustará a las simpáticas lectoras ni a los bondadosos lectores de *El Ensayo*.

Las albóndigas del coronel[1]
Tradición nicaragüense

Cuando y cuando que se me antoja he de escribir lo que me dé mi real gana; porque a mí nadie me manda, y es muy mía mi cabeza y muy mías mis manos. Y no lo digo porque se me quiera dar de atrevido por meterme a espigar en el fertilísimo campo del maestro Ricardo Palma; ni lo digo tampoco porque espere pullas del maestro Ricardo Contreras[2]. Lo digo sólo porque soy seguidor de la *Ciencia del buen Ricardo*[3]. Y el que quiera saber cuál es, busque el libro; que yo no he de irla enseñando así no más, después que me costó trabaji-

---

[1] De acuerdo con Sequeira (1945, 214-217) se publicó el 14 de noviembre de 1885 en *El Mercado* de Managua, donde aparecía la división en parágrafos tal como aquí se mantiene y donde seguía también el sistema ortográfico de Andrés Bello. Como el subtítulo y la introducción del relato sugieren, Darío sigue el modelo de las *Tradiciones peruanas* de Ricardo Palma, a las que seguramente accedió desde su empleo en la Biblioteca Nacional de Nicaragua y de las que por entonces se había publicado ya la sexta serie (1883). Darío fue también el encargado de remitir a Palma las obras de autores nicaragüenses que éste había solicitado para la Biblioteca Nacional de Lima.
[2] Alude el poeta a los comentarios que Ricardo Contreras, profesor en el Instituto de Occidente de León, hizo del poema de Darío «La ley escrita» (*El Diario Nicaragüense*, 16 y 22 de octubre de 1884). Darío contestó con la epístola «A Ricardo Contreras», publicada en el mismo diario el 29 de octubre de 1884, y que luego utilizó para abrir *Epístolas y poemas*, su libro nicaragüense de 1888.
[3] Alusión a la *Ciencia del Buen Ricardo*, que era una traducción del *Poor Richard's Almanac* (1733-1758) de Benjamin Franklin y que en español ya había tenido varias ediciones.

llo el aprenderla. Todas estas advertencias se encierran en
dos; conviene a saber: que por escribir tradiciones no se paga
alcabala; y que el que quiera leerme que me lea; y el que no,
no; pues yo no me he de disgustar con nadie porque tome
mis escritos y envuelva en ellos un pedazo de salchichón.
¡Conque a Contreras, que me ha dicho hasta loco, no le
guardo inquina! Vamos, pues, a que voy a comenzar la narración siguiente:

I

Allá por aquellos años, en que ya estaba para concluir el
régimen colonial, era gobernador de León el famoso Coronel Arrechavala[4], cuyo nombre no hay vieja que no lo sepa,
y cuyas riquezas son proverbiales; que cuentan que tenía
adobes de oro.

El Coronel Arrechavala era apreciado en la Capitanía General de la muy noble y muy leal ciudad de Santiago de los
Caballeros de Guatemala.

Así es que en estas tierras era un reycito sin corona. Aún
pueden mis lectores conocer los restos de sus posesiones pasando por la hacienda «Los Arcos», cercana a León.

Todas las mañanitas montaba el Coronel uno de sus muchos caballos, que eran muy buenos, y como la echaba de
magnífico jinete daba una vuelta a la gran ciudad, luciendo
los escarceos de su cabalgadura.

El Coronel no tenía nada de campechano; al contrario,
era hombre seco y duro; pero así y todo tenía sus preferencias y distinguía con su confianza a algunas gentes de la me-
trópoli.

Una de ellas era doña María de..., viuda de un capitán español que había muerto en San Miguel de la Frontera.

Pues, señor, vamos a que todas las mañanitas a hora de pa-

---

[4] «El coronel Joaquín Arrechavala ocupó interinamente la Gobernación
de la Provincia de Nicaragua de 1813 a 1819. Su figura se ha vuelto legendaria en ese país: aparece, siempre a caballo, como protagonista de anécdotas
amorosas y cuentos de aparecidos» (Mejía Sánchez).

seo se acercaba a la casa de doña María el Coronel Arrechavala, y la buena señora le ofrecía dádivas, que, a decir verdad,
él recompensaba con largueza. Dijéralo, si no, la buena ra-
ción de onzas españolas del tiempo de nuestro rey don Carlos IV que la viuda tenía amontonaditas en el fondo de su
baúl.

El Coronel, como dije, llegaba a la puerta, y de allí le daba
su morralito doña María; morralito repleto de bizcoletas, ros-
quillas y exquisitos bollos con bastante yema de huevo.
Y con todo lo cual se iba el Coronel a tomar su chocolate.

Ahora va lo bueno de la tradición.

II

Se chupaba los dedos el Coronel cuando comía albóndigas, y, a las vegadas[5], la buena doña María le hacía sus platos
del consabido manjar, cosa que él le agradecía con alma, vida
y estómago.

Y vaya que por cada plato de albóndigas una saya de buriel[6], unas ajorcas de fino taraceo, una sortija, o un rollito de
relumbrantes peluconas, con lo cual ella era para él afable y
contentadiza.

He pecado al olvidarme de decir que doña María era una
de esas viuditas de linda cara y de decir ¡Rey Dios! Sin embargo, aunque digo esto, no diré que el Coronel anduviese
en trapicheos con ella. Hecha esta salvedad, prosigo mi narración, que nada tiene de amorosa aunque tiene mucho de cu-
linaria.

Una mañana llegó el Coronel a la casa de la viudita.

—Buenos días le dé Dios, mi doña María.

—¡El señor Coronel! Dios lo trae. Aquí tiene unos marquesotes que se deshacen en la boca; y para el almuerzo le
mandaré... ¿qué le parece?

—¿Qué, mi doña María?

---

[5] *a las vegadas*: a veces (arcaísmo).
[6] *buriel*: paño pequeño que se utiliza principalmente para sujetar el hilo
mientras se devana.

—Albóndigas de excelente picadillo, con tomate y chile y buen caldo, señor Coronel.

—¡Bravísimo! —dijo riendo el rico militar—. No deje usted de remitírmelas a la hora del almuerzo.

Amarró el morralito de marquesotes en el pretal de la silla, se despidió de la viuda, dio un espolonazo a su caballería y ésta tomó el camino de la casa con el zangoloteo[7] de un rápido pasitrote.

Doña María buscó la mejor de sus soperas, la rellenó de albóndigas en caldillo y la cubrió con la más limpia de sus servilletas, enviando en seguida a un muchacho, hijo suyo, de edad de diez años, con el regalo, a la morada del Coronel Arrechavala.

III

Al día siguiente, el trap trap del caballo del Coronel se oía en la calle en que vivía doña María, y ésta con cara de risa asomada a la puerta en espera de su regalado visitador.

Llegóse él cerca y así le dijo con un airecillo de seriedad rayano de la burla:

—Mi señora doña María: para en otra, no se olvide de poner las albóndigas en el caldo.

La señora, sin entender ni gota, se puso en jarras y le respondió:

—Vamos a ver, ¿por qué me dice usted eso y me habla con ese modo y me mira con tanta sorna?

El Coronel le contó el caso; éste era que cuando iba con tamaño apetito a regodearse comiéndose las albóndigas, se encontró con que en la sopera ¡sólo había caldo!

—¡Blas! Ve que malhaya el al...

—Cálmese usted —le dijo Arrechavala—; no es para tanto.

Blas, el hijo de la viuda, apareció todo cariacontecido y gimoteando, con el dedo en la boca y rozándose al andar despaciosamente contra la pared.

---

[7] *zangoloteo*: movimiento rápido y desacompasado.

—Ven acá —le dijo la madre—. Dice el señor Coronel que ayer llevaste sólo el caldo en la sopera de las albóndigas. ¿Es cierto?

El Coronel contenía la risa al ver la aflicción del rapazuelo.

—Es —dijo éste— que... que... en el camino un hombre... que se me cayó la sopera en la calle... y entonces... me puse a recoger lo que se había caído... y no llevé las albóndigas porque solamente pude recoger el caldo...

—Ah, tunante —rugió doña María—, ya verás la paliza que te voy a dar...

El Coronel, echando todo su buen humor fuera, se puso a reír de manera tan desacompasada que por poco revienta.

—No le pegue usted, mi doña María —dijo—. Esto merece premio.

Y al decir así se sacaba una amarilla y se la tiraba al perillán.

—Hágame usted albóndigas para mañana, y no sacuda usted los lomos del pobre Blas.

El generoso militar tomó la calle, y fuese, y tuvo para reír por mucho tiempo. Tanto, que poco antes de morir refería el cuento entre carcajada y carcajada.

Y a fe que desde entonces se hicieron famosas las albóndigas del Coronel Arrechavala.

Mis primeros versos[1]

Tenía yo catorce años y estudiaba humanidades.

Un día sentí unos deseos rabiosos de hacer versos, y de enviárselos a una muchacha muy linda, que se había permitido darme calabazas.

Me encerré en mi cuarto, y allí en la soledad, después de inauditos esfuerzos, condensé como pude, en unas cuantas estrofas, todas las amarguras de mi alma.

Cuando vi, en una cuartilla de papel, aquellos rengloncitos cortos tan simpáticos; cuando los leí en alta voz y consideré que mi cacumen los había producido, se apoderó de mí una sensación deliciosa de vanidad y orgullo.

Inmediatamente pensé en publicarlos en *La Calavera,* único periódico que entonces había, y se los envié al redactor, bajo una cubierta y sin firma.

Mi objeto era saborear las muchas alabanzas de que sin duda serían objeto, y decir modestamente quién era el autor, cuando mi amor propio se hallara satisfecho.

Eso fue mi salvación.

---

[1] Según Sequeira (1945, 20-22), el cuento apareció por primera vez en *El Imparcial* de Managua —semanario dirigido por Darío—, el día 29 de enero de 1886. La primera línea del cuento no debe entenderse como algo estrictamente biográfico, ya que los primeros versos publicados por Darío aparecieron realmente en 1880, en *El Ensayo* de León, cuando el poeta contaba trece años y recibía de los jesuitas la mayor parte de su educación. A los catorce años, en 1881, comenzó su asistencia a las clases que impartían algunos literatos y pensadores europeos y americanos en el Instituto de Occidente, también en León. Seguimos el texto de Sequeira, modernizando la ortografía.

Pocos días después sale el número 5 de *La Calavera*, y mis versos no aparecen en sus columnas.

Los publicarán inmediatamente en el número 6, dije para mi capote, y me resigné a esperar porque no había otro remedio.

Pero ni en el número 6, ni en el 7, ni en el 8, ni en los que siguieron había nada que tuviera apariencias de versos.

Casi desesperaba ya de que mi primera poesía saliera en letra de molde, cuando caten ustedes que el número 13 de *La Calavera*, puso colmo a mis deseos.

Los que no creen en Dios, creen a puño cerrado en cualquier barbaridad; por ejemplo, en que el número 13 es fatídico, precursor de desgracias y mensajero de muerte.

Yo creo en Dios; pero también creo en la fatalidad del maldito número 13.

Apenas llegó a mis manos *La Calavera*, que puse de veinticinco alfileres, me lancé a la calle, con el objeto de recoger elogios, llevando conmigo el famoso número 13.

A los pocos pasos encuentro a un amigo, con quien entablé el diálogo siguiente:

—¿Qué tal, Pepe?

—Bien, ¿y tú?

—Perfectamente. Dime, ¿has visto el número 13 de *La Calavera*?

—No creo nunca en ese periódico.

Un jarro de agua fría en la espalda o un buen pisotón en un callo no me hubieran producido una impresión tan desagradable como la que experimenté al oír esas seis palabras.

Mis ilusiones disminuyeron un cincuenta por ciento, porque a mí se me había figurado que todo el mundo tenía obligación de leer por lo menos el número 13, como era de estricta justicia.

—Pues bien —repliqué algo amostazado—, aquí tengo el último número y quiero que me des tu opinión acerca de estos versos que a mí me han parecido muy buenos.

Mi amigo Pepe leyó los versos y el infame se atrevió a decirme que no podían ser peores.

Tuve impulsos de pegarle una bofetada al insolente que así desconocía el mérito de mi obra; pero me contuve y me tragué la píldora.

Otro tanto me sucedió con todos aquellos a quienes interrogué sobre el mismo asunto, y no tuve más remedio que confesar de plano... que todos eran unos estúpidos.

Cansado de probar fortuna en la calle, fui a una casa donde encontré a diez o doce personas de visita. Después del saludo, hice por milésima vez esta pregunta:

—¿Han visto ustedes el número 13 de *La Calavera*?

—No lo he visto —contestó uno de tantos—, ¿qué tiene de bueno?

—Tiene, entre otras cosas, unos versos, que según dicen no son malos.

—¿Sería usted tan amable que nos hiciera el favor de leerlos?

—Con gusto.

Saqué *La Calavera* del bolsillo, lo desdoblé lentamente, y, lleno de emoción, pero con todo el fuego de mi entusiasmo, leí las estrofas.

En seguida pregunté:

—¿Qué piensan ustedes sobre el mérito de esta pieza literaria?

Las respuestas no se hicieron esperar y llovieron en esta forma:

—No me gustan esos versos.

—Son malos.

—Son pésimos.

—Si continúan publicando esas necedades en *La Calavera*, pediré que me borren de la lista de los suscriptores.

—El público debe exigir que emplumen al autor.

—Y al periodista.

—¡Qué atrocidad!

—¡Qué barbaridad!

—¡Qué necedad!

—¡Qué monstruosidad!

Me despedí de la casa hecho un energúmeno, y poniendo a aquella gente tan incivil en la categoría de los tontos: «Stultorum plena sunt omnia», decía yo para consolarme.

Todos esos que no han sabido apreciar las bellezas de mis versos, pensaba yo, son personas ignorantes que no han estudiado humanidades, y que, por consiguiente, carecen de los

80

conocimientos necesarios para juzgar como es debido en materia de bella literatura.

Lo mejor es que yo vaya a hablar con el redactor de *La Calavera*, que es hombre de letras y que por algo publicó mis versos.

Efectivamente: llego a la oficina de la redacción del periódico, y digo al jefe, para entrar en materia:

—He visto el número 13 de *La Calavera*.

—¿Está usted suscrito a mi periódico?

—Sí, señor.

—¿Viene usted a darme algo para el número siguiente?

—No es eso lo que me trae: es que he visto unos versos...

—Malditos versos: ya me tiene frito el público a fuerza de reclamaciones. Tiene usted muchísima razón, caballero, porque son, de lo malo, lo peor; pero ¿qué quiere usted?, el tiempo era muy escaso, me faltaba media columna y eché mano a esos condenados versos, que me envió algún quídam para fastidiarme.

Estas últimas palabras las oí en la calle, y salí sin despedirme, resuelto a poner fin a mis días.

Me pegaré un tiro, pensaba, me ahorcaré, tomaré un veneno, me arrojaré desde un campanario a la calle, me echaré al río con una piedra al cuello, o me dejaré morir de hambre, porque no hay fuerzas humanas para resistir tanto.

Pero eso de morir tan joven... Y, además, nadie sabía que yo era el autor de los versos.

Por último, lector, te juro que no me maté; pero quedé curado, por mucho tiempo, de la manía de hacer versos. En cuanto al número 13 y a las calaveras, otra vez que esté de buen humor te he de contar algo tan terrible, que se te van a poner los pelos de punta[2].

---

[2] Darío parece anunciar aquí una narración semejante a «La larva» o a la pesadilla del capítulo noveno de su *Autobiografía*, las cuales ubica en fechas muy cercanas a este cuento. Hasta ahora, sin embargo, no se ha encontrado ninguna prosa que corresponda a este anuncio del poeta, aunque sí podría tratarse del poema juvenil «La cegua», del que ignoramos la fecha de publicación y cuya anécdota presenta evidentes coincidencias con «La larva» (cfr. Darío, 1968a, 219-229 y 1164).

La historia de un picaflor[1]

... ¡Ah! sí, mi amable señorita. Tal como usted lo oye: tras un jarrón de paulonias[2] y a eso de ponerse el sol. Garlaban[3] como niños vivarachos, no se daban punto de reposo yendo y viniendo de un álamo vecino a una higuera deshojada y escueta, que está más allá de donde usted ve aquel rosalito, un poco más allá.

¿Que quiere usted saber la manera, el cómo y el por qué entendemos esas cosas los poetas?... Fácil cuestión.

Ya lo sabrá usted después que le refiera eso, eso que le ha infundido ligeras dudas, y que pasó tal como lo cuento; una cosa muy sencilla: la confidencia de un ave bajo el limpio cielo azul.

Hacía frío. La cordillera estaba de novia, con su inmensa corona blanca y su velo de bruma; soplaba un airecito que calaba hasta los huesos; en las calles se oía ruido de caballos piafando, de coches, de pitos, de rapaces pregoneros que venden periódicos, de transeúntes; ruido de gran ciudad; y pasaban haciendo resonar los adoquines y las aceras, con los trabajadores de toscos zapatones, que venían del taller, los caballeritos enfundados en luengos *paletots*[4], y las damas en-

---

[1] Este es el primer cuento que Darío escribió en Chile, y apareció publicado en *La Época* de Santiago el 21 de agosto de 1886. Seguimos el texto de Mejía Sánchez (Darío, 1988, 89-92).

[2] *paulonia*: planta grande de jardín, de flores grandes de color violeta que suelen crecer arracimadas.

[3] *garlar*: charlatanear, hablar sin descanso y con frivolidad.

[4] *paletot*: sobretodo un poco más largo que los habituales.

vueltas en sus abrigos, en sus mantos, con las manos metidas en hirsutos cilindros de pieles para calentarse. Porque hacía frío, mi amable señorita.

Pues vamos a que yo estaba allí donde usted se ha reclinado, en este mismo jardín, cerca de ese sátiro de mármol cuyos pies henchidos están cubiertos por las hojas de la madreselva. Veía caer los chorros brillantes del surtidor, sobre la gran taza, y el cielo que se arrebolaba por la parte del occidente.

De pronto empezaron ellos a garlar. Y lo hacían de lo lindo, como que no sabían que yo les comprendía su parloteo. Ambos eran tornasolados, pequeñitos, lindos ornis[5]. Dieron una vuelta por el jardín, chillando casi imperceptiblemente, y luego en sendas ramas principiaron su conversación.

—¿Sabes que me gusta —le dijo el uno al otro—[6] tu modo de proceder? No es poco el haberte sorprendido esta mañana cortejando a la hermosa dueña del jardín vecino, a riesgo de romperte el pico y quebrarte la cabeza contra los vidrios de su ventana. ¡Oh! ¿habráse visto mayor incauto? Como sigas dejando las flores por las mujeres, te pasará lo mismo que a Plumas de Oro, un primo mío más gallardo que tú, de ojos azules, y que tenía un traje de un tornasol amarillo que cuando el sol le arrebolaba le hacía parecer llama con alas.

—¿Y qué le pasó a tu primo? —repuso el otro un tanto amostazado.

—Escucha —siguió el consejero, tomando un aire muy grave y ladeando la cabecita—. Escucha, y echa en tu saco. Era Plumas de Oro remono, monísimo. ¡Qué mono que era! ¡Y su historia!

En esas bellas ciudades llamadas jardines, no había otro más preferido por las flores. En los días de primavera, cuando las rosas lucían sus mejores galas, ¡con cuánto placer no recibían en sus pétalos, rojos como una boca fresca, el pico del pajarito juguetón y bullicioso! Las no-me-olvides se asomaban por las verdes ventanas de sus palacios de follaje y le tiraban a escondidas besos perfumados, con la punta de sus

---

[5] *ornis*: pájaros, aves (helenismo).
[6] *Sic* en Darío, 1988, pero quizá deba leerse mejor: «¿Sabes que *no* me gusta —le dijo el uno al otro—...».

estambres; los claveles se estremecían si un ala del galán al paso les movía con su roce; y las violetas, las violetas pudorosas, apartaban un tanto su velo y enseñaban el lindo rostro al mimado picaflor que volaba rápido luciendo su fraquecito de plumas pálidas, cortadas por las tijeras de la naturaleza, Pinaud[7] de los elegantes del bosque. Plumas de Oro era un gran picaronazo... ¡Vaya si se sabía cosas!

Bajo las enramadas, en las noches de luna, cuentan auras maliciosas que ellas mismas llevaron en su giros quejas tenues y apacibles, aromas súbitos y vagarosos aleteos.

A ver ¿quién dice que Plumas de Oro no era un tunante?

¡Ay, cuánto lo amaban las flores!

Pues ya verás tú, imprudente, lo que le sucedió, que es lo que te puede suceder, como sigas en malas inclinaciones.

Avino que una mañana de primavera Plumas de Oro estaba tomando el sol. En aquella sazón bajó al jardín una de esas, una de esas mujeres que parecen flores y que por eso nos encantan. Tenía ojos azules como campánulas, frente como azucena, labios como copihues[8], cabellos como húmedas espigas y, en conclusión, ¿para qué decir que Plumas de Oro perdió el seso?

¡Qué continuo revolar; qué ir y venir de un lugar a otro para ser visto por la dama rubia!

¡Ah! Plumas de Oro, no sabes lo que estás haciendo...

Desde aquel día las flores se quejaron de olvido; algunas se marchitaron angustiadas; y no sentían placer en que otros de nuestros compañeros llegaran a besarles las corolas. Y mientras tanto, el redomado pícaro toca que te toca las rejas de la casa en que vivía la hermosura; no se acordaba de los jardines, ni de sus olorosas enamoradas... ¿No es cierto que era un sujeto asaz perdidizo? Ganas tenía de llegarme a las rejas por donde él vagueaba y decirle a pico lleno: Caballero primo, es usted un trapalón. ¿Estamos?

---

[7] *Pinaud* era el nombre de un famoso sastre francés establecido en la capital chilena. Darío también alude a él en su prólogo al libro *Asonantes* de Narciso Tondreau (1889) y en la «Historia de un sobretodo».

[8] *copihue*: enredadera cuya flor, blanca o roja, es considerada el emblema nacional de Chile.

Llegó un día fatal. Ello había de suceder. Yo, yo lo vi, con mis propios ojos. Mientras Plumas de Oro revolaba, la ventana se abrió y apareció riendo la joven rubia. En una de sus manos blancas como jazmines, con las palmas rosadas, en la siniestra, tenía una copa de miel, ¿y en la otra? ¡Ay! en la otra no tenía nada. Plumas de Oro voló y aleteando se puso a chupar la miel de aquella copa, como lo hacía en los lirios recién abiertos. Mi primo, no tomes eso, que estás bebiendo tu muerte... Yo chilla y chilla, y Plumas de Oro siempre en la copa. De repente la rubia aprisionó al desgraciado, con su mano derecha... Entonces él chillaba más que yo. Pero ya era tarde... ¡Ah, Plumas de Oro, Plumas de Oro! ¿No te lo decía?

La ventana se volvió a cerrar, y yo, afligido, me acerqué para ver por los vidrios qué era de mi pobre primo. Entonces escuché... ¡Dios de las aves! Entonces escuché que la dama decía a otra como ella:

—¡Mira, mira, le atrapé; qué lindo, disecado para el sombrero!...

¡Horror!... Comprendí la espantosa realidad... Volé a referírselo a las rosas, y entonces las espinosas vengativas exclamaron en coro, mecidas por el viento:

—¡Bravo, que coja por bribón![9].

Días después la tirana que asesinó al infeliz se paseaba a nuestra vista por los jardines, llevando en su sombrero el cadáver frío de Plumas de Oro... Ya lo creo, como que estábamos de moda, ¡como que estamos todavía!...

Vamos, ¿has escuchado tú, imprudente, la historia de mi cuitado primo? Pues no eches en saco roto mis advertencias.

¡Oh, qué triste la historia del picaflor!

Y luego, mi amable señorita, se fueron volando, volando, aquellos dos picaflores, del álamo a la higuera, de la higuera al rosal y del rosal al espacio...

Y oí que decían las flores en voz queda, tan queda que yo sólo la oí en aquellos instantes:

_____

[9] *Sic.*

—Entre las estrellas y las mujeres, son éstas las más terribles rivales. ¡Aquéllas están tan lejos!...

Ahora bien, mi amable señorita, si quiere usted saber el cómo y el por qué soy sabidor de lenguas de pájaros y de flores, míreme usted, míreme usted, que ya se lo dirán mis ojos...

Bouquet[1]

La linda Stela, en la frescura de sus quince abriles, pícara y
risueña, huelga por el jardín acompañada de una caterva bulliciosa.

Se oyen entre las verduras y los follajes trisca y algazara.
Querubines de tres, de cuatro, de cinco años, chillan, aturden y cortan ramos florecidos. Suena en el jardín como un
tropel de mariposas o una alegre bandada de gorriones.

De pronto se dispersan. Cada chiquilla busca su regazo.
Stela da a cada cual un dulce y una caricia; besa a su madre,
y luego viene a mostrarme, toda encendida y agitada, el manojo de flores que ha cogido.

Sentada cerca de mí, tiene en las faldas una confusión de
pétalos y de hojas. Allí hay un pedazo de iris hecho trizas.
Es una muchedumbre de colores y una dulce mezcla de perfumes.

Aquella falda es una primavera.

Stela, flor viva, tiene en los labios una rosa diminuta. La
púrpura de la rosa se avergüenza de la sangre de la boca.

Por fin me dijo:

—Y bien, amigo mío, usted me ha ofrecido acompañarme

---

[1] Para este cuento se han propuesto dos fechas distintas, aunque tal divergencia se debe probablemente a un error tipográfico. Según Silva Castro
«Bouquet» habría aparecido en *La Época* el 9 de diciembre de 1886 y según
Orrego Vicuña la fecha sería la del 9 de diciembre de 1888 (cfr. Darío, 1934,
78-83 y Darío, 1942, 155-157). Tomamos como modelo el texto de Silva Castro, cuya datación nos parece también la más probable, aceptando igualmente alguna de las aportaciones de Orrego Vicuña.

en mi revista de flores. Cumpla usted. Aquí hay muchas; son preciosas. ¿Qué me dice de esta azucena? ¡Vaya! ¡Sirva usted de algo!

*

Empezamos por esa reina, la rosa. ¡Viejo Aquiles Tacio! Bien dices que si Jove[2] hubiera de elegir un soberano de las flores, ella sería la preferida, como hermosura de las plantas, honra del campo y ojo de Flora.

Hela aquí. Sus pétalos aterciopelados tienen la forma del ala de un amorcillo. En los banquetes de los antiguos griegos, esos pétalos se mezclaban en las ánforas con el vino. ¡Aquí Anacreonte, el dulce cantor de la vejez alegre! Ámbar de los labios, le dice, gozo de las almas. Las Gracias la prefieren, y se adornan con ella en el tiempo del amor. Venus y las Musas la buscan por valiosa y por garrida. La rosa es como la luz en las mesas. De rosa son hechos los brazos de las ninfas y los dedos de la aurora. A Venus, la llaman los poetas rósea.

Luego, el origen de la reina de las flores.

Cuando Venus nació en las espumas, cuando Minerva salió del cerebro del padre de los dioses, Cibeles hizo brotar el rosal primitivo.

Además, ¡oh Stela!, has de convencerte de que es ella la mejor urna del rocío, la mejor copa del pájaro y la rival más orgullosa de tus mejillas rosadas.

Ésa que has apartado y que tanto te gusta vino de Bengala[3], lugar de sueños, de perlas, de ojos ardientes y de tigres formidables. De allí fue traída a Europa por el muy noble lord Macartenny, un gran señor amigo de las flores, como tú y como yo.

*

Junto a la rosa has puesto a la hortensia, que se diría recortada de un trozo de seda, y cuyo color se asemeja al que tienes en las yemas de tus dedos de ninfa.

---

[2] *Jove:* Júpiter.
[3] *Sic.*

La hortensia lleva el nombre de la hija de aquella pobre emperatriz Josefina, por razón de que esta gran señora tuvo la primera flor de tal especie que hubo en Francia[4].

La hortensia es hoy europea, por obra del mismo lord galante de la rosa de Bengala.

*

Ahí está el lirio, blanco, casi pálido: ¡graciosa flor de la pureza!

Los bienaventurados, ante el fuego divino que emerge del trono de Dios, están extáticos, con su corona de luceros y su rama de lirio.

Es la melancólica flor de las noches de luna. ¡Dícese, Stela, que hay pájaros románticos que en las calladas arboledas cantan amores misteriosos de estrellas y de lirios!...

*

¡Está aquí la no-me-olvides!

Flor triste, amiga, que es cantada en las *lieder* alemanas.

Es una vieja y enternecedora leyenda.

Ella y él, amada y amado, van por la orilla de un río, llenos de ilusiones y de dicha.

De pronto, ella ve una flor a la ribera, y la desea. Él va, y al cortarla, resbala y se hunde en la corriente. Se siente morir, pero logra arrojar la flor a su querida, y exclama:

—¡No me olvides!

Ahí la *lied*.

Es el dulce *vergiss-mein-nicht*[5] de los rubios alemanes.

*

---

[4] Eugenia Hortensia Beauharnais (1783-1838) era la hija del primer matrimonio de Josefina Bonaparte, la esposa de Napoleón; también fue la madre de Napoleón III.

[5] *vergiss-mein-nicht*: nomeolvides, flor que Darío también menciona en «Por el Rhin».

Déjame colocar en seguida la azucena. De su cáliz parece que exhala el aliento de Flora.

¡Flor santa y antigua! La Biblia está sembrada de azucenas. El *Cantar de los cantares* tiene su aroma halagador.

Se me figura que ella era la reina del Paraíso. En la puerta del Edén, debe de haberse respirado fragancia de azucenas.

Suiza tiene la ribera de sus lagos bordada de tan preciadas flores. ¡Es la tierra donde más abundan!

*

Aquí la camelia, ¡oh Margarita!, blanca y bella y avara de perfume.

Está su cuna allá en Oriente. En las tierras de China. Nació junto al *melati* perfumado. Sus pétalos son inodoros. Es la flor de aquella pobre María Duplessys, que murió de muerte[6], y que se apellidó *La dama de las camelias*.

A principios de este siglo un viejo religioso predicaba el Evangelio en China. Por santidad y ciencia, aquel sacerdote era querido y respetado. Pudo internarse en incultas regiones desconocidas. Allí predicó su doctrina y ensanchó su ciencia. Allí descubrió la camelia, flor que ha perpetuado su nombre.

El religioso se llamaba el reverendo padre Camelin.

*

¿También azahares?

Es la flor de la castidad. Es la corona de las vírgenes desposadas. Hay una bendición divina en la frente que luce esa guirnalda de las felices bodas.

La santa dicha del hogar recibe a sus favorecidos en el dintel de su templo con una sonrisa del cielo y un ramo de azahares.

*

---

[6] *Sic.*

Debes gustar de las lilas, Stela. Tienen algo de apacible, con su leve color morado y su agradable aroma, casi enervador.

Las lilas son de Persia, el lejano país de los cuentos de hadas.

Su nombre viene del persa *lilang*, que significa azulado.

Fue llevada la bella flor a Turquía, y allí se llamó *lilae*.

En tiempo del rey cristianísimo Luis decimocuarto[7], Noite, su embajador, llevó a Francia la lila.

¡Es una dulce y simpática flor!

*

Veo que me miras entre celosa y extrañada, por haber echado en olvido a tu preferida.

Deja, deja de celos y de temores; que, en verdad te digo, niña hermosa, desdeñaría todas las rosas y azucenas del mundo por una sola violeta.

Pon a un lado, pues, todas las otras flores, y hablemos de esta amada poderosa.

Bajo su tupido manto de hojas, la besa el aire a escondidas. Ella tiembla, se oculta, y el aire, y la mariposa, y el rayo de sol, se cuelan por ramajes y verdores y la acarician en secreto.

Al primer rumoreo de la aurora, al primer vagido del amanecer, la violeta púdica y sencilla da al viento que pasa su perfume de flor virgen, su contingente de vida en el despertamiento universal.

Hay una flor que la ama.

El pensamiento es el donoso enamorado de la violeta.

Si está lejos, la envía su aroma[8]; si cerca, confunde sus ramas con las de ella.

Y luego, amiga mía, juntas van ¡flores del amor y del recuerdo! en el ojal de la levita, frescas y nuevas, acabadas de

---

[7] Luis XIV, rey de Francia (1638-1715), también conocido como el «Rey Sol».

[8] *la* envía su aroma: *sic.*

cortar, o ya secas, entre las hojas satinadas del devocionario que abren blancas y finas manos, y leen ojos azules como los de Minerva, o negros y ardientes, Stela, ¡como esos ojos con que me miras!...

Carta del país azul[1]
Paisajes de un cerebro

¡Amigo mío! Recibí tus recuerdos, y estreché tu mano de lejos, y vi tu rostro alegre, tu mirada sedienta, tus narices voluptuosas que se hartan hoy de perfume de campo y de jardín, de hoja verde y salvaje que se estruja al paso, o de pomposa genciana en su macetero florido[2]. ¡Salud!

*

Ayer vagué por el país azul. Canté a una niña; visité a un artista; oré, oré como un creyente en un templo, yo el escéptico; y yo, yo mismo, he visto a un ángel rosado que desde su altar lleno de oro, me saludaba con las alas. Por último, ¡una aventura! Vamos por partes.

*

¡Canté a una niña!
La niña era rubia, esto es, dulce. Tú sabes que la cabellera de mis hadas es áurea, que amo el amarillo brillante de las au-

---

[1] Según Saavedra Molina, cuyo texto seguimos aquí, esta «Carta del país azul» apareció publicada por primera vez en *La Época* de Santiago el día 3 de febrero de 1888 (Darío, 1938b, 55-59).
[2] *genciana*: planta de la familia de las gencianáceas de hojas grandes y flores amarillas agrupadas en forma de pequeños haces.

roras, y que ojos azules y labios sonrosados tienen en mi lira dos cuerdas. Luego, su inocencia. Tenía una sonrisa castísima y bella, un encanto inmenso. Imagínate una vestal impúber, toda radiante de candidez, con sangre virginal que le convierte en rosas las mejillas.

Hablaba como quien arrulla, y su acento de niña, a veces melancólico y tristemente suave, tenía blandos y divinos ritornelos. Si se tornase flor, la buscaría entre los lirios; y entre éstos elegiría el que tuviera dorados los pétalos, o el cáliz azul. Cuando la vi, hablaba con un ave; y como que el ave le comprendía[3], porque tendía el ala y abría el pico, cual si quisiera beber la voz armónica. Canté a esa niña.

*

Visité a un artista, a un gran artista que, como Myrón su *Discóbolo*, ha creado su *Jugador de Chueca*[4]. Al penetrar en el taller de este escultor, parecíame vivir la vida antigua; y recibía, como murmurada por labios de mármol, una salutación en la áurea lengua jónica que hablan las diosas de brazos desnudos y de pechos erectos.

En las paredes reían con su risa muda las máscaras, y se destacaban los relieves, los medallones con cabezas de serenos ojos sin pupilas, los frisos cincelados, imitaciones de Fidias, hasta con los descascaramientos que son como el roce de los siglos, las metopas donde blanden los centauros musculosos sus lanzas; y los esponjados y curvos acantos, en pulidos chapiteles de columnas corintias. Luego, por todas partes, estatuas; el desnudo olímpico de la Venus de Milo y el desnudo sensual de la de Médicis, carnoso y decadente; figuras escultóricas brotadas al soplo de las grandes inspiraciones; unas soberbias, acabadas, líricamente erguidas como en una apoteosis, otras modeladas en la greda húmeda[5], o cu-

---

[3] y como que el ave *le* comprendía: *sic.*

[4] Se trata de Nicanor Plaza, escultor amigo de Darío a quien éste alude también en «Arte y hielo» y menciona en *A. de Gilbert*: «Plaza es ese vigoroso talento que ha producido el *Caupolicán* y el *Jugador de Chueca*, estatuas magistrales, honra del arte americano» (Darío, 1950, II, 166).

[5] *greda*: arcilla arenosa, generalmente de color blanco azulado.

biertas de paños mojados, o ya en el bloque desbastado, en su forma primera, tosca y enigmática; o en el eterno bronce de carne morena, como hechas para la inmortalidad y animadas por una llama de gloria. El escultor estaba allí, entre todo aquello, augusto, creador, con el orgullo de su traje lleno de yeso y de sus dedos que amasaban el barro. Al estrechar su mano, estaba yo tan orgulloso como si me tocase un semidiós.

El escultor es un poeta que hace un poema de una roca. Su verso chorrea en el horno, lava encendida, o surge inmaculado en el bloque de venas azulejas, que se arranca de la mina.

De una cantera evoca y crea cien dioses. Y con su cincel destroza las angulosidades de la piedra bronca y forma el seno de Afrodita o el torso del padre Apolo. Al salir del taller, parecióme que abandonaba un templo.

*

Noche. Vagando al azar, di conmigo en una iglesia. Entré con desparpajo; mas desde el quicio ya tenía el sombrero en la mano, y la memoria de los sentidos me llenaba, y todo yo estaba conmovido. Aún resonaban los formidables y sublimes trémolos del órgano. La nave hervía. Había una gran muchedumbre de mantos negros; y en el grupo extendido de los hombres, rizos rubios de niños, cabezas blancas y calvas; y sobre aquella quietud del templo, flotaba el humo aromado, que de entre las ascuas de los incensarios de oro emergía, como una batista sutil[6] y desplegada que arrugaba el aire; y un soplo de oración pasaba por los labios y conmovía las almas.

Apareció en el púlpito un fraile joven, que lucía lo azul de su cabeza rapada, en la rueda negra y crespa de su cerquillo. Pálido, con su semblante ascético, la capucha caída, las manos blancas juntas en el gran crucifijo de marfil que le colgaba por el pecho, la cabeza levantada, comenzó a decir su ser-

---

[6] *batista*: lienzo blanco y muy ligero, empleado frecuentemente en el vestuario femenino.

món como si cantara un himno. Era una máxima mística, un principio religioso sacado del santo Jerónimo: si alguno viene a mí, y no olvida a sus padres, mujer e hijos y hermanos, y aun su propia vida, no puede ser mi discípulo; y el que se aborrece a sí mismo en este mundo, para una vida eterna se guarda. Había en su palabra llanto y trueno; y sus manos al abrirse sobre la muchedumbre parecían desparramar relámpagos. Entonces, al ver al predicador, la ancha y relumbrosa nave, el altar florecido de luz, los cirios goteando sus estalactitas de cera; y al respirar el olor santo del templo, y al ver tanta gente arrodillada, doblé mis hinojos y pensé en mis primeros años: la abuela, con su cofia blanca y su rostro arrugado y su camándula[7] de gordos misterios; la catedral de mi ciudad, donde yo aprendía a creer[8]; las naves resonantes, la custodia[9] adamantina, y el ángel de la guarda, a quien yo sentía cerca de mí, con su calor divino, recitando las oraciones que me enseñaba mi madre. Y entonces oré. ¡Oré, como cuando niño juntaba las manos pequeñuelas!

Salí a respirar el aire dulce, a sentir su halago alegre, entre los álamos erguidos, bañados de plata por la luna llena que irradiaba en el firmamento, tal como una moneda argentina sobre una ancha pizarra azulada llena de clavos de oro. El asceta había desaparecido de mí: quedaba el pagano. Tú sabes que me place contemplar el firmamento para olvidarme de las podredumbres de aquí abajo. Con esto creo que no ofendo a nadie. Además, los astros me suelen inspirar himnos, y los hombres, yambos[10]. Prefiero los primeros. Amo la belleza, gusto del desnudo; de las ninfas de los bosques, blancas y gallardas; de Venus en su concha y de Diana, la virgen cazadora de carne divina, que va entre su tropa de galgos, con el arco en comba, a la pista de un ciervo o de un jabalí. Sí, soy pagano. Adorador de los viejos dioses, y ciudadano de los viejos tiempos. Yo me inclino ante Júpiter porque tiene el

---

[7] *camándula*: rosario de una o tres decenas.
[8] *Sic.*
[9] *custodia*: vaso litúrgico que sirve para exponer la Eucaristía.
[10] *yambos*: poemas satíricos.

rayo y el águila; canto a Citerea[11] porque está desnuda y protege el beso de dos bocas que se buscan; y amo a Pan porque, como yo, es aficionado a la música y a los sonoros ditirambos, junto a los riachuelos armoniosos, donde triscan las náyades, la cadera sobre la linfa, el busto al aire, todas sonrosadas al beso fecundo y ardiente del gran sol. En cuanto a las mujeres, las amo por sus ojos que ponen luz en el alma de los hombres; por sus líneas curvas, por sus fuertes aromas de violeta y por sus bocas que parecen rosas. Otros busquen las alcobas vedadas, los lechos prohibidos y adúlteros, los amores fáciles; yo me arrodillo ante la virgen que es un alba, o una paloma, como ante una azucena sagrada, paradisíaca. ¡Oh, el amor de las torcaces! En la aurora alegre se saludan con un arrullo que se asemeja al preludio de una lira. Están en dos ramas distintas, y Céfiro lleva la música trémula de sus gargantas. Después, cuando el cenit llueve oro, se juntan las alas y los picos, y el nido es un tálamo bajo el cielo profundo y sublime, que envía a los alados amantes su tierna mirada azul.

Pues bien, en un banco de la Alameda[12] me senté a respirar la brisa fresca, saturada de vida y de salud, cuando vi pasar una mujer pálida, como si fuera hecha de rayos de luna. Iba recatada con manto negro. La seguí. Me miró fija cuando estuve cerca, y, ¡oh amigo mío!, he visto realizado mi ideal, mi sueño: la mujer intangible, becqueriana, la que puede inspirar rimas con sólo sonreír, aquella que cuando dormimos se nos aparece vestida de blanco, y nos hace sentir una palpitación honda que estremece corazón y cerebro a un propio tiempo. Pasó, pasó huyente, rápida, misteriosa. No me queda de ella sino un recuerdo; mas no te miento si te digo que estuve en aquel instante enamorado; y que cuando bajó sobre mí el soplo de la media noche, me sentí con de-

---

[11] *Citerea* es uno de los nombres de la diosa Venus, derivado de Citeres, la isla del Egeo cuyas playas la vieron nacer.

[12] La Alameda de las Delicias era un paseo de Santiago de Chile, muy concurrido en tiempos de Darío y que también aparece mencionado en otros cuentos chilenos del poeta.

seos de escribirte esta carta, del divino país azul por donde vago, carta que parece estar impregnada de aroma de ilusión; loca e ingenua, alegre y triste, doliente y brumosa; y con sabor a ajenjo, licor que, como tú sabes, tiene en su verde cristal el ópalo y el sueño.

El año que viene
siempre es azul[1]

«El año que viene siempre es azul.» Así dije en una de las *semanas* anteriores, y no habría creído que mi frase fuera la causa de una dulce confidencia de mujer.

El año que viene suele ser gris, lectoras, y para vosotras escribo esta demostración de ello. Sencillamente, una historia referida por una asidua amiga de *El Heraldo*, historia melancólica quizá, seguramente verdadera, y que bien pudiera ser la motivadora de una serie de sonetos, escrita por cualquier nervioso que conozca el ritmo y la prosodia y sea un poco soñador. La historia es ésta.

Había una vez una niña rubia, que muy fácilmente hubiera nacido paloma o lirio, por causa de una dulce humedad que hacía los ojos adorables y una blancura pálida que hacía su frente casi luminosa y paradisíaca.

Cuando esta niña destrenzaba sus cabellos, el sol empapaba de luz las hebras, y cuando se asomaba a la ventana, que daba al jardín, las abejas confundían sus labios con una fresca centifolia.

---

[1] Apareció sin título en *El Heraldo* de Valparaíso el 17 de marzo de 1888. Siguiendo el ejemplo de Mejía Sánchez, elegimos como título la primera frase del cuento, que procede, como afirma el propio Darío, de la tercera de una serie de ocho colaboraciones que publicó en *El Heraldo*, desde el 11 de febrero hasta el 14 de abril de 1888. La crónica aludida por Darío es la tercera y apareció el 3 de marzo de 1888. Reproducimos el texto del cuento que recoge Silva Castro en su recopilación (Darío, 1934, 143-149).

Tanta hermosura habría provocado la factura de gruesos cuadernillos de madrigales; pero el padre, hombre sesudo, tenía la excelente idea de no dejar acercarse a su hija a los poetas.

Llegó el tiempo de la primavera en el primer año en que la hermosa niña vestía de largo. Por primera vez pensó al ver el azul del cielo, una tarde misteriosa, en que sus oídos escucharían con placer un amoroso ritornelo y en que no está de más un bozo[2] de seda y oro sobre un labio sonrosado.

Después de la primavera con sus revelaciones ardientes llegó el verano, todo calor, despertando los gérmenes, poniendo oro en las espigas, caldeando la tierra con su incendio.

La niña había encontrado el bozo rubio sobre una boca roja; pero no en el salón, en la gran capital, sino a la orilla del mar inmenso, lleno de ondas pérfidas como las mujeres, según Shakespeare[3], en el puerto donde por la ley del verano llegó la niña que empezaba a despertar a la vida de los deseos amorosos, con los anhelos de una adolescencia en flor.

Tiempo. Los amantes —no os extrañéis, lectoras, ¡y qué os habéis de extrañar!— se comprendieron en un día en que una misma vibración de luz hirió sus pupilas. Una mirada —y esto es lugar común en asuntos de amor— es una declaración.

¡Oh, se amaron mucho! Él era joven, virgen el alma como ella. Fue aquello una sublime confidencia mutua, un desgarramiento de los velos íntimos del alma, un «yo te amo» pronunciado por dos bocas en silencio, pero cuyo eco resonó en los dos pechos a la vez.

Se hablaban de lejos con flores. Lengua perfumada y místicamente deliciosa. Una azucena sobre el seno de ella era un mensaje; un botón de rosa en el ojal de la levita de él era un juramento.

El viento del mar, propicio a los enamorados, les favorecía llevando los suspiros de uno y otro. La naturaleza y el

---

[2] *bozo*: bigote o vello que sale antes de la barba.
[3] Alusión a las palabras de Otelo acerca de Desdémona, en el drama de Shakespeare («She was false as water»; V, II, 133). Esta imagen fue utilizada por el poeta en numerosas ocasiones (cfr. Darío, 1988, 148).

sueño tienen ciertos mensajeros para los corazones que se aman. Un ave puede muy bien llevar un verso, y a Puck[4], hecho mariposa, le es permitido entregar, sin ruido ni deslumbramiento, un beso de un amado a una amada, o viceversa.

Aquellos amores de lejos fueron profundísimos. En el alma de él había un sol y en la de ella un alba.

Pero el verano partía.

El viejo invierno, con la cabellera blanca de nieve, anunciaba su llegada.

La niña debía partir a la ciudad, al salón donde aparecería por primera vez a los ojos de todos, señorita hecha, con crujidor traje de raso, de ésos en que ríe la luz.

Y partió. Pero llevando consigo —¡caso casi increíble!— toda la inefable ilusión que le había llenado el alma en su despertamiento.

Él quedó en la vida de la esperanza, agitado, conmovido y soñando en el año venidero.

—¡El año que viene siempre es azul! —pensaría.

La hermosura encontró admiración en la gran capital. Su mano fue solicitada por muchos pretendientes. Pero aquel corazón de mujer fiel y rara tenía su compañero aquí, junto al gran Océano, donde sopla un viento salado y hay ondas pérfidas, como las mujeres, según el poeta inglés.

Y pensaba —¡ella también!— en la dicha del año que viene, del año azul.

Pero Dios dispone unas tristezas tan hondas, que hacen meditar en su infinito amor de abuelo para con los hombres, a veces incomprensible.

La dulce niña se volvió tísica.

De su opulencia, en medio de riqueza y lujo, de sedas, oro y mármol, se la llevó la muerte, como quien arranca una flor de un macetero.

¡La pálida estrella! Aquel encanto se hundió en la sepul-

---

[4] «Puck es un duende o demonio, o elemental, como dicen los teósofos, que aparece con mucha frecuencia en cuentos y leyendas de Suecia y Dinamarca (...) Shakespeare lo hace figurar en su *Sueño de una noche de verano*» (nota del propio Darío en la segunda edición de *Azul...*; Darío, 1995, 314-315).

tura, y la corona de azahares y el velo blanco fueron para la tierra.

La lectora de *El Heraldo* que me ha referido esta historia fue confidente de la muerta enamorada.

Le reveló su amor al morir y cerró los ojos para siempre, pensando en el amado, que era casi un adolescente, con su sedoso bozo y su primera pasión.

Y la narradora agregó:

—¡Oh! Ese joven es hoy un escéptico y un corazón de hielo. El año que vino fue para él negro.

—¡Sí, pero para ella siempre fue azul. Voló a ser rosa celeste, alma sagrada, donde debe de existir el ensueño como realidad, la poesía como lenguaje y como luz el amor!

Morbo et umbra[1]

Un hombre alegre vende los ataúdes en el almacén de la calle cercana. Suele decir a los compradores unas bromas muy a tiempo que le han hecho el más popular de los fúnebres comerciantes.

Ya sabéis que la alfombrilla ha devastado en medio mes todo un mundo de niños en la ciudad[2]. ¡Oh, ha sido horrible! Imaginaos que la muerte, cruel y dura, ha pasado por los hogares arrancando las flores.

*

Ese día la lluvia amenazaba caer. Las nubazones plomizas se amontonaban en la enorme forma de las vastas humaredas. El aire húmedo soplaba dañino desparramando toses, y los pañuelos de seda o laur[3] envolvían los pescuezos de las gentes higiénicas y ricas. ¡Bah! El pobre diablo tiene el pulmón ancho y sano. Se le da poco que una ráfaga helada le ataque, o que el cielo le apedree con sus granizos las espaldas

---

[1] Se publicó en *La Libertad Electoral* de Santiago, el 30 de julio de 1888, e iba dedicado «A Vicente Rojas y Rojas», periodista chileno. Seguimos el texto de Silva Castro (Darío, 1934, 217-222).

[2] *alfombrilla*: sarampión. Parece una alusión a la epidemia de cólera que azotó Santiago en los primeros meses de 1888; este tema vuelve a aparecer en «El perro del ciego», publicado en 1888, y en «Historia de un sobretodo», de 1892, donde Darío recuerda algunos de sus años en Chile.

[3] *Sic* en Darío 1934. Mejía Sánchez lo sustituye por «lana».

desnudas y morenas por el sol de verano. ¡Bravo roto[4]! Su pecho es roca para el mordisco de la brisa glacial, y su gran cabeza tosca tiene dos ojos siempre abiertos soberbiamente a la casualidad, y una nariz que así aspira el miasma como el viento marino oloroso a sal, que fortifica el pecho.

*

¿A dónde va ña Nicasia?

Hela ahí que pasa con la frente baja, arropada en su negro manto de merino basto. Tropieza a veces y casi se cae, así va andando ligero. ¿A dónde va ña Nicasia?

Camina, camina, camina, no saluda a los conocidos que la ven pasar, y parece que su barba arrugada, lo único que se advierte entre la negrura del tapado, tiembla.

Entró al despacho donde hace siempre sus compras, y salió con un paquete de velas en la mano, anudando la punta de un pañuelo a cuadros donde ha guardado el vuelto.

Llegó a la puerta del almacén de cosas mortuorias. El hombre alegre la saludó con un buen chiste:

—¡Eh! ¿Por qué con tanta prisa, ña Nicasia? ¡Se conoce que busca el dinero!

Entonces, como si le hubiesen dicho una dolorosa palabra de esas que llegan profundamente a conmover el alma, soltó el llanto y franqueó la puerta. Gimoteaba, y el vendedor con las manos por detrás se paseaba delante de ella.

Al fin pudo hablar. Le explicó lo que quería.

El niño, ¡ay! su niño, el hijo de su hija, ¡se había enfermado hacía pocos días de una fiebre tan grande!

Dos comadres habían recetado y sus remedios no habían hecho efecto. El angelito había ido agravándose, agravándose, y por fin, esta mañana se le quedó muerto entre los brazos. ¡Cuánto sufría la abuelita!

—¡Ah! señor, lo último que le quiero dar a mi muchachito: un cajón de aquéllos; no tan caro; debe ser forrado en azul con cintas rosadas. Luego un ramillete de flores. Yo le pagaré al contado. Aquí está el dinero. ¿A ver?

---

[4] *roto*: en Chile, individuo de la capa social más baja.

Ya se había secado las lágrimas, y como llena de resolución súbita, se había dirigido a escoger el pequeño ataúd. El local era estrecho y largo, como una gran sepultura. Había aquí, allá, cajones de todos tamaños, forrados en negro o en colores distintos, desde los que tenían chapas plateadas, para los parroquianos ricachones del barrio, hasta los sencillos y toscos, para los pobres.

La vieja buscaba, entre todo aquel triste agrupamiento de féretros, uno que fuese para ella digno del cadavercito amado, del nieto que estaba pálido y sin vida, en la casa, sobre una mesa, con la cabeza rodeada de rosas y con su vestido más bonito, uno que tenía en labor gruesa pero vistosa, pájaros violeta, que llevaban en el pico una guirnalda roja.

Halló uno a su gusto.

—¿Cuánto vale?

El hombre alegre, paseándose siempre con su risa imborrable:

—Vamos, que no sea usted avara, abuelita: siete pesos.

—¿Siete pesos?... No, no, es imposible. Vea usted: cinco traje, cinco tengo.

Y desanudaba la punta del pañuelo, donde sonaban con ruido falso las chauchas febles[5].

—¿Cinco? Imposible, mi señora. Dos pesos más y es suyo. ¡Bien quería usted al nieto! Yo lo conocí. Era vivo, travieso, diablazo. ¿No era el ruciecito[6]?

*

Sí, era el ruciecito, señor vendedor. Era el ruciecito, y usted le está partiendo el corazón a esta anciana flaca y dolorida. Era el vivo, el travieso, el que ella adoraba tanto, el que ella mimaba, lavaba y a quien le cantaba, haciéndole bailar sobre sus rodillas, de tibias salientes, canturrias del tiempo viejo, melopeas monótonas que hacen dormirse a los chicos. ¡Era el ruciecito, señor vendedor!

---

[5] *chauchas*: moneda de veinte centavos; *febles*: débiles, flojas; es decir, monedas de poco valor.

[6] *ruciecito*: diminutivo de *rucio*, rubio o, también, de pelo entrecano.

—Seis.

—Siete, abuela.

¡Y bien! Ahí le dejaba los cinco pesos que había traído. Después le pagaría los otros. Era ella mujer honrada. Aunque fuera preciso ayunar, le pagaría. Él la conocía bien. Se lo llevó.

A trancos rápidos iba la vieja con el cajón a cuestas, agobiada, respirando grueso, el manto desarreglado, la cabeza canosa al viento frío. Así llegó a la casa. Todos encontraron que el cajón era muy bonito. Lo veían, lo examinaban; ¡qué precioso!, y en tanto la anciana estaba besando al muerto, rígido sobre sus flores, con el cabello alborotado en parte, y en parte pegado a la frente, y en los labios un vago y enigmático rictus, como algo de la misteriosa eternidad.

Velorio no quiso la abuela. Lo quisiera tener a su niño; pero ¡no así, no, no, que se lo lleven!

Andaba de un lugar a otro. Las gentes del vecindario que habían llegado al duelo charlaban en voz baja. La madre del niño, con la cabeza envuelta en un pañuelo azul, hacía café en la cocina.

En tanto la lluvia cayó poco a poco, cernida, fina, molesta. El aire entraba por puertas y rendijas y hacía moverse el mantel blanco de la mesa en que el niño estaba; las flores a cada ráfaga temblaban.

El entierro debía de ser en la tarde, y ya la tarde caía. ¡Qué triste! Tarde de invierno, brumosa, húmeda y melancólica, de esas tardes en que los rotos acomodados se cubren los torsos gigantescos con las mantas ásperas y rayadas, y las viejas chupan carrizo de su mate, sorbiendo la bebida caliente que suena con borborigmos.

En la casa vecina cantaban con voz chillona un aire de zamacueca[7]; cerca del pequeño cadáver, un perro se sacudía las moscas con las orejas, cerrando los ojos apaciblemente; y el ruido del agua que caía a chorros escasos por intervalos, de las tejas al suelo, se confundía con un ligero chasquido que hacía con los labios la abuela, que hablaba consigo misma sollozando.

---

[7] *zamacueca*: baile y música populares sudamericanos, de ritmos y movimientos rápidos.

Tras de las nubes de la tarde opaca bajaba el sol. Acercábase la hora del entierro.

*

Allá viene un coche bajo la lluvia, un coche casi inservible, arrastrado por dos caballos tambaleantes, hueso y pellejo. Chapoteando en el lodo de la calle llegaron a la puerta de la casa mortuoria.

—¿Ya? —dijo la abuela.

Ella misma fue a poner el niño en el ataudecito; primero un colchón blanco de trapos, como si se cuidase de no lastimar, de que estuviese el pobre muerto con comodidad en la negra tiniebla de la sepultura. Luego, el cuerpo; luego, las flores, entre las que se veía la cara del niño, como una gran rosa pálida desvanecida. Se tapó el ataúd.

Señor vendedor, el travieso, el ruciecito, ya va para el camposanto. Siete pesos costó el cajón; cinco se pagaron adelantados: ¡Señor vendedor, la abuela, aunque ayune, le pagará a usted los dos que la faltan![8]

*

Apretaba el agua; del charol del vehículo descascarado y antiguo caía en gotas sobre el fango espeso, y los caballos con los lomos empapados humeaban por las narices, y hacían sonar los bocados entre los dientes.

Dentro, las gentes concluían de beber café.

Tac, tac, tac, sonaba el martillo acabando de enterrar los clavos de la tapa. ¡Pobre viejecita!

La madre debía ir sola al cementerio a dejar al muerto, la abuela le alistaba el manto.

—Cuando lo vayan a echar al hoyo, dale un beso al cajón por mí, ¿oyes?

*

---

[8] los dos que *la* faltan: *sic.*

Ya se va, ya han metido al coche el ataúd, y ha entrado también la madre.

Más y más arrecia la lluvia. ¡Hep! sonó el huascazo[9] y se fueron calle arriba los animales arrastrando sobre la tierra negra su armatoste.

La vieja, entonces, ¡ella sola!, asomó la cabeza por una de las aberturas de la pared cascada y ruinosa; y viendo perderse a lo lejos el coche maltrecho que rengueaba de bache en bache, casi formidable en su profunda tristeza estiró al cielo opaco sus dos brazos secos y arrugados, y apretando los puños, con un gesto terrible —¿hablaría con alguna de vosotras, oh, Muerte, oh, Providencia?— exclamó con voz que tenía de gemido y de imprecación:

—¡Bandida!, ¡bandida!...

---

[9] *huascazo*: latigazo.

Arte y hielo[1]

Imagináosle en medio de su taller, al soberbio escultor, en aquella ciudad soberbia. Todo el mundo podía verle alto, flaco, anguloso, con su blusa amarilla a flores rojas, y su gorro ladeado, entre tantas blancas desnudeces, héroes de bronce, hieráticos gestos y misteriosas sonrisas de mármol. Junto a una máscara barbuda un pie de ninfa o un seno de bacante, y frente a un medallón moderno, la barriga de un Baco, o los ojos sin pupila de una divinidad olímpica.

Imagináosle orgulloso, vanidoso, febril, ¡pujante!

Imagináosle esclavo de sus nervios, víctima de su carne ardiente y de su ansiar profundo, padre de una bella y gallarda generación inmóvil, que le rodeaba y le inspiraba, y pobre como una rata.

¡Imagináosle así!

*

Villanieve era un lugar hermoso —inútil, inútil, ¡no le busquéis en el mapa!— donde las mujeres eran todas como dio-

---

[1] Apareció en *La Libertad Electoral* de Santiago, el 20 de septiembre de 1888, y llevaba la dedicatoria «A Carlos T. Robinet». Éste fue uno de los primeros amigos de Darío en la redacción de *La Época* y también parece estar detrás del Robert de «La muerte de la emperatriz de la China», de *Azul...* (cfr. Darío, 1950, I, 54-58 y II, 48-49). Por otro lado, la atmósfera del cuento tiene como muy probable referencia el taller de Nicanor Plaza, escultor amigo del poeta y a quien éste cita en muchos de sus escritos chilenos (cfr. «Carta del país azul», nota 4) Recogemos el texto preparado por Silva Castro (Darío, 1934, 231-236).

sas erguidas, reales, avasallantes y también glaciales. Muy blancas, muy blancas, como cinceladas en témpanos, y con labios muy rojos que rara vez sonreían. Gustaban de las pedrerías y de los trajes opulentos; y cuando iban por la calle, al ver sus ademanes cadentes[2], sus cabezas rectas y sus pompas, se diría el desfile de una procesión de emperatrices.

En Villanieve estaba el escultor, grande y digno de gloria; y estaba ahí, porque al hombre, como al hongo, no le pide Dios elección de patria. Y en Villanieve nadie sabía lo que era el taller del escultor, ¡aunque muchos le veían!

Un día el artista tuvo un momento de lucidez, y viendo que el pan le faltaba y que el taller estaba lleno de divinidades, envió a una de tantas a buscar pan a la calle.

Diana salió y, con ser casta diva, produjo un ¡oh! de espanto en la ciudad.

¡Qué! ¡Y era posible que el desnudo fuese un culto especial del arte!

¡Qué! Y esa curva saliente de un brazo, y esa redondez del hombro y ese vientre ¿no son una profanación tremenda? Y luego:

—¡Dentro! ¡Dentro! ¡Al taller de donde ha salido!

Y Diana volvió al taller con las manos vacías.

El escultor se puso a meditar en su necesidad[3].

*

¡Buena idea! ¡Buena idea!, pensó.

Y corrió a una plaza pública donde concurrían las más lindas mujeres y los hombres mejor peinados, que conocen el último perfume de moda, y ciertos viejos gordos que parecen canónigos y ciertos viejos flacos que cuando andan parece que bailan un minué. Todos con los zapatos puntiagudos y

---

[2] Saavedra y Mejía sustituyen esta palabra por *candentes*, pero *cadentes* —de *cadencia*— también encaja sin dificultades en el texto y nos parece, por tanto, que tal sustitución no es necesaria.

[3] Esta escena parece una recreación del escándalo que produjo en la Exposición Universal de 1872 la «Susana desnuda» de Plaza, escultura que también se menciona más adelante.

brillantes y un mirar de «¿qué se me da a mí?» bastante inefable.

*

Llegóse al pedestal de una estatua y comenzó:

—Señores: yo soy fulano de tal, escultor orgulloso, pero muy pobre. Tengo Venus desnudas o vestidas.

Os advertiré que yo amo el desnudo. Mis Apolos no os desagradarán, porque tienen una crin crespa y luminosa de leones sublimes y en las manos una crispatura que parece que hace gemir el instrumento mágico y divino. Mis Dianas son castas, aunque os pese. Además, sus caderas son blandas colinas por donde desciende Amor, y su aire, cinegético. Hay un Néstor de bronce y un Moisés tan augusto como el miguelangelino. Os haré Susanas bíblicas como Hebes mitológicas[4], y a Hércules con su maza y a Sansón con su mandíbula de asno. Curva o recta, la línea viril o femenina se destacará de mis figuras, y habrá en las venas de mis dioses blancos, ícor[5], y en el metal moreno pondrá sangre mi cincel.

Para vosotras, mujeres queridas, haré sátiros y sirenas que serán la joya de vuestros tocadores.

Y para vosotros, hombres pomposos, tengo bustos de guerreros, torsos de discóbolos y amazonas desnudas que desjarretan panteras.

Tengo muchas cosas más; pero os advierto que también necesito vivir. He dicho.

*

Era el día siguiente.

—Deseo —decía una emperatriz de las más pulcras, en su salón regio, a uno de sus adoradores que le cubría las manos de besos—, deseo que vayáis a traerme algo de lo más digno de mí, al taller de ese escultor famoso.

---

[4] *Hebe* es la diosa griega de la juventud, que posee la belleza como el principal de sus atributos.

[5] *ícor* o *icor*: líquido seroso del cuerpo humano.

Decíalo con una vocecita acariciante y prometedora y no había sino obedecer el mandato de la amada adorable. El caballero galante —que en esos momentos se enorgullecía de estrenar unos cuellos muy altos llegados por el último vapor— despidióse con una genuflexión y una frase inglesa. ¡Oh! ¡Admirable, así, así! Y saliendo a la calle se dirigió al taller.

Cuando el artista vio aparecer en su morada el gran cuello y los zapatos puntiagudos y sintió el aire impregnado de opopónax[6], dijo para su coleto: «Es un hecho que he encontrado ya la protección de los admiradores del arte verdadero, que son los pudientes. Los palacios se llenarán de mis obras, mi generación de dioses y héroes va a sentir el aire libre a plena luz, y un viento de gloria llevará mi nombre, y tendré para el pan de todos los días con mi trabajo.»

*

—Aquí hay de todo —exclamó—: escoged.

El enamorado comenzó a pasar revista de toda aquella agrupación de maravillas artísticas, y desde el comienzo frunció el ceño con aire de descontentadizo, pero también de inteligente. No, no, esas ninfas necesitan una pampanilla; esas redondeces son una exageración; ese guerrero formidable que levanta su maza, ¿no tiene los pies anquilosados? ¡Los músculos brotan!; ¡no deben ser así!; ¡el gesto es horrible!; ¡a esa cabellera salvaje le falta pulimiento! Aquel Mercurio, Dios mío, ¿y su hoja de parra? ¿Para qué diablos labra usted esas indecencias?

Y el artista estupefacto miraba aquel homo sapiens de Linneo[7], que tenía un monocle[8] en la cuenca del ojo derecho, y que lanzando una mirada de asombro burlesco, y tomando la puerta, le dijo con el aire de quien inventa la cuadratura del círculo:

---

[6] *opopónax*: resina de color rojizo y de aroma muy intenso que se utilizaba en medicina y perfumería.

[7] Linneo (1707-1778): naturalista sueco cuyo sistema de clasificación de los seres vivos acabó siendo adoptado por los científicos de todo el mundo.

[8] *monocle*: monóculo.

—Pero, hombre de Dios, ¿está usted en su juicio? ¡Desencanto!

Y el inteligente, para satisfacer a la caprichosa adoradora, entró a un almacén de importaciones parisienses, donde compró un gran reloj de chimenea que tenía el mérito de representar un árbol con un nido de paloma, donde, a cada media hora, aleteaba ese animalito, hecho de madera, haciendo ¡cuú, cuú!

*

Y era uno de esos días amargos que sólo conocen los artistas pobres, ¡días en que falta el pan mientras se derrochan las ilusiones y las esperanzas! La última estaba para perder el escultor, y hubiera destruido, a golpes del cincel que les había dado vida, todas sus creaciones espléndidas, cuando llamaron a su puerta. Entró con la cabeza alta y el aire dominador, como uno de tantos reyes burgueses que viven podridos en sus millones.

El escultor se adelantó atentamente.

—Señor —le dijo—, os conozco y os doy las gracias porque os dignáis honrar este taller. Estoy a vuestras órdenes. Ved aquí estatuas, medallas, metopas, cariátides, grifos y telamones. Mirad ese Laocoonte que espanta, y aquella Venus que avasalla. ¿Necesitáis acaso una Minerva para vuestra biblioteca? Aquí tenéis a la Atenea que admira. ¿Venís en busca de adornos para vuestros jardines? Contemplad ese sátiro con su descarada risa lasciva y sus pezuñas de cabra. ¿Os place esta gran taza donde he cincelado la metamorfosis acteónica?[9]. Ahí está la virgen diosa cazadora como si estuviese viva, inmaculada y blanca. La estatua del viejo Anacreonte está ante vuestros ojos. Toca una lira. ¿Gustáis de ese fauno sonriente que se muestra lleno de gallardía? ¿Qué deseáis? Podéis mandar y quedaréis satisfecho...

—Caballero —respondió el visitante como si no hubiese

---

[9] Según la mitología, Acteón fue transformado en ciervo por Diana, después de haber sorprendido a la diosa bañándose desnuda en el bosque; luego, Acteón murió devorado por sus propios perros.

113

oído media palabra—, tengo muy buenos troncos árabes, ingleses y normandos. Mis cuadras son excelentes. Ahí hay bestias de todas las razas conocidas, y el edificio es de muchísimo costo. Os he oído recomendar como hábil en la estatuaria, y vengo a encargaros para la portada una buena cabeza de caballo. Hasta la vista.

*

¡Ira, espanto!... Pero un sileno calmó al artista hablándole con sus labios de mármol desde su pedestal:

—¡Eh, maestro! No te arredres: hazle su busto...

El humo de la pipa[1]

Acabamos de comer.

Lejos del salón donde sonaban cuchicheos fugaces, palabras cristalinas —había damas—, yo estaba en el gabinete de mi amigo Franklin, hombre joven que piensa mucho, y tiene los ojos soñadores y las palabras amables.

El champaña dorado me había puesto alegría en la lengua y luz en la cabeza. Reclinado en un sillón, pensaba en cosas lejanas y dulces que uno desea tocar. Era un desvanecimiento auroral, y yo era feliz, con mis ojos entrecerrados.

De pronto, colgada de la pared vi una de esas pipas delgadas, que gustan a ciertos aficionados, suficientemente larga para sentarle bien a una cabeza de turco, y suficientemente corta para satisfacer a un estudiante alemán.

Cargóla mi amigo, la acerqué a mis labios.

¡En aquellos momentos me sentía un bajá!

*

Arrojé al aire fresco la primera bocanada de humo.

¡Oh, mi Oriente deseado, por quien sufro la nostalgia de lo desconocido!

Pasó él a mi vista, entre aquella opacidad nebulosa que flo-

---

[1] *La Libertad Electoral*, Santiago, 19 de octubre de 1888. Aquí seguimos el texto de Silva Castro (Darío, 1934, 241-247), aprovechando también algunas de las aportaciones de Orrego Vicuña (Darío, 1942, 166-171).

taba delante de mí como un velo sutil que envolviese un espíritu. Era una mujer muy blanca que sonreía con labios venusinos y sangrientos como una rosa roja. Eran unos tapices negros y amarillos, y una esclava etíope que repicaba una pandereta, y una esclava circasiana que danzaba descalza, levantando los brazos con indolencia. Y érase un gran viejo hermoso como un Abraham, con un traje rosa, opulento y crujidor, y un turbante blanco, y una barba espesa más blanca todavía, que le descendía hasta cerca de la cintura.

El viejo pasó, el baile se concluyó[2].

Solos la mujer de labios sangrientos y yo, ella me cantaba en su lengua arábiga, unas como melopeas desfallecientes, y tejía cordones de seda. ¡Oh! Nos amábamos, con inmenso fuego, en tanto que un león de crines de oro, echado cerca, miraba pensativo la lluvia del sol que caía en un patio enlosado de mármol donde había rosales y manzanos.

Y deshizo el viento la primera bocanada de humo, desapareciendo en tal instante un negro gigantesco que me traía, cálida y olorosa, una taza de café.

*

Arrojé la segunda bocanada.

Frío. El Rhin, bajo un cielo opaco. Venían ecos de la selva, y con el ruido del agua formaban para mis oídos extrañas y misteriosas melodías que concluían casi al empezar, fragmentos de strausses locos, fugas wagnerianas, o tristes acordes del divino Chopin. Allá arriba apareció la luna, pálida y amortiguada. Se besaron en el aire dos suspiros del pino y de la palmera. Yo sentía mucho amor y andaba en busca de una ilusión que se me había perdido. De lo negro del bosque vinieron a mí unos enanos que tenían caperuzas encarnadas, y en las cinturas, pendientes, unos cuernos de marfil.

---

[2] el baile se concluyó: sic.

—Tú que andas en busca de una ilusión —me dijeron—, ¿quieres verla por un momento?

Y los seguí a una gruta de donde emergía una luz alba y un olor de violeta. Y allí vi a mi ilusión. Era melancólica y rubia. Su larga cabellera, como un manto de reina.

Delgada y vestida de blanco, y esbelta y luminosa la deseada, tenía de la visión y del ensueño. Sonreía, y su sonrisa hacía pensar en puros y paradisíacos besos.

Tras ella, la mujer adorable, creí percibir dos alas como las de los arcángeles bíblicos.

La hablé y brotaron de mi lengua versos desconocidos y encantadores que salían solos y enamorados del alma.

Ella se adelantaba tendiéndome sus brazos.

—¡Oh —le dije—, por fin te he encontrado y ya nunca me dejarás!

Nuestros labios se iban a confundir; pero la bocanada se extinguió perdiéndose ante mi vista la figura ideal y el tropel de enanos que soplaban sus cuernos en la fuga.

*

La tercera bocanada, plomiza y con amontonamiento de cúmulus, vino a quedar casi fija frente a mis ojos.

Era un lago lleno de islas bajo el cielo tropical. Sobre el agua azul había garzas blancas, y de las islas verdes se levantaba al fuego del sol como una tumultuosa y embriagante confusión de perfumes salvajes.

En una barca nueva iba yo bogando camino de una de las islas, y una mujer morena, cerca, muy cerca de mí. Y en sus ojos todas las promesas, y en sus labios todos los ardores, y en su boca todas las mieles. Su aroma, como de azucena viva; y ella cantaba como una niña alocada, al son del remo que iba partiendo las olas y chorreando espumas que plateaba el día. Arribamos a la isla, y los pájaros al vernos se pusieron en gritar en coro: «¡Qué felicidad! ¡Qué felicidad!» Pasamos cerca de un arroyo y también exclamó con su voz argentina: «¡Qué felicidad!» Yo coronaba de flores rústicas a la mujer morena, y con el ardor de las caricias las flores se marchitaban presto, diciendo también ellas: «¡Qué felicidad!»

117

Y todo se disolvió con la tercera bocanada, como en un telón de silforama[3].

*

En la cuarta vi un gran laurel, todo reverdecido y frondoso, y en el laurel un arpa que sonaba sola. Sus notas pusieron estremecimiento en mi ser, porque con su voz armónica decía el arpa: «¡Gloria, gloria!»

Sobre el arpa había un clarín de bronce que sonaba con el estruendo de la voz de todos los hombres al unísono, y debajo del arpa tenía nido una paloma blanca. Alrededor del árbol y cerca de su pie, había un zarzal lleno de espinas agudísimas, y en las espinas sangre de los que se habían acercado al gran laurel. Vi a muchos que delante de mí luchaban destrozándose, y cuando alguno, tras tantas bregas y martirios, lograba acercarse y gozar de aquella sagrada sombra, sonaba el clarín a los cuatro vientos.

Y a la gigantesca clarinada, llegaban a revolar sobre la cumbre del laurel todas las águilas de los contornos.

Entonces quise llegar yo también. Lancéme a buscar el abrigo de aquellas ramas. Oía voces que me decían: «¡Ven!», mientras que iban quedando en las zarzas y abrojos mis carnes desgarradas. Desangrado, débil, abatido, pero siempre pensando en la esperanza, juntaba todos mis esfuerzos por desprenderme de aquellos horribles tormentos, cuando se deshizo la cuarta bocanada de humo.

*

Lancé la quinta. Era la primavera. Yo vagaba por una selva maravillosa, cuando de pronto vi que sobre el césped estaban bajo el ancho cielo azul todas las hadas reunidas en conciliábulo. Presidía la madrina Mab. ¡Qué de hermosuras!

---

[3] *silforama*: parece una palabra inventada por el propio Darío y que tal vez pueda relacionarse con *silfo*, el nombre de los seres fantásticos que son también los espíritus elementales del aire.

¡Cuántas frentes coronadas por una estrella! ¡Y yo profanaba con mis miradas tan secreta y escondida reunión! Cuando me notaron, cada cual propuso un castigo. Una dijo: «Dejémosle ciego.» Otra: «Tornémosle de piedra.» «Que se convierta en árbol.» «Conduzcámosle al reino de los monos.» «Sea azotado doscientos años en un subterráneo por un esclavo negro.» «Sufra la suerte del príncipe Camaralzamán[4].» «Pongámosle prisionero en el fondo del mar...»

Yo esperaba la tremenda hora del fallo decisivo. ¿Qué suerte me tocaría? Casi todas las hadas habían dado su opinión. Faltaban tan solamente el hada Fatalidad y la reina Mab.

¡Oh, la terrible hada Fatalidad! Es la más cruel de todas, porque entre tantas bellezas, ella es arrugada, gibosa, bizca, coja, espantosa.

Se adelantó riendo con risa horrible. Todas las hadas le temen un poco. Es formidable.

—No —dijo—, nada de lo que habéis dicho vale la pena. Esos sufrimientos son pocos, porque con todos ellos puede llegar a ser amado. ¿No sabéis la historia de la princesa que se prendó locamente de un pájaro, y la del príncipe que adoró una estatua de mármol y hielo?[5]. Sea condenado, pues, a no ser amado nunca, y a caminar en carrera rápida el camino del amor, sin detenerse jamás.

El hada Fatalidad se impuso. Quedé condenado, y fuéronse todas agitando sus varitas argentinas. Mab se compadeció de mí:

—Para que sufras menos —me dijo— toma este amuleto en que está grabada por un genio la gran palabra.

Leí: *Esperanza.*

Entonces comenzó a cumplirse la sentencia. Un látigo de oro me hostigaba, y una voz me decía:

—¡Anda!

---

[4] Camaralzamán: príncipe de alguno de los cuentos infantiles que Darío escuchaba en Nicaragua (cfr. Darío, 1950, I, 37).

[5] Alusiones a «El pájaro verde», el cuento de Juan Valera, que también parece haber dejado su huella en «El rey burgués», y, muy posiblemente, a la historia de Pigmalión, el rey enamorado de una estatua modelada por él mismo.

Y sentía mucho amor, mucho amor, y no podía detenerme a calmar esa sed. Todo el bosque me hablaba.

—Yo soy amada —me decía una palmera estremeciendo sus hojas.

—Soy amada —me decía una tórtola en su nido.

—Soy amado —cantaba el ruiseñor.

—Soy amado —rugía el tigre.

Y todos los animales de la tierra y todos los peces del mar y todos los pájaros del aire repetían en coro a mis oídos:

—¡Soy amado!

Y la misma gran madre, la tierra fecunda y morena, me decía temblando bajo el beso del sol:

—¡Yo soy amada!

Corría, volaba, y siempre con la insaciable sed. Y sonaba hiriendo la áurea huasca[6] y repetía «¡Anda!» la siniestra voz.

Y pasé por las ciudades. Y oía ruido de besos y suspiros. Todos, desde los ancianos a los niños, exclamaban:

—¡Soy amado!

Y las desposadas me mostraban desde lejos sus ramas de azahares.

Y yo gritaba: —¡Tengo sed!

Y el mundo era sordo.

Tan sólo me reanimaba llevando a mis labios mi frío amuleto.

Y seguí, seguí...

La quinta bocanada se la había deshecho el viento.

*

Flotó la sexta.

Volví a sentir el látigo y la misma voz. ¡Anduve!

*

---

[6] *huasca*: látigo.

120

Lancé la séptima. Vi un hoyo negro cavado en la tierra, y dentro un ataúd.

*

Una risa perlada y lejana de mujer me hizo abrir los ojos. La pipa se había apagado.

La matuschka[1]
Cuento ruso

¡Oh, qué jornada, qué lucha! Habíamos, al fin, vencido, pero a costa de mucha sangre. Nuestra bandera, que el gran San Nicolás bendiga, era, pues, la bandera triunfante. Pero, ¡cuánto camarada quedaba sin vida en aquellos horribles desfiladeros! De mi compañía no nos salvamos sino muy pocos. Yo, herido, aunque no gravemente, estaba en la ambulancia. Allí se me había vendado el muslo que una bala me atravesó rompiendo el hueso. Yo no sentía mi dolor: la patria rusa estaba victoriosa. En cuanto a mi hermano Iván, lo recuerdo muy bien. Al borde de un precipicio recibió un proyectil en el pecho, dio un grito espantoso y cayó, soltando el fusil, cuya bayoneta relampagueó en la humareda. Vi morir a otros; al buen sargento Lernoff, a Pablo Tenovitch, que tocaba tan bien el *fifre*[2] y que alegraba las horas de vivac; ¡a todos mis amigos!

Me sentía con fiebre. Ya la noche había entrado, triste, muy triste, y al ruido de la batalla había sucedido un silencio

[1] Se recogió por primera vez en *La Tribuna* de Valparaíso, el 1 de febrero de 1889. Como sugiere su subtítulo, el cuento es una secuela del influjo que el realismo ruso estaba ejerciendo en el mundo, y que llegaba sobre todo a través de traducciones francesas. También se publicó en *El Correo de la Tarde*, el periódico guatemalteco de Darío, el día 13 de diciembre de 1890. Reproducimos aquí esta segunda versión, siguiendo el texto de Mejía Sánchez (Darío, 1988, 193-198). *Matuschka*, en ruso, es el equivalente de *madrecita* en castellano.

[2] *fifre*: pífano (es palabra francesa).

interrumpido sólo por el ¡Quién vive! de los centinelas. Se andaba recogiendo heridos, y el cirujano Lazarenko, que era calvo y muy forzudo, daba mucho que hacer a sus cuchillos, aquellos largos y brillantes cuchillos guardados en una caja negra, de donde salían a rebanar carne humana.

De repente, alguien se dirigió al lugar en que me encontraba. Abrí los ojos que la fiebre persistía en cerrar, vi que junto a mí estaba, toda llena de nieve, embozada en su mantón, la vieja matuschka del regimiento. A la luz escasa de la tienda, la vi pálida, fija en mí, como interrogándome con la mirada.

—¡Y bien! —me dijo—, decidme lo que sabéis de Nicolás, de mi Nicolasín. ¿Dónde le dejaste de ver? ¿Por qué no vino? Le tenía sopa caliente, con su poco de pan. La sopa hervía en la marmita cuando los últimos cañonazos llegaban a mis oídos. ¡Ah!, decía yo. Los muchachos están venciendo, y en cuanto a Nicolasín, está muy niño aún para que me lo quiera quitar el Señor. Seis batallas lleva ya, y en todas no ha sacado herida en su pellejo, ni en el de su tambor. Yo le quiero y él me quiere; quiere a su matuschka, a su madre. Es hermoso. ¿Dónde está? ¿Por qué no vino contigo, Alexandrovitch?

Yo no había visto al tambor después de la batalla. En el terrible momento del último ataque debía de haber sido muerto. Quizá estaría herido solamente y lo traerían más tarde a la ambulancia. El chico era querido por todo el regimiento.

—Matuschka, espera. No te aflijas. San Nicolás debe proteger a tu pequeño.

Mis palabras la calmaron un tanto. Sí, debía llegar el chico. Ella lo asistiría y no le dejaría un solo instante. ¡Oh, oh! Con el *schnaps*[3] de su tonel le haría estar presto en disposición de redoblar tan gallardamente, como sólo él lo hacía cada alborada. ¿No es verdad, Alexandrovitch?

Mas el tiempo pasaba. Ella había salido a buscarle por las cercanías, le había llamado por su nombre; pero sus gritos no habían tenido más respuestas que el eco en aquella noche sombría, en que aparecían como fantasmas blancos los picos de las rocas y las copas de los árboles nevados.

---

[3] *schnaps*: aguardiente.

La matuschka había acompañado a los ejércitos rusos en muchas campañas. ¿De dónde era? Se ignoraba. Quería lo mismo a los moscovitas que a los polacos, y daba el mismo schnaps de caldo al mujik que servía de correo como al rudo cosaco de grande y velludo gorro. En cuanto a mí, me quería un poquito más, como al pobre Pablo Tenovitch, porque yo hacía coplas en el campamento, y a la matuschka le gustaban las coplas. Me refería un caso con frecuencia.

—Muchacho: un día en Petersburgo, día de revista, iba con el Gran Duque un hombre cuyo rostro no olvidaré nunca. De esto hace muchos años. El Gran Duque me sonrió, y el otro, acercándose a mí, me dijo: «¡Eh, brava matuschka!». Y me dio dos palmaditas en el hombro. Después supe que aquel hombre era un poeta que hacía canciones hermosas y que se llamaba Pouchkine[4].

La anciana quería a Tenovitch por su música. No bien él, en un corro de soldados, preludiaba en su instrumento su canción favorita *El soldado de Kulugi*..., la matuschka le seguía con su alegre voz cascada y llevando el compás con las manos.

—Para vosotros, chicos, no hay medida. Hartaos de sopa; y si queréis lo del tonel, quedad borrachos.

Y era de verla en su carreta, la vara larga en la mano, el flaco cuerpo en tensión, los brazos curtidos, morenos a prueba de sol y de nieve, el cuello arrugado, con una gargantilla de cuentas gruesas de vidrio negro, y la cabeza descubierta, toda canosa. Acosaba a los animales para que no fuesen perezosos: ¡Hué! ¡Gordinflón! ¡Juuuip, siberiano! Y la carreta de la matuschka era gran cosa para todos. En ella venía el rancho y el buen aguardiente que calienta en el frío, y da vigor en la lucha.

Detrás de las tropas en marcha, iba siempre la vieja. Si había batalla, ya sabían los fogueados que tenían cerca el trago, el licor del tonel siempre bien lleno por gracia del general:

---

[4] Alexander Sergeiv Pushkin (1799-1837), poeta y novelista considerado como el iniciador de la novela realista rusa.

—Matuschka, mis soldados necesitan dos cosas: mi voz de mando y tu tonel.

Y el schnaps nunca faltaba. ¿Cuándo faltó?

Pero si la anciana amaba a todos sus muchachos, sin excepción, a quien había dado su afecto maternal era a Nicolasín, el tambor. De catorce a quince años tenía el chico, y hacía poco tiempo que estaba en servicio.

Todos le mirábamos como a cosa propia, con gran cariño, y él a todos acariciaba con sus grandes ojos azules y su alegre sonrisa, al redoblar en su parche delante del regimiento en formación. El hermoso muchacho tenía el aire de todo un hombre, y usaba la gorra ladeada, con barboquejo[5], caída sobre el ojo izquierdo. Debajo de la gorra salían opulentos y crespos los cabellos dorados.

Cuando Nicolasín llegó al cuerpo, la matuschka le adoptó, puede decirse. Ella, sin más familia que los soldados, hecha a ver sangre, cabezas rotas y vientres abiertos, tenía el carácter férreo y un tanto salvaje. Con Nicolasín se dulcificó. ¿Quería alguien conseguir algo de la carreta? Pues hablar con Nicolasín. Schnaps, Nicolasín; un tasajo, Nicolasín y nadie más. La vieja le mimaba. Siempre que él estaba junto a ella, sonreía y se ponía parlanchina; nos contaba cuentos e historias de bandidos de campaña, de héroes y de rusalcas[6]. A veces cantaba aires nacionales y coplas divertidas. Un día le compuse unas que la hicieron reír mucho, con todas ganas; en ellas comparaba la cabeza del doctor Lazarenko con una bala de cañón. Eso era gracioso. El cirujano rió también y todos bebimos bastante.

El pequeño, por su parte, miraba a la vieja como a una madre, o mejor como a una abuela. Ella entre la voz de todos los tambores reconocía la del de su Nicolasín. Desde lejos, le hacía señas, sentada en la carreta, y él la saludaba levantando la gorra sobre su cabeza. Cuando se iba a dar alguna batalla eran momentos grandes para ella:

—Mira, no olvides al santo patrono que se llama como tú.

---

[5] *barboquejo*: correa que sirve para sujetar las gorras o cascos de los soldados.
[6] *rusalcas* o *rusalkas*: ninfas o náyades de la mitología eslava.

No pierdas de vista al capitán, y atiende a su espada y a su grito. No huyas, pero tampoco quiero que te maten, Nicolasín, porque entonces yo moriría también.

Y luego le arreglaba su cantimplora forrada en cuero, y su morral. Y cuando ya todos íbamos marchando, le seguía con la vista, entre las filas de los altos y fuertes soldados que iban con el saco a la espalda y el arma al hombro, marcando el paso, a entrar a la pelea.

¿Quién no oyó en su tambor la diana alegre al fornido Nicolasín? La piel tersa campanilleaba al golpe del palillo que la golpeaba con amor; de los aros brotaban notas cristalinas, y el parche de tanto en tanto sonaba como una lámina de bronce. Tambor bien listo, cuidado por su dueño con afecto. Por seis veces vimos al chico enguirnaldarse de verde después de la victoria. Y al marchar al compás cadencioso, cuando Nicolasín nos miraba, rojo y lleno de cansancio, pero siempre sonriente animoso, a muchos que teníamos las mejillas quemadas y los bigotes grises, nos daban ganas de llorar. ¡Viva la Rusia, Nicolasín! ¡Vivaaa!, y un rataplán.

Luego, cuando alguien caía en el campo, ya pensaba en él. Era el ángel de la ambulancia. ¿Queréis esto? ¿Queréis lo otro? Eso que tenéis es nada. Pronto estaréis buenos. Os animaréis y cantaremos con la matuschka. ¿La copa? ¿El plato? ¡Bravo, Nicolasín! Yo le quería tanto como si fuera mi hermano o mi hijo.

Imaginaos primeramente que el punto principal estaba ocupado por el enemigo. Nuestro camino era sólo uno: ir adelante. Debía de sucumbir mucha gente nuestra; pero como esto, si se ha de ganar, no importa en la guerra, estaban dispuestos los cuerpos que debían ser carne para las balas. Yo era de la vanguardia. Allí iba Nicolás tocando paso redoblado, cuando todos teníamos el dedo en el gatillo, la cartuchera por delante y la mente alocada por la furia.

Recuerdo que primeramente escuché un enorme ruido, que luego balazos y después rugidos humanos sonaron, y que en el choque tremendo nadie tuvo conciencia de sí[7]. To-

---

[7] En Darío, 1924, 99: «Recuerdo que primeramente escuché un enorme

das las bayonetas buscaban las barrigas y los pechos. Creo que si en vez de ser nosotros infantes, hubiéramos sido cosacos o húsares, en los primeros instantes hubiéramos salido vencedores. Seguí oyendo el tambor. Fue el segundo encuentro.

Pero Nicolasín... Después, caí herido. No supe más.

¡Dios mío, qué noche tan tremenda! La matuschka me dejó y dirigióse al cirujano. Él alineaba, entretanto, sus fierros relumbrosos. Como vio a la vieja gimoteando, la consoló a su manera. Lazarenko era así...:

—Matuschka, no te aflijas. El rubito llegará. Si viene ensangrentado y roto, lo arreglaré. Le juntaré los huesos, le coseré las carnes y le meteré las tripas. No te aflijas, matuschka.

Ella salió. Al rato, cuando ya me estaba quedando dormido escuché un grito agudo, de mujer. Era ella. Entraron dos cosacos conduciendo una camilla. Allí estaba Nicolasín todo bañado en sangre, el cráneo despedazado, y todavía vivo. No hablaba, pero hacía voltear en las anchas cuencas los ojos dolorosos. La matuschka no lloraba. Fija la mirada en el doctor, le interrogaba ansiosa con ella. Lazarenko movió tristemente la cabeza. ¡Pobre Nicolasín!

Ella fue entonces a su carreta. Trajo un jarro de aguardiente, humedeció un trapo y lo llevó a los labios del chico moribundo. Él la miró con amargura y con terneza al propio tiempo. Desde mi lecho de paja yo veía aquella escena desgarradora y tenía como un nudo en la garganta. Por fin el tambor mimado, el pequeño rubio, se estiró con una rápida convulsión. Sus brazos se retorcieron y de su boca salió como un gemido apagado. Entrecerró los párpados y quedó muerto.

—¡Nicolasín! —gritó la vieja—. ¡Nicolasín, mi muchacho, mi hijo!

Y soltó el llanto. Le besaba el rostro, las manos; le limpiaba el cabello pegado a la frente con la sangre coagulada, y agitaba la cabeza, y miraba con aire tal como si estuviese loca.

---

ruido, que luego cesó; después rugidos humanos sonaron, y en el choque tremendo que sobrevino nadie tuvo conciencia de sí.»

Muy entrada la noche, comenzó otra nevada. El aire frío y áspero soplaba y hacía quejarse a los árboles cercanos. La tienda de ambulancia se movía; la luz que alumbraba el recinto, a cada momento parecía apagarse.

Se llevaron el cadáver de Nicolasín.

Yo no pude dormir después ni un solo minuto. Cerca, se escuchaban, en el silencio nocturno, los desahogos lúgubres y desesperados de la matuschka, que estaba aullando al viento como una loba.

Betún y sangre[1]

Todas las mañanas al cantar el alba, saltaba de su pequeño lecho, como un gorrión alegre que deja el nido. Haciendo trompeta con la boca, se empezó a vestir ese día, recorriendo todos los aires que echan al viento por las calles de la ciudad los organillos ambulantes. Se puso las grandes medias de mujer que le había regalado una sirvienta de casa rica, los calzones de casimir a cuadros[2] que le ganó al gringo del hotel, por limpiarle las botas todos los días durante una semana, la camisa remendada, la chaqueta de dril[3], los zapatos que sonreían por varios lados. Se lavó en una palangana de lata que llenó de agua fresca. Por un ventanillo entraba un haz de rayos de sol que iluminaba el cuartucho destartalado, el catre cojo de la vieja abuela, a quien él, Periquín, llamaba «mamá»;

---

[1] Se publicó por primera vez en el *Diario de Centro-América* de Guatemala, el 31 de octubre de 1890 (Darío, 1994, 180). De acuerdo con Soto Hall, éste sería el segundo de los «Cuentos nuevos» escrito por Darío en Guatemala, y tendría como contexto el levantamiento militar de Carlos Ezeta contra el general Menéndez, acaecido en El Salvador el 22 de junio de 1890 y que tan de cerca vivió el poeta. El primero de esos cuentos habría sido «El Dios bueno», que habría aparecido por primera vez en el *Diario de Centro-América* de Guatemala, el 14 de agosto de 1890 (cfr. Darío, 1994, 176). Según también Soto Hall, cuyo texto seguimos aquí, Darío habría tomado como modelo para el protagonista de este relato, a «un chicuelo que lustraba en el hotel las botas de los pasajeros y que era vivaz y bullicioso como una noche de pascuas» (90-102).

[2] *casimir* o *cachemira*: tela hecha de lana muy fina.

[3] *dril*: tejido formado por una urdimbre de algodón y una trama de lino; suele ser de colores claros.

el baúl antiguo forrado de cuero y claveteado de tachuelas de cobre, las estampas, cromos y retratos de santos, San Rafael Arcángel, San Jorge, el Corazón de Jesús, y una oración contra la peste, en un marquito, impresa en un papel arrugado y amarillo por el tiempo. Concluido el tocado, gritó:

—¡Mamá, mi café!

Entró la anciana rezongando, con la taza llena del brebaje negro y un pequeño panecillo. El muchacho bebía a gordos tragos y mascaba a dos carrillos, en tanto que oía las recomendaciones:

—Pagas los chorizos donde la Braulia. ¡Cuidado con andar retozando! Pagas en la carpintería del Canche la pata de la silla, que cuesta real y medio. ¡No te pares en el camino con la boca abierta! Y compras la cecina y traes el chile para el chojín[4].

Luego, con una gran voz dura, voz de regaño:

—Antier, cuatro reales; ayer siete reales. ¡Si hoy no traes siquiera un peso, verás qué te sucede!

A la vieja le vino un acceso de tos. Periquín masculló, encogiéndose de hombros, un ¡ea, pitas![5], y luego un ¡ah, sí! El ¡ah, sí! de Periquín enojaba a la abuela, y cogió su cajoncillo, con el betún, el pequeño frasco de agua, los tres cepillos; se encasquetó su sombrero averiado y de dos saltos se plantó en la calle trompeteando la marcha de Boulanger[6]: ¡tee-te-re-te-te-te chín!... El sol, que ya brillaba esplendorosamente en el azul de Dios, no pudo menos que sonreír al ver aquella infantil alegría encerrada en el cuerpecito ágil, de doce años; júbilo de pájaro que se cree feliz en medio del enorme bosque.

Subió las escaleras de un hotel. En la puerta de la habitación que tenía el número 1 vio dos pares de botinas[7]. Las

---

[4] *chojín*: plato regional guatemalteco.

[5] ¡ea pitas!: *sic.*

[6] George E. Boulanger (1837-1891), militar y político francés que disfrutó de una gran popularidad en el penúltimo decenio del siglo XIX. La marcha militar a la que alude Darío podría ser el himno boulangista «En revenant de la revue», que llegó a sustituir a «La Marsellesa» como himno nacional de Francia.

[7] Soto Hall: *botines*, pero luego *Las unas..., las otras...*

unas, eran de becerro común, finas y fuertes, calzado de hombre; las otras, unas botitas diminutas que subían denunciando un delicado tobillo y una gordura ascendente que hubiera hecho meditar a Periquín, limpiabotas, si Periquín hubiera tenido tres años más. Las botitas eran de cabritilla, forradas en seda color de rosa. El chico gritó:

—¡Lustre!

Lo cual no fue ¡sésamo ábrete! para la puerta. Apareció entonces un sirviente del establecimiento que le dijo riendo:

—No se han levantado todavía; son unos recién casados que llegaron anoche de la Antigua[8]. Limpia los del señor; a los otros no se les da lustre; se limpian con un trapo. Yo los voy a limpiar.

El criado les sacudió el polvo, mientras Periquín acometió la tarea de dar lustre al calzado del novio. Ya la marcha del general Boulanger estaba olvidada en aquel tierno cerebro; pero el instinto filarmónico indominable tenía que encontrar la salida y la encontró; el muchacho, al compás del cepillo, canturreaba a media voz: *Yo vi una flor hermosa, fresca y lozana*; pero dejó de cantar para poner el oído atento. En el cuarto sonaba un ruido armonioso y femenino; se desgranaban las perlas sonoras de una carcajada de mujer; se hablaba animadamente y Periquín creía escuchar de cuando en cuando el estallido de un beso. En efecto, un alma de fuego se bebía a intervalos el aliento de una rosa. Al rato se entreabrió la puerta y apareció la cabeza de un hombre joven:

—¿Ya está eso?

—Sí, señor.

—Entra.

Entró.

Entró y, por el momento, no pudo ver nada en la semioscuridad del cuarto.

Sí, sintió un perfume, un perfume tibio y «único», mezclado con ciertos efluvios de *whiterose*, que brotaba en ondas tenues del lecho, una gran cama de matrimonio, donde, cuan-

---

[8] *Antigua*: nombre de la segunda ciudad Guatemala, fundada en 1542 pero destruida durante los terremotos de 1773.

do sus ojos pudieron ver claro, advirtió en la blancura de las sábanas un rostro casi de niña, coronado por el yelmo de bronce de una cabellera opulenta; y unos brazos rosados tendidos con lánguida pereza sobre el cuerpo que se modelaba.

Cerca de la cama estaban dos, tres, cuatro grandes mundos, todo el equipaje; sobre una silla, una bata de seda plomiza con alamares violeta[9]; en la capotera, un pantalón rojo, una levita de militar, un kepis con galones y una espada con su vaina brillante. El señor estaba de buen humor, porque se fue al lecho y dio un cariñoso golpecito en una cadera a la linda mujer.

—¡Y bien, haragana! ¿Piensas estar todo el día acostada? ¿Café o chocolate? ¡Levántate pronto; tengo que ir a la Mayoría! Ya es tarde. Parece que me quedaré aquí de guarnición. ¡Arriba! Dame un beso.

¡Chis, chas! Dos besos. Él prosiguió:

—¿Por qué no levanta a niña bonita? ¡Vamo a darle uno azote![10].

Ella se le colgó del cuello, y Periquín pudo ver hebras de oro entre lirios y rosas.

—¡Tengo una pereza! Ya voy a levantarme. ¡Te quedas, por fin aquí! ¡Bendito sea Dios! Maldita guerra. Pásame la bata.

Para ponérsela saltó en camisa, descalza. Estaba allí Periquín; pero qué: ¡un chiquillo! Mas Periquín no le desprendía la mirada, y tenía en la comisura de los labios la fuga de una sonrisa maliciosa. Ella se abotonó la bata, se calzó unas pantuflas, abrió una ventana para que penetrara la oleada de luz del día. Se fijó en el chico y le preguntó:

—¿Cómo te llamas?

—Pedro.

—¿Cuántos años tienes? ¿De dónde eres? ¿Tienes mamá y papá? ¿Y hermanitas? ¿Cuánto ganas en tu oficio todos los días?

Periquín respondía a todas las preguntas.

El capitán Andrés, el buen mozo recién casado, que se paseaba por el cuarto, sacó de un rincón un par de botas fede-

---

[9] *alamar*: botón o presilla para abrochar la capa o la bata.
[10] *Sic* toda la frase; es un remedo del lenguaje infantil.

ricas[11], y con un peso de plata nuevo y reluciente se las dio al muchacho para que las limpiara. Él, muy contento, se puso a la obra. De tanto en tanto, alzaba los ojos y los clavaba en dos cosas que le atraían: la dama y la espada. ¡La dama! ¡Sí! Él encontraba algo de sobrehumano en aquella hermosura que despedía aroma como una flor. En sus doce años, sabía ya ciertos asuntos que le habían referido varios pícaros compañeros. Aquella pubertad naciente sentía el primer formidable soplo del misterio. ¡Y la espada! Ésa es la que llevan los militares al cinto. La hoja al sol es como un relámpago de acero. Él había tenido una chiquita, de lata, cuando era más pequeño. Se acordaba de las envidias que había despertado con su arma; de que él era el grande, el primero, cuando con sus amigos jugaba a la guerra; y de que una vez, en riña con un zaparrastroso gordinflón, con su espada le había arañado la barriga.

Miraba la espada y la mujer. ¡Oh, pobre niño! ¡Dos cosas tan terribles!

Salió a la calle satisfecho y al llegar a la plaza de Armas oyó el vibrante clamoreo de los cobres de una fanfarria marcial. Entraba tropa. La guerra había comenzado, guerra tremenda y a muerte. Se llenaban los cuarteles de soldados. Los ciudadanos tomaban el rifle para salvar la Patria, hervía la sangre nacional, se alistaban los cañones y los estandartes, se preparaban pertrechos y víveres; los clarines hacían oír sus voces en *e* y en *i*; y allá, no muy lejos, en el campo de batalla, entre el humo de la lucha, se emborrachaba la pálida Muerte con su vino rojo...

Periquín vio la entrada de los soldados, oyó la voz de la música guerrera, deseó ser el abanderado, cuando pasó flameando la bandera de azul y blanco; y luego echó a correr como una liebre, sin pensar en limpiar más zapatos en aquel día, camino de su casa. Allá le recibió la vieja regañona:

—¿Y eso ahora? ¿Qué vienes a hacer?

---

[11] *federicas*: botas militares, que llevan ese nombre por Federico II el Grande de Prusia (1712-1786). Darío también menciona a este monarca en «Por el Rhin».

—Tengo un peso —repuso, con orgullo, Periquín.

—A ver. Dámelo.

Él hizo un gesto de satisfacción vanidosa, tiró el cajón del oficio, metió la mano en su bolsillo... y no halló nada. ¡Truenos de Dios! Periquín tembló conmovido: había un agujero en el bolsillo del pantalón. Y entonces la vieja:

—¡Ah, sinvergüenza, bruto, caballo, bestia! ¡Ah, infame!, ¡ah, bandido!, ¡ya vas a ver!

Y, en efecto, agarró un garrote y le dio uno y otro palo al pobrecito:

—¡Por animal, toma! ¡Por mentiroso, toma!

Garrotazo y más garrotazo, hasta que desesperado, llorando, gimiendo, arrancándose los cabellos, se metió el sombrero hasta las orejas, le hizo una mueca de rabia a la «mamá» y salió corriendo como un perro que lleva una lata en la cola. Su cabeza estaba poseída por esta idea: no volver a su casa. Por fin se detuvo a la entrada del mercado. Una frutera conocida le llamó y le dió seis naranjas. Se las comió todas de cólera. Después echó a andar, meditabundo, el desgraciado limpiabotas prófugo, bajo el sol que le calentaba el cerebro, hasta que le dio sueño en un portal, donde, junto al canasto de un buhonero, se acostó a descansar y se quedó dormido.

El capitán Andrés recibió orden aquel mismo día de marchar con fuerzas a la frontera. Por la tarde, cuando el sol estaba para caer a Occidente arrastrando su gran cauda bermeja, el capitán, a la cabeza de su tropa, en un caballo negro y nervioso, partía.

La música militar hizo vibrar las notas robustas de una marcha. Periquín se despertó al estruendo, se restregó los ojos, dio un bostezo. Vio los soldados que iban a la campaña, el fusil al hombro, la mochila a la espalda, y al compás de la música echó a andar con ellos. Camina, caminando, llegó hasta las afueras de la ciudad. Entonces una gran idea, una idea luminosísima, surgió en aquella cabecita de pájaro. Periquín iría. ¿Adónde? A la guerra.

¡Qué granizada de plomo, Dios mío! Los soldados del enemigo se batían con desesperación y morían a puñados. Se les habían quitado sus mejores posiciones. El campo estaba lleno de sangre y humo. Las descargas no se interrumpían y el cañoneo llevaba un espantoso compás en aquel áspero concierto de detonaciones. El capitán Andrés peleaba con denuedo en medio de su gente. Se luchó todo el día. Las bajas de unos y otros lados eran innumerables. Al caer la noche se escucharon los clarines que suspendieron el fuego. Se vivaqueó[12]. Se procedió a buscar heridos y a reconocer el campo.

En un corro, formado tras unas piedras, alumbrado por una sola vela de sebo, estaba Periquín acurrucado, con orejas y ojos atentos. Se hablaba de la desaparición del capitán Andrés. Para el muchacho aquel hombre era querido. Aquel señor militar era el que le había dado el peso en el hotel; el que, en el camino, al distinguirle andando en pleno sol, le había llamado y puesto a la grupa de su caballería; el que en el campamento le daba de su rancho y conversaba con él.

—Al capitán no se le encuentra —dijo uno—. El cabo dice que vio cuando le mataron el caballo, que le rodeó un grupo enemigo, y que después no supo más de él.

—¡A saber si está herido! —agregó otro—. ¡Y en qué noche!

La noche no estaba oscura, sí nublada; una de esas noches fúnebres y frías, preferidas por los fantasmas, las larvas y los malos duendes. Había luna opaca. Soplaba un vientecillo mordiente. Allá lejos, en un confín del horizonte, agonizaba una estrella, pálida, a través de una gasa brumosa. Se oían de cuando en cuando los gritos de los centinelas. Mientras, se conversaba en el corro. Periquín desapareció. Él buscaría al capitán Andrés: él lo encontraría al buen señor.

Pasó por un largo trecho que había entre dos achatadas colinas, y antes de llegar al pequeño bosque, no lejano, comenzó a advertir los montones de cadáveres. Llevaba su hermosa idea fija, y no le preocupaba nada la sombra ni el miedo. Pero, por un repentino cambio de ideas, se le vino a la memoria la «mamá» y unos cuentos que ella le contaba para impedir que el chico saliese de casa por la noche. Uno de los

---

[12] *vivaquear*: pernoctar las tropas al raso.

135

cuentos empezaba: «Éste era un fraile...»; otro hablaba de un hombre sin cabeza, otro de un muerto de largas uñas que tenía la carne como la cera blanca y por los ojos dos llamas azules y la boca abierta[13]. Periquín tembló. Hasta entonces paró mientes en su situación. Las ramas de los árboles se movían apenas al pasar el aire. La luna logró, por fin, derramar sobre el campo una onda escasa y espectral. Periquín vio entre unos cuantos cadáveres, uno que tenía galones; tembloroso de temor, se acercó a ver si podía reconocer al capitán. Se le erizó el cabello. No era él, sino un teniente que había muerto de un balazo en el cuello; tenía los ojos desmesuradamente abiertos, faz siniestra y, en la boca, un rictus sepulcral y macabro. Por poco se desmaya el chico. Pero huyó pronto de allí, hacia el bosque, donde creyó oír algo como un gemido. A su paso tropezaba con otros tantos muertos, cuyas manos creía sentir agarradas a sus pantalones.

Con el corazón palpitante, desfalleciendo, se apoyó en el tronco de un árbol, donde un grillo empezó a gritarle desde su hendidura:

—¡Periquín! ¡Periquín! ¡Periquín! ¿Qué estás haciendo aquí?

El pobre niño volvió a escuchar el gemido y su esperanza calmó su miedo. Se internó entre los árboles y a poco oyó cerca de sí, bien claramente:

—¡Ay!

Él era, el capitán Andrés, atravesado de tres balazos, tendido sobre un charco de sangre. No pudo hablar. Pero oyó bien la voz trémula:

—¡Capitán, capitán, soy yo!

Probó a incorporarse; apenas pudo. Se quitó con gran esfuerzo un anillo, un anillo de boda, y se lo dio a Periquín, que comprendió... La luna lo veía todo desde allá arriba, en lo profundo de la noche, triste, triste, triste...

Al volver a acostarse, el herido tuvo estremecimientos y

---

[13] Es más que probable que estas alusiones a lo tenebroso y a lo fantástico tengan un origen autobiográfico, similar al de «La larva» (cfr. Darío, 1950, I, 21).

136

expiró. El chico, entonces, sintió amargura, espanto, un nudo en la garganta, y se alejó buscando el campamento.

Cuando volvieron las tropas de la campaña, vino Periquín con ellas. El día de la llegada se oyeron en el hotel X grandes alaridos de mujer, después que entró un chico sucio y vivaz al cuarto número 1. Uno de los criados observó asimismo que la viuda, loca de dolor, abrazaba, bañada en llanto, a Periquín, el famoso limpiabotas, que llegaba día a día gritando: «¡Lustre!», y que el maldito muchacho tenía en los ojos cierta luz de placer, al sentirse abrazado, el rostro junto a la nuca rubia, donde de un florecimiento de oro crespo, surgía un efluvio perfumado y embriagador.

La novela de uno de tantos[1]

Ayer tarde, mientras sentado en el balcón leía yo un periódico, tocaron a mi puerta. Era un hombre pálido y enfermo, apoyado en un bastón, con el traje raído y de mala tela. Con una voz débil me dirigió el saludo. Yo soy como el santo de la capa, que le dio la mitad al pobre y no me alabo[2]. He tenido entre mis triunfales días de oro algunas horas negras, y por eso veo en toda amargura algo que pone en mi alma el ansia de aliviar; y en toda pobreza, algo que me anima a dar

---

[1] La primera publicación conocida es la del *Diario de Centro-América*, del 8 de noviembre de 1890, aunque Saavedra Molina habla también de una aparición en *El Correo de la Tarde* de Guatemala, durante el «segundo semestre de 1890» (Darío, 1994, 186, y Darío, 1938b, 59-63). Seguimos aquí la versión de Mejía Sánchez, que habría aparecido también en *El Correo de la Tarde* el 13 de febrero de 1891, aunque también tenemos en cuenta las aportaciones de los dos textos anteriores (Darío, 1988, 219-222).

Este relato tiene un apoyo biográfico real, y habría nacido tras la visita a Darío de un antiguo amigo suyo: «llegó a interrumpirle [a Darío] un raro visitante que vino (...) a sentarse entre nosotros tranquilamente (...) Su barba a medio crecer, su cuello en acordeón y no blanco, su indumentaria compuesta de prendas desiguales y sus zapatos que a trechos dejaban ver carne en vez de media, nos parecían poco a propósito para esas familiaridades.

»Darío era el único que no se asombraba. Muy al contrario entabló charla con el raro desconocido preguntándole sobre cosas, hechos y personas que ambos parecían haber conocido. Lo favoreció con algo y quedaron de verse en breve tiempo. "Es —nos dijo— un antiguo compañero de colegio", y habló de otras cosas, pero como preocupado de la extraña visita. Pocos días después dio a luz el tercero de sus "Cuentos nuevos", con el título de "La novela de uno de tantos"» (Soto Hall, 105-106).

[2] Darío se refiere a San Martín de Tours (cfr. el cuento «San Martín, patrón de Buenos Aires»).

138

un pedazo de mi pan a la boca del necesitado; y en toda de-sesperanza una fortaleza íntima que me obliga a derrochar mi tesoro de consuelos.

(Y en un paréntesis te pregunto a ti, joven y renuente so-ñador, ¿no es cierto que más de una vez has sentido —en una mañana opaca en que tu espíritu estaba lóbrego—, no has sentido, digo, como que se te abría el cielo en alegría in-mensa, ofreciéndote una promesa de felicidad cuando has sacado la única moneda de la bolsa de tu chaleco, para dejar-la en la mano del mendigo ciego o de la viejita limosnera?)

Parecía el infeliz hombre un viejo, en sus veintiocho años viriles[3], molidos, aplastados por la maza de la enfermedad. Canijo, apenado, como el que va a solicitar un favor que casi humilla, estrujaba su sombrero usado, contra sus flacos fé-mures que resaltaban debajo de la funda del pantalón. Em-pezaba con palabras bajas una conversación cortada y sin ob-jeto. Que esto, que lo otro, que lo de más allá; que éramos del mismo lugar, que había nacido en mi tierra caliente: que tenía un libro de versos míos,[4] ¿adónde vamos a parar?; que yo debía conocer y recordar a un mi compañero de colegio, muchachón que usaba en el recreo, porque era rico en aque-llos tiempos pasados, un gorro de terciopelo rojo que era en-vidia de todos los chicos: en fin, el hijo de aquel francés que era vicecónsul, el hijo del gordo monsieur Rigot.

¡Que no lo había de recordar! Ya lo creo que lo recordaba. ¡Como que abríamos los colegiales internos tamaña boca cuando llegaban a traerle en tiempo de vacaciones, en un grande y hermoso carruaje! ¡Como que nos tiraba de las ore-jas y nos veía muy por sobre el hombro el crecido y soberbio Juan Martín, el hijo de monsieur Rigot! ¡Como que en la mesa era él quien se comía el mejor pan, y gozaba de un po-quillo de vino y era tratado, en fin, a cuerpo de príncipe! ¡Que no le había de recordar! Había hecho época en mi ciu-

---

[3] Darío, 1938b y Soto Hall: «treinta años viriles».
[4] Darío alude a *Primeras notas*, el libro que concluyó en 1885 pero que no fue publicado hasta 1888 (Managua, Tipografía Nacional).

dad su bautizo, porque el vicecónsul no escatimó nada para esplendores, fiestas y bullas. Lo habían criado al chico con mimos y gustos en la casa lujosa del gabacho; había tenido el primer velocípedo, trajes europeos, vistosos y finos, juguetes regios. Y ¡oh Juan Martín!, cuando se dignaba jugar con nosotros, sacaba de su bolsillo, para mirar la hora, su pequeño reloj de oro brillante.

Ésta es la historia de tantos muchachos a quienes Dios trae al mundo en carroza de plata para llevárselos en andas toscas.

Aquel chiquillo vio pasar sus años en boato y grandeza. Ya púber, siempre amado de su padre, el buen francés, y de su madre, una santa mujer que le perdonaba todas sus picardigüelas, se acostumbró a la vida loca y agitada de caballerito moderno; gastar a troche y moche, vestir bien, tener queridas lindas (si son carne de tablas, mejor); jugar, y allá el viejo que dejará la herencia.

Mucho tiempo pasé sin ver a Juan Martín después de aquellos días de colegio. Cuando aún sonaba su nombre, por razón de sus buenos caballos y las innumerables botellas de cerveza que consumía, yo no era su amigo. ¡Qué lo iba a ser! Él había estado en Europa, hablaba alemán. Se relacionaba únicamente con los dependientes rubios de las casas extranjeras y usaba monoclo[5]. Adelante; adelante. Como el buen vicecónsul era un bolonio[6], el mejor día se lo llevó el diablo. El señorito, por medio de su loca vanidad, de su fatal imprudencia, y con el «chivo» y con el bacarat[7], hizo que el tío Rigot se declarase en quiebra. ¡Pobre y excelente vicecónsul Rigot! Pero no tanto. Porque después que vendió sus dos haciendas y se repartieron el gran almacén los acreedores, pensó en francés lo siguiente: «Soy una bestia al dejar que este haragán botarate me ponga nada menos que en la calle. Justo es que, puesto que él me ha arruinado, me ayude a recobrar algo de mi pérdida.» Y le dijo a Juan Martinito en claro

---

[5] monoclo: *sic* (Darío utiliza esta misma palabra en otras narraciones).

[6] *bolonio*: necio, ignorante.

[7] *chivo*: juego de dados; *bacarat* o *báccara*: juego de naipes.

español: «O te rompo el alma a palos, o te vas al país vecino, donde hay universidad, a hacerte una profesión.» El mozo optó por lo último.

Ahora, siga la narración el hombre pálido y miserable que estaba ayer delante de mí.

Llegué aquí, señor, y comencé mis estudios. Mis padres, a pesar de su mala fortuna, me señalaron una buena pensión. Vivía en una casa de huéspedes. Al principio hice todo lo que pude por estudiar; pero esta maldita cabeza se resistía. Luego, acostumbrado a mi vida de antes, tenía la nostalgia de mis días borrascosos y opulentos. ¡Eh! Un día dije: ¡pecho al agua! y volví a las andadas. Aquí no se me veía mi padre. En las clases me hice de muchos amigos, y en los restaurantes aumentó la lista de ellos. Se sucedían las borracheras y los desvelos. En mis estudios no adelantaba nada. Pero estaba satisfecho; y mis amigos me ayudaban a desparramar mi pensión a los cuatro vientos. Pasó un año, dos, tres, cuatro. De repente dio vuelta rápida la rueda de mi fortuna. En un mismo año murieron mi padre y mi madre. Quedé, como quien dice, en el arroyo, sin encontrar ni un árbol en que ahorcarme. ¿Qué sabía yo? Nada. Hasta el alemán se me había olvidado. Mis compañeros de orgías me fueron dejando poco a poco. Pero yo no dejaba de frecuentar ni las cantinas ni ciertas casas... ¿me entiende usted? Vicioso, humillado, una mañana, tras varias noches de placer abyecto, sentí un dolorcito en la garganta; y luego, señor, y luego vino esta espantosa enfermedad que me taladró los huesos y me emponzoñó la sangre. Viví por un tiempo en un barrio lejano, casi, y sin casi, de limosna. En un cuartucho sucio y sobre una tabla, me retorcía por el dolor, sin que nadie me diese el más pequeño consuelo. Una vecina anciana tuvo un día compasión de mí, y con remedios caseros me puso en estado de levantarme y salir a la calle, roto, desgreñado, infame; ¡casi con el impulso de tender la mano para pedir al que pase medio real!

He visto a algunos de mis amigos de café... ¡No me han conocido! Uno me dio un peso y no quiso tocar mi mano por miedo del contagio. Supe que estaba usted aquí, y he venido a rogarle que haga por mí lo que pueda. No me es posible ya ni caminar. Voy a morir pronto. Me hace falta un pedazo de tierra para tenderme.

¡Oh! perdona, pobre diablo, perdona, harapo humano, que te muestre a la luz del sol con tu amargo espanto; pero los que tenemos por ley servir al mundo con nuestro pensamiento, debemos escudriñar, buscar el mal y sacar el ejemplo de su escondido agujero, con el pico de la pluma. El escritor deleita, pero también señala el daño. Se muestra el azul, la alegría, la primavera llena de rosas, el amor; pero se grita: ¡cuidado! al señalar el borde del abismo.

Lee tú mi cuento, joven bullicioso que estás con el diario en la cama, sin levantarte aún, a las once del día. Lee estos renglones si eres rico, y si pobre y estudiante, y esperanza de tus padres, léelos dos veces y ponte a pensar en el enigma de la esfinge implacable.

Allá va, flacucho y derrengado, con su corrupta carne, allá va apoyado en su bastón, anciano de veintiocho años[8], ruin y miserable; allá va Juan Martinito, en viaje para la tumba, camino del hospital.

---

[8] Darío, 1938b: «veinticinco años».

Rojo[1]

—¿Pero es que excusáis a Palanteau, después de una crueldad semejante? —exclamaron casi todos los que se hallaban
en la redacción, dirigiéndose asombrados al director Lemon-
nier, que paseaba victoriosamente su cuerpo flaubertiano y
hacía tronar su voz de bronce.

—¡Sí, señores! —respondió. Y cruzándose de brazos con
majestad:

—Palanteau no merece la guillotina. Quizá la casa de salud... Es cierto que ha avanzado hasta el crimen; que ha
dado motivo a largas crónicas y reportazgos de sensación;
que el asesinato que ha cometido es el más sangriento y terrible de este año; que entre los crímenes pasionales... Pero es-
cuchadme. ¡Vosotros no estáis al tanto de cómo ha ido hasta
allí ese desgraciado!

Se sentó en un sillón; puso los codos sobre las rodillas y
continuó:

---

[1] Apareció por primera vez en el *Diario del Comercio* de San José de Costa
Rica, donde Darío trabajaba como redactor, el 14 de febrero de 1892. Llevaba el título general de «Cuentos nuevos», lo cual indica que Darío pensó in-
cluirlo en el volumen de relatos cortos planeado en Guatemala (cfr. n. 1 de
«Betún y sangre»). El contexto de este relato lo conforman algunas ideas del
naturalismo y también de las teorías criminalistas más extendidas durante
el siglo XIX, las cuales, simplificando, presentaban al delincuente como un
enfermo cuyas actuaciones quedaban determinadas por la herencia biológi-
ca y los condicionamientos sociales. Seguimos el texto de Mejía Sánchez
(Darío, 1988, 231-236).

—Yo le conocí mucho, casi desde niño. Ese pintor de talento, hoy perdido para el arte y cuyo nombre está deshonrado, nació en la tierra de Provenza, con lo cual veis si tendrá mucho sol en la cabeza. Desde muy temprana edad quedó huérfano, y comenzó una vida errante y a la ventura. Pero tenía buenos instintos y pensó en no ser un inútil. Sentía allá dentro el hormigueo del arte. En los paisajes de la Crau[2], en la extensión de la Camargue, bajo el soplo sonoro del mistral[3], el muchacho fue alimentando su sueño... ¡Sí!, él sería «alguien»; quería que su nombre sonara, como el del buen señor Roumanille[4], el de los versos...

Estuvo en Arles, de aprendiz de músico; estuvo en Avignon sirviendo en casa de un cura; estuvo en Marsella, de aprendiz de impresor... Y ved, allí fue, en Marsella, a la orilla del mar, en tarde cálida y dorada, donde él sintió por primera vez el impulso de su vocación; la luz se le reveló, y desde ese día quiso, ¡ya veis si lo consiguió!, ser uno de nuestros grandes pintores: él mismo me lo ha contado después. Privaciones, sufrimientos, luchas. Por fin, vino a París: hizo la gran batalla. Casi llegó a desesperar; pero un día cayóle en gracia al viejo Meissonier. Éste le ayudó, le hizo célebre. Y desde entonces comenzó la boga de esas telitas finas, originales, brillantes; de esos paisajitos preciosos que llevan su firma. Palanteau había hecho carrera. Pero no era rico, ni podía serlo, porque en pleno París, le gustaba mucho viajar por el país de Bohemia... ¡Pobre muchacho! ¿Amó? No lo sé. Creo que tuvo su pasioncilla desgraciada. Poco a poco fue volviéndose taciturno. París le hizo palidecer, le hizo olvidar su hermosa risa meridional, le enflaqueció. A veces me parecía que Palanteau no tenía todos los tornillos del cerebro en su lugar, y

---

[2] *La Crau y La Camargue* son dos pequeñas islas situadas en la desembocadura del Ródano, al sur de Francia; La Crau es también el nombre de la llanura donde se aloja el delta de ese río.

[3] *mistral*: viento fuerte del noroeste, frecuente en las costas mediterráneas de España y Francia.

[4] Joseph Roumanille (1818-1891), maestro de Frédéric Mistral (1830-1914) y compañero suyo en la campaña por la rehabilitación literaria del provenzal. En todo el párrafo, Darío parece aludir veladamente a la vida y obra de Mistral (Mejía Sánchez; cfr. también Darío, 1968b, 150-156 y 194-197).

me preguntaba ¿será un *détraqué*?[5]. Él sufría y su sufrimiento se le revelaba en el rostro. Entonces procuraba aliviarse con la musa verde y con seguir las huellas de los pies pequeños que taconean por el asfalto. Yo le decía cuando le encontraba: «¡Cásate, Palanteau, y serás dichoso!» Y era en ese solo instante cuando él reía como un buen provenzal... ¡Pobre muchacho! Entre tanto, supe que cometía ciertas extravagancias. Desafió a un periodista que criticaba a Wagner; dejó de pintar por largo tiempo; insultó en público a Bouguereau[6]; se hizo boulangista[7]; ¡el demonio! Y un buen mediodía se me aparece en mi casa y me saluda con esta frase:

—¡Me caso!

—¡Loado sea Dios, Palanteau! Ya serás hombre formal. ¿Y con quién te casas?

Me contó la cosa. Era una joven de buena familia, honrada, pobre, excelente para el *ménage*, o como él decía: «muy mujercita de la casa». Él quería tener quien lo mimara, le sufriera sus caprichos, le zurciese los calcetines, le amarrase el pañuelo al cuello sobre el gabán en las noches de frío; en fin, quien le comprendiese y le amara.

—Quiero algo como la buena Lorraine de su amigo Banville[8] —decía.

—¡Bravo, Palanteau! Piensa usted con juicio, con talento. Déme usted esa mano.

Se fue. En esos días tuvo el pobre ataques epilépticos. A poco, se casó, y partió a Bélgica. Ahora vais a conocer el proceso de esa vida triste que hoy ha concluido en la más espantosa tragedia.

En la familia de Palanteau ha habido locos, hombres de gran ingenio, suicidas e histéricas. ¡Eso, eso! ¿Comprendéis?

---

[5] *détraqué*: desequilibrado, loco.

[6] Guillaume Bouguereau (1825-1905), pintor francés de gran éxito en su tiempo y cuyos cuadros se vendían fácilmente y a precios elevados. Admitido en la Academia francesa en 1876, fue muy criticado por los artistas jóvenes por permanecer al margen de las corrientes más innovadoras.

[7] *boulangista*: partidario del general Boulanger (cfr. n. 6 de «Betún y sangre»).

[8] La «buena Lorraine» o *bonne Lorraine* era el nombre con que Théodore de Banville (1823-1891), uno de los parnasianos franceses más caros a Darío, llamaba a su esposa (Mejía Sánchez).

Las admirables acuarelas, los retratos que emulaban a Carolus Durand[9], las telas admiradas que han hecho tanto ruido en el Salón, todo eso era, amigos míos, producto de un talento que tenía por compañero el más tremendo estado morboso. ¿Conocéis los estudios de medicina penal que se han hecho en Italia? Yo estoy con Lombroso, con Garofalo y con nuestro Richet[10]. Y además, es un hecho que el talento y la locura están íntimamente ligados; pues aunque, a propósito de la pérdida intelectual de nuestro querido Maupassant[11], ha habido quienes nieguen la exactitud de esta afirmación, la experiencia manifiesta lo contrario. Nacen los infelices mártires, según la frase medical, progenerados. Luego el medio, las circunstancias, las contrariedades, los abusos genésicos o alcohólicos; las fuertes impresiones... ¡Llega un momento en que el arpa de los nervios siente en sus cuerdas una mano infernal que comienza una sinfonía macabra! Se ponen ejemplos de hombres ilustres que no han tenido encima la garra de la neurosis: Galileo, Goethe, Voltaire, Descartes, Chateaubriand, Lamartine, Lesseps, Chevreul, Victor Hugo. Pero ¡ah!, delante de ellos pasa el desfile de los precitos: Ezequiel, Nerón —caso de patología histórica—, Dante, Colón, Rousseau, Pascal, Hégésippe Moreau, Baudelaire, Comte, Villemain, Nerval, Prévost-Paradol, Luis de Baviera, el rey ideal; Montanus, Schumann, Harrington, Ampere, Hoffmann, Swift, Schopenhauer, Newton, el Tasso, Malebranche,

---

[9] Carolus Durand (1838-1917), pintor francés especialista en retratos y que, años más tarde, llegaría a ser amigo de Darío.

[10] Cesare Lombroso (1835-1909), doctor y psiquiatra italiano y profesor en diversas universidades europeas; sus teorías sobre las enfermedades mentales fueron muy populares en los círculos intelectuales del pasado fin de siglo. Raffaele Garofalo (1852-1934) juriconsulto italiano que intentó reformar el derecho penal de su tiempo; fue autor de diversos tratados sobre criminología y trabajó también al lado de Lombroso. Albert Richet (1850-1913), fisiólogo y escritor francés, ganador del premio Nobel de medicina en 1913 por sus descubrimientos científicos; también trató de dar una explicación positivista a diversos fenómenos paranormales.

[11] Guy de Maupassant (1850-1893), escritor francés, amigo y discípulo de Flaubert, que, después de un frustrado intento de suicidio, fue recluido en un manicomio.

Byron, Donizetti, Paul Verlaine, Rollinat...[12]. ¡Dios mío! Es una lista inacabable. Pues bien, Palanteau pertenece a esa familia maldita, es miembro atávico de una generación de condenados...

Se puso de pie; alzó el brazo derecho; prosiguió:

—Esas puñaladas no ha sido él quien las ha dado: ha sido el horrible *ananke* de su existencia[13]. ¿Sabéis cuál fue la causa de todo? El choque de dos caracteres. Madame Palanteau era honrada, pura, pero fría y dura como el hierro. El triste pintor necesitaba una hermana de caridad. Era un *grand enfant* enfermo, a propósito para una clínica; y ya conocéis cómo hay que tratar a esa clase de desequilibrados. Lombroso, al hablar de María Bashkirtseff[14], señala como síntomas o, más bien, como fundamentos de la locura moral, la extrañeza de carácter, la falta de afectos, la megalomanía, la inmen-

---

[12] Los datos de los personajes menos conocidos de esta larga lista son los siguientes: Lesseps, diplomático francés (1805-1894) que impulsó la construcción del canal de Suez. Michel Eugène Chevreul, químico francés (1786-1889) de gran fama en su tiempo. Hégésipe Moreau, poeta francés (1810-1838), enfermizo y pobre y asiduo de los hospitales. Abel-François Villemain, escritor y político francés (1780-1870) que padecía de temporales ataques de demencia. Lucien Anatole Prévost-Paradol, literato y periodista francés (1829-1870) que se suicidó después de sufrir diversas decepciones políticas. Luis de Baviera (1845-1886), monarca aficionado y protector de la música de Wagner; declarado inhábil para las tareas de gobierno, se suicidó arrojándose al lago de uno de sus castillos. Montanus, tal vez Montano, hereje del siglo II famoso por la excentricidad de su carácter y por creerse la encarnación del Espíritu Santo. James Harrington (1611-1677), escritor y político inglés que terminó sus días enajenado, después de haber ido a la cárcel a causa de sus escritos. André-Marie Ampere, insigne físico y matemático francés (1775-1836) cuya lucidez mental quedó muy afectada después de la muerte de su esposa. Gaetano Donizetti (1798-1898), compositor italiano de operetas que, enfermo y agotado por el trabajo y una vida de placeres, acabó sufriendo una crisis nerviosa irreparable. Maurice Rollinat, escritor francés (1853-1903) a quien Darío cita en otras ocasiones y que falleció internado en un manicomio.

[13] *ananke*: fatalidad (helenismo). Darío empleó también esta palabra como título de uno de sus poemas de *Azul...*

[14] María Bashkirtseff: pintora de origen ruso muerta en París en 1884. En 1887 apareció publicado su diario, que resultó un libro de cabecera para muchos artistas y escritores finiseculares. No hemos podido localizar ninguna referencia a ella en la obra de Lombroso, aunque sí las hay en la *Degeneración* de Max Nordau.

sa vanidad: todo eso lo tenía Palanteau. Excéntrico, apasionado, raro, vibrante; así era. Y todo ese temperamento, todo ese estado morboso, todo ese delicado y espantoso cristal, chocaba con aquella femenilidad férrea y helada, incomprensible y hosca.

¿Se amaban? Sí. Y allí está lo más atroz de la historia. Choque tras choque, llegó la catástrofe. Un día, amándose mucho, estando ambos en un suave ensueño de futura dicha, dice él de pronto —era una tarde áurea y tibia—:

—¡Mira, qué bella nube violeta!

—No es violeta —respondió ella dulcemente.

—¡Sí! —arguyó él, como avergonzado, poniéndose purpúreo.

—No —volvió ella a responder sonriendo. Entonces, Palanteau, transfigurado, alocado, acercóse más a su adorada mujercita y le lanzó en pleno rostro esta palabra:

—¡Estúpida!

¡Ah!, veo que estáis de acuerdo conmigo, por la lástima que se os pinta en la cara. ¡Pobre muchacho! Ésa fue la primera vez. Palanteau lloró, pidió perdón, se creyó infamado, perdido, y fue presa de su aterrador nerviosismo. La segunda vez... —¡oh!, ella no comprendía nada; cruel por ignorancia, vengadora de imposibles agravios, encendía más aquella negra hoguera—, la segunda vez fue ante un crucifijo. Él poseía, como todos los soñadores, el espíritu y el ansia del misterio. El pintor de las blancas anadyómenas[15] desnudas se sentía atraído por el madero de Cristo; el artista pagano, se estremecía al contemplar la divina medialuna que de la frente de Diana rodó hasta los pies de María. Al inclinarse ante la cruz, vio que se reían de él; y allí, en presencia de la santa escultura del martirio, con la sangre agolpada y los nervios vibrantes, ¡alzó la mano y dio una bofetada! Un minuto, un segundo después, ¡cayó de hinojos llorando y se llamó canalla!

Eso pasó hace algún tiempo. ¡La tercera vez, amigos, la ter-

---

[15] *anadyómena*: uno de los heterónimos de la diosa Venus, que alude a su nacimiento de las espumas del mar.

cera vez fue la siniestra y fúnebre tragedia! No es el caso del Posdnicheff de Tolstoi[16], el caso imaginado por «un enfermo preso de delirio místico»; tampoco es el de Lantier[17]. Volará mi palabra; ya es tarde; seré conciso. La tercera vez, él había llegado al mayor grado de exaltación en que puede templarse el cordaje de la neurosis; veíalo todo con desesperación, y casi con un desvarío completamente patológico. Y la desgraciada sin saberlo —¡porque, yo os lo juro que no lo sabía!— atizaba momento por momento aquel horno fulminante. Ya no era lo de las veces primeras; sino que, juzgándole maligno en vez de desequilibrado o lleno de turbación, procuró herir la más peligrosa de las sensitivas.

Fue en una crisis. El día estaba cálido, pesado. Palanteau se paseaba en su taller. Una modelo acababa de desvestirse e iba a tomar la posición, cuando... —¡sí, tal como os lo cuento!—, cuando se abrió la puerta y apareció «ella».

Increpóle... El artista callaba. Injurióle... El artista callaba. Desprecióle...

—¿Sí? —rugió el epiléptico. La crisis llegó a su colmo—. ¡No, no más! Sólo falta que me engañes...

—¡Quizá! —exclamó ella, para herirle, con un rictus felino.

Y allí fue, señores, cuando Palanteau dio el salto de que tanto se ha hablado, descolgó el arma, y ciego, completamente inconsciente, ¡apuñaleó a su mujer! Creo que no se le absolverá.

La justicia anda a gatas en el mundo. Para mí, en vez de entregárselo a Monsieur de París, deben llevárselo a mi amigo Charcot[18]. ¡Pobre muchacho! En todo caso, él será más feliz con que le corten el pescuezo. Buenas tardes.

---

[16] En *La sonata a Kreutzer* (1889), Tolstoi relata la historia de Posdnicheff, un uxoricida que trata de justificar su crimen y que cuestiona la validez del matrimonio como institución.

[17] Étienne F. Lantier (1734-1826), escritor y militar francés, autor de poesías, piezas teatrales y diversas recreaciones de la Grecia galante y filosófica.

[18] Jean-Martin Charcot, neurólogo francés (1825-1893), autor de numerosos trabajos de anatomía patológica y de diversos estudios sobre la histeria.

Historia de un sobretodo[1]

Es en el invierno de 1887, en Valparaíso. Por la calle del Cabo hay gran animación. Mucha mujer bonita va por el asfalto de las aceras, cerca de los grandes almacenes, con las manos metidas en espesos manguitos. Mucho dependiente del comercio, mucho corredor, va que vuela, enfundado en su sobretodo. Hace un frío que muerde hasta los huesos. Los cocheros pasan rápidos, con sus ponchos listados; y con el cigarro en la boca, al abrigo de sus gabanes de pieles, despaciosos, satisfechos, bien enguantados, los señorones, los banqueros de la calle Prat, rentistas obesos, propietarios, jugadores de bolsa. Yo voy tiritando bajo mi chaqueta de verano, sufriendo el encarnizamiento del aire helado que reconoce en mí a un hijo del trópico. Acabo de salir de la casa de mi amigo Poirier, contento, porque ayer tarde he cobrado mi sueldo de *El Heraldo*, que me ha pagado Enrique Valdés Vergara, un hombrecito firme y terco...[2]. Poirier, sonriente, me

---

[1] Según Mejía Sánchez, este texto se publicó por primera vez en el *Diario del Comercio* de San José de Costa Rica, el 21 de febrero de 1892. Regino E. Boti, cuyo texto seguimos aquí, lo tomó de *La Habana Literaria*, que lo publicó tres meses después, concretamente el 30 de mayo de 1892 (Darío, 1921, 103-106; Saavedra Molina, 1945, 85).
[2] Eduardo Poirier (1860-1940?), amigo chileno de Darío y coautor con él de la novela *Emelina* (1887). Enrique Valdés Vergara (1859-1891) era el director de *El Heraldo* de Valparaíso, donde Darío comenzó a colaborar de manera regular a mediados de febrero de 1888 con la serie de crónicas que aparecieron bajo la rúbrica de «La semana» (cfr. n. 1 de «El año que viene siempre es azul»).

ha dicho mirándome a través de sus espejuelos de oro: «Mi amigo, lo primero ¡comprarse un sobretodo!» Ya lo creo. Bien me impulsa a ello la mañana opaca que enturbia un sol perezoso, el vientecillo, el vientecillo que viene del mar, cuyo horizonte está borrado por una tupida bruma gris.

He allí un almacén de ropa hecha. ¿Qué me importa que no lleve mi sobretodo la marca de Pinaud[3]? Yo no soy un Cousiño, ni un Edwards. Rico almacén. Por todas partes maniquíes; unos vestidos como cómicos recién llegados, con ropas a grandes cuadros vistosos, levitas rabiosas, pantalones desesperantes; otros con macferlanes, levitones, esclavinas. En las enormes estanterías trajes y más trajes, cada cual con su cartoncito numerado. Y cerca de los mostradores, los dependientes —iguales en todo el mundo—, acursilados, peinaditos, recompuestos, cabezas de peluquero y cuerpos de figurines, reciben a cada comprador con la sonrisa estudiada y la palabra melosa. Desde que entro hago mi elección, y tengo la dicha de que la pieza deseada me siente tan bien como si hubiera sido cortada expresamente por la mejor tijera de Londres. ¡Es un ulster, elegante, pasmoso, triunfal! Yo veo y examino con fruición incomparable su tela gruesa y fina y sus forros de lana a cuadros, al son de los ditirambos que el vendedor repite extendiendo los faldones, acariciando las mangas y procurando infundir en mí la convicción de que esa prenda no es inferior a las que usan el príncipe de Gales o el duque de Moruy... «Y sobre todo, caballero, ¡le cuesta a usted muy barato!» «Es mía», contesto con dignidad y placer. «¿Cuánto vale?» «Ochenta y cinco pesos.» ¡Jesucristo!... cerca de la mitad de mi sueldo, pero es demasiado tentadora la obra y demasiado locuaz el dependiente. Además, la perspectiva de estar dentro de pocos instantes el cronista caminando por la calle del Cabo, con un ulster que humillará a más de un modesto burgués, y que se atraerá la atención de más de una sonrosada porteña... Pago, pido la vuelta, me pongo frente a un gran espejo el ulster, que adquiere mayor valor en

---

[3] *Pinaud*: Cfr. nota 7 de la «Historia de un picaflor». Los Cousiño y los Edwards mencionados a continuación eran dos familias distinguidas y poderosas de la sociedad chilena.

compañía de mi sombrero de pelo, y salgo a la calle más orgulloso que el príncipe de un feliz y hermoso cuento.

*

¡Ah, cuán larga sería la narración detallada de las aventuras de aquel sobretodo! Él conoció desde el palacio de la Moneda[4] hasta los arrabales de Santiago; él noctambuleó en las invernales noches santiaguesas, cuando las pulmonías estoquean al trasnochador descuidado; él cenó «chez Bruck», donde los pilares del café parecen gigantescas salchichas, y donde el mostrador se asemeja a una joya de plata; él conoció de cerca a un gallardo Borbón, a un gran criminal, a una gran trágica; ¡él oyó la voz y vio el rostro del infeliz y esforzado Balmaceda[5]! Al compás de los alegres tamborileos que sobre mesas y cajas hacen las «cantoras», el gustó, a son de arpa y guitarra, de las *cuecas* que animan al *roto*[6], cuando la chicha hierve y provoca en los «potrillos» cristalinos, que pasan de mano en mano. Y cuando el horrible y aterrador cólera morbo envenenaba el país chileno, él vio, en las noches solitarias y trágicas, las carretas de las ambulancias, que iban cargadas de cadáveres[7]. ¡Después, cuántas veces, sobre las olas del Pacífico, contempló, desde la cubierta de un vapor, las trémulas rosas de oro de las admirables constelaciones del Sur! Si el excelente ulster hubiese llevado un diario, se encontrarían en él sus impresiones sobre los pintorescos chalets de Viña del Mar, sobre las lindas mujeres limeñas, sobre la rada del Callao. Él estuvo en Nicaragua; pero de ese país no

---

[4] El Palacio de la Moneda es la residencia presidencial de Chile. Darío pudo visitarla con frecuencia gracias a su amistad con Pedro Balmaceda (1838-1889), hijo de José Manuel Balmaceda, presidente de Chile de 1886 a 1891.

[5] Darío se refiere a don Carlos María de Borbón y Austria (1845-1909), que visitó Chile durante la primavera de 1887 y que pudo coincidir con Darío durante sus visitas a la casa del presidente Balmaceda. La «gran trágica» de la que habla Darío es, sin duda alguna, Sarah Bernhardt (1845-1923), que realizó una gira por Chile en octubre y noviembre de 1886 y de cuyas representaciones se ocupó la pluma de Darío en la serie «Teatros» que publicaba *La Época*, el periódico santiagueño donde entonces trabajó. El presidente José Manuel Balmaceda se quitó la vida durante la revolución de 1891.

[6] *cueca*: baile popular chileno; *roto*: cfr. nota 4 de «Morbo et umbra».

[7] Cfr. nota 2 de «Morbo et umbra».

hubiera escrito nada, porque no quiso conocerle, y pasó allá el tiempo, nostálgico, viviendo de sus recuerdos, encerrado en su baúl. En El Salvador sí salió a la calle y conoció a Menéndez y a Carlos Ezeta. Azorado, como el pájaro al ruido del escopetazo, huyó a Guatemala cuando la explosión del 22 de junio[8]. Allá volvió a hacer vida de noctámbulo; escuchó a Elisa Zangheri, la artista del drama, y a su amiga Lina Cerne, que canta como un ruiseñor[9].

Y un día, ¡ay!, su dueño, ingrato, lo regaló.

*

Sí, fui muy cruel con quien me había acompañado tanto tiempo. Ved la historia. Me visitaba en la ciudad de Pedro de Alvarado[10] un joven amigo de las letras, inteligente, burlón, brillante, insoportable, que adoraba a Antonio de Valbuena[11], que tenía buenas dotes artísticas, y que se atrajo todas mis antipatías por dos artículos que publicó, uno contra Gutiérrez Nájera y otro contra Francisco Gavidia. El muchacho se llamaba Enrique Gómez Carrillo[12] y tenía costumbre de llegar a mi hotel a alborotarme la bilis con sus juicios atrevidos y romos y sus risitas molestas. Pero yo le quería, y com-

---

[8] Darío se refiere al golpe militar que Carlos Ezeta llevó a cabo contra el gobierno constitucional de Francisco Menéndez el 22 de junio de 1890. Darío, temiendo represalias por su amistad con Menéndez, marchó a Guatemala dejando en El Salvador a Rafaelita Contreras, con quien se había casado la víspera del levantamiento (cfr. Darío, 1950, I, 863-876 y IV, 1076-95).

[9] Elisa Zangheri era una actriz casada con el propietario del hotel donde se alojó Darío durante su estancia en Guatemala. Por su lado, Lina Cerne actuó en Guatemala de enero a abril de 1891 y sus actuaciones fueron repetidamente reseñadas y elogiadas en *El Correo de la Tarde*, el periódico guatemalteco de Darío (Mejía Sánchez).

[10] Es decir, la antigua ciudad de Guatemala, fundada por Pedro de Alvarado en 1524 con el nombre de Santiago de los Caballeros.

[11] Antonio de Valbuena (1844-1929), poeta, periodista y crítico de gran erudición, famoso por sus sátiras literarias. Enrique Gómez Carrillo (1873-1927), el joven autor guatemalteco al que alude Darío, dedicó a Valbuena un caluroso comentario en el primer número de *El Correo de la Tarde*, el día 8 de diciembre de 1890 (cfr. además, Darío, 1988, 241).

[12] Enrique Gómez Carrillo (1873-1927), modernista guatemalteco amigo de Darío y también uno de los autores hispanoamericanos más populares en la bohemia parisina.

prendía bien que en él había tela para un buen escritor. Un día llegó y me dijo: «Me voy para París.» «Me alegro. Usted hará más que las recuas de estúpidos que suelen enviar nuestros gobiernos.» Prosiguió el charloteo. Cuando nos despedimos, Enrique iba ya pavoneándose con el ulster de la calle del Cabo[13].

¡Cómo el tiempo ha cambiado! Valdés Vergara, el «hombrecito firme y terco», mi director de *El Heraldo*, murió en la última revolución como un héroe. Él era secretario de la Junta del Congreso, y pereció en el hundimiento del *Cochrane*. Poirier, mi inolvidable Poirier, estaba en Méjico de Ministro de Balmaceda cuando el dictador se suicidó... Valparaíso ha visto el triunfo de los revolucionarios; y quizá el dueño de la tienda de ropa hecha, en donde compré mi sobretodo, que era un excelente francés, está hoy reclamando daños y perjuicios. ¿Y el ulster? Allá voy. ¿Conocéis el nombre del gran poeta Paul Verlaine, el de los *Poemas saturninos*?[14]. Zola, Anatolio France, Julio Lemaitre, son apasionados suyos. Toda la juventud literaria de Francia ama y respeta al viejo artista. Los decadentes y simbolistas le consultan como a un maestro. France, en su lengua especial, le llama «un salvaje soberbio y magnífico»[15]. Mauricio Barrés, Moréas, visitan en «sus hospitales» al «pobre Lélian». El joven Gómez Carrillo, el andariego, el muchacho aquel que me daba a todos los diablos, con el tiempo que ha pasado en París ha cambiado del todo. Su

---

[13] Enrique Gómez Carrillo ofrece una versión y una fecha distintas para este hecho: «Y también ha contado [Darío] la historia de un famoso gabán de invierno que me dio antes de marcharme, para que no me muriera de frío en el mes de diciembre de 1900 al llegar a Europa. La verdad es que si me "regaló", en efecto, un abrigo, fue en cambio de los quinientos duros de sueldos que me debía» (*Treinta años de mi vida*, Madrid, Mundo Latino, ca. 1920, libro I, cap. XVI).

[14] Los *Poèmes saturniens* de Verlaine, que también se tradujeron como *Poemas saturnales*, se publicaron en París en 1866.

[15] Émile Zola, pero sobre todo Anatole France, Lemaitre y los demás autores que cita Darío forman parte de la extensa lista de grandes autores del *fin de siècle* francés, que tuvo en Paul Verlaine, el «pauvre Lelian», a uno de sus dioses mayores. Los «hospitales» de Verlaine son el conjunto de baratas pensiones, hospitales y asilos de caridad en los que el poeta se refugiaba durante sus quebrantos de salud o sus periodos de más aguda indigencia.

criterio estético es ya otro; sus artículos tienen una factura brillante aunque descuidada, alocada; su prosa gusta y da a conocer un buen temperamento artístico. En la gran capital, adonde fue pensionado por el gobierno de su país, procuró conocer de cerca a los literatos jóvenes, y lo consiguió, y se hizo amigo de casi todos, y muchos de ellos le asistieron, en días de enfermedad, al endiablado centroamericano, que a lo más contara veintiún años. Pues bien, en una de sus cartas, me escribe Gómez Carrillo esta postdata: «¿Sabe usted a quién le sirve hoy su sobretodo? A Paul Verlaine, al poeta... Yo se lo regalé a Alejandro Sawa —el prologuista de López Bago, que vive en París— y él se lo dio a Paul Verlaine. ¡Dichoso sobretodo!»[16].

Sí, muy dichoso; pues del poder de un pobre escritor americano, ha ascendido al de un glorioso excéntrico, que aunque cambie de hospital todos los días, es uno de los más grandes poetas de la Francia.

[16] Alejandro Sawa (1862-1909), autor español a quien suele considerarse representante típico de la vida bohemia. Valle-Inclán lo tomó como modelo de Max Estrella en sus *Luces de Bohemia*. Darío lo conoció a través del propio Gómez Carrillo, en su viaje de 1893 a París. Eduardo López Bago (1855-1931), novelista español que en su obra muestra los influjos de Zola y Eugène Sue.

Un sermón[1]

El 1 de enero de 1900 llegué muy temprano a Roma, y lo primero que hice fue correr a la basílica de San Pedro a prepararme un lugar para oír el sermón que debía predicar en lengua española un agustino de quien se esperaba gran cosa según los periódicos. ¡Ay de mí! Creí llegar muy a buen tiempo y he ahí que me encuentro poblada de fieles la sagrada nave. Gentes de todos lugares, y principalmente peregrinos de España, Portugal y América, habían madrugado para ir a colocarse lo más cerca posible del orador religioso. Luché, forcejeé; por fin logré colocarme victoriosamente. Grandes cirios ardían en los altares. El altar mayor resplandecía de oro y de luz, con sus soberbias columnas salomónicas. Toda la inmensa basílica estaba llena de un esplendoroso triunfo. De cuando en cuando potentes y profundos estallidos de órgano hacían vibrar de harmonía el ambiente oloroso a incienso. El gran púlpito se levantaba soberbio y monumental, aguardando el momento de que en él resonase la palabra del sacerdote. Pasó el tiempo.

*

Como un leve murmullo se esparció entre todos los fieles, cuando llegó el ansiado instante. Apareció el agustino, cala-

---

[1] Apareció por primera vez en *El Heraldo* de Costa Rica el 8 de mayo de 1892; poco después, el 30 de julio del mismo año, también se recogió en *La Habana Literaria* (Saavedra Molina, *Bibliografía de Rubén Darío*, 85). Reproducimos el texto de *El Heraldo*, tal como lo recoge Picado (II, 101-105).

156

da la capucha, con los brazos cruzados. De su cintura ceñida, al extremo de un rosario de gruesas cuentas colgaba un santo cristo de hierro. Arrodillóse enfrente del altar y permaneció como un minuto en oración. Después, despacioso, grave, solemne, subió las gradas de la cátedra. Descubrió su cabeza, cabeza grande, con una bruñida calva de marfil, entre un cerquillo de cabellos canos. Era el fraile de talla más baja que alta, de ojos grandes y relampagueantes. Al pasar, vi su frente un tanto arrugada, y en su afeitado rostro las huellas del más riguroso ascetismo. Alzó la mirada a lo alto. Sobre su frente la paloma mística extendía sus alas. Diríase que el Santo Espíritu inspirador, el que envió a los apóstoles el celeste fuego, se cernía en el augusto y sacro recinto; que la lengua del fraile recibía en su anhelo de suprema purificación una hostia paradisíaca, en que le infundía el don de elocuencia y fortaleza el divino Paráclito. Fray Pablo de la Anunciación —así el nombre— comenzó a hablar.

Dijo las palabras latinas con voz apagada. Después, después no podéis imaginaros nada igual. Pensad en un himno colosal cuya primera soberana harmonía comenzase con el *fiat* del Génesis y acabase con el sublime espanto del Apocalipsis; y apenas os acercaréis a lo que de aquella boca brotó conmoviendo y asombrando. Eran Moisés y su pueblo delante del Sinaí; era la palabra de Jehová en el más imponente de los levíticos; era el estruendo vasto de los escuadrones bíblicos, las visiones de los profetas ancianos y las arengas de los jóvenes formidables; eran Saúl endemoniado y el lírico David calmándole a son de harpa; Absalón y su cabellera; los reyes todos y sus triunfos y pompas; y tras el pasmo de las Crónicas, el Dolor en el estercolero, Job el gemebundo. Después el salmo florido o terrible pasaba junto al proverbio sabio, y el cántico luego, todo manzana y rosa y mirra, de donde hizo volar el orador una bandada de palomas. ¡Truenos fueron con los profetas! Terriblemente visionario con Isaías, con Jeremías lloró; le poseyó el «deus» de Ezequiel; Daniel le dio su fuerza; Oseas su símbolo amargo; Amón, el pastor de Tecua, su amenaza; Sofonías su clamor violento; Aggeo su advertencia, Zacarías su sueño y Malaquías sus «cargas» isaiáticas. Mas nada como cuando apareció la figura de Jesús, el

157

Cristo, brillando con su poesía dulce y altísima sobre toda la antigua grandeza bíblica. La palabra de fray Pablo modulaba, cantaba, vibraba, confundía, harmonizaba, volaba, subía, descendía, petrificaba, deleitaba, acariciaba, anonadaba, y en espiral incomparable, se remontaba, kalofónica y extrahumana, hasta la cúpula en donde los clarines de plata saludan al Vicario de Cristo en las excelsas victorias pontificales. Mateo surgió a nuestra vista; Marcos se nos apareció; Lucas hablónos del Maestro; el «predilecto» nos poseyó; y después que el gran San Pablo nos hizo temblar con su invencible prestigio, fue Juan el que nos condujo a su Patmos aterrador y visionario; Juan, por la lengua de aquel religioso sublime, ¡el primero de cuantos han predicado la religión del Mártir de Judea que padeció bajo el imperio de Augusto! Rayo y unción fue la frase cuando pintó los hechos de los mártires, las vidas legendarias de los anacoretas; las cavernas de los hombres pálidos cuyos pies lamía la lengua de los leones del desierto; Pablo el ermitaño, Jerónimo, Pacomio, Hilarión, Antonio[2]; y los mil predicadores y los innumerables cristianos que murieron en las hogueras de los paganos crueles; y entre ellos, como lises cándidos de candidez celeste e intacta, las blancas vírgenes, cuya carne de nieve consumían las llamas o despedazaban las fieras, y cuya sangre regada en el circo fertilizaba los rosales angélicos en donde florecen las estrellas del Paraíso. El orador acabó su sermón: «La gracia de Nuestro Señor Jesucristo sea con vosotros.» Amén.

*

Al salir, todavía sintiendo en mí la mágica influencia de aquel grandioso fraile, pregunté a un periodista francés, que había ido a la iglesia a tomar apuntes:

—¿Quién es ese prodigio? ¿De dónde viene este admirable chrysóstomo[3]?

---

[2] Pablo, Jerónimo...: ermitaños y cenobitas cristianos de los siglos III y IV, que Darío cita también en otros cuentos suyos.

[3] Alusión a San Juan Crisóstomo (siglo V), padre de la Iglesia, famoso por la elocuencia de sus sermones.

—Como debéis saber, hoy ha predicado su primer sermón —me dijo—. Tiene cerca de setenta años. Es español. Se llama fray Pablo de la Anunciación. Es uno de los genios del siglo pasado. En el mundo se llamaba Emilio Castelar[4].

---

[4] Emilio Castelar y Ripoll (1832-1899), político y orador español. Según recuerda Carlos Jinesta (30-31), la prosa de Castelar era tema frecuente de conversación en las tertulias literarias de la Biblioteca Nacional de Costa Rica, a las que Darío asistía con cierta regularidad.

Sor Filomela[1]

—¡Ya está hecho, por todos los diablos! —rugió el obeso empresario, dirigiéndose a la mesita de mármol en que el pobre tenorino ahogaba su amargura en la onda de ópalo de un vaso de ajenjo.

El empresario —ese famoso Krau, ¿no conocéis la celebridad de su soberbia nariz, un verdadero dije de coral ornado de rubios alcohólicos?[2]—, el empresario pidió el suyo con poca agua. Luego, secó el sudor de su frente, y dando un puñetazo que hizo temblar la bandeja y los vasos, soltó la lengua.

—¿Sabes, Barlet? Estuve en toda la ceremonia: lo he presenciado todo. Si te he de decir la verdad, fue una cosa conmovedora... No somos hechos de fierro...

Contóle lo que había visto. A la linda niña, la joya de su *troupe*, tomar el velo, sepultar su belleza en el monasterio, profesar, con su vestido oscuro de religiosa, la vela de cera en

---

[1] La primera aparición conocida es la del 27 de agosto de 1892, en el *Diario del Comercio* de San José de Costa Rica; este mismo periódico lo volvió a publicar unos días más tarde —el 1 de septiembre— con una dedicatoria al poeta salvadoreño Vicente Acosta (Darío, 1994, 214 y Rubén Darío III, 21-46). El cuento se recogió años más tarde en la *Revista Azul* de Gutiérrez Nájera [V:24 (1896) 376-378] y luego en los *Primeros cuentos* de Darío (Darío, 1924, 203-215) donde se pretituló *Amor divino*. Aquí seleccionamos la versión más breve y cuidada de la *Revista Azul* y anotamos las divergencias más importantes con el texto del *Diario del Comercio*, tal como lo reproduce Rubén Darío III (*Versión inédita...* 21-46).

[2] *Diario*: «ornado de rubíes alcohólicos».

la mano blanca. Después los comentarios de la gente. «¡Una cómica, monja!... A otro perro con ese hueso...» Barlet, el enamorado, veía a lo alto y bebía a pequeños sorbos[3].

Eglantina Charmat, mimada del público parisiense, había sido contratada para una *tournée* por los países de América. Bella, suavemente bella, tenía una dulce voz de ruiseñor. Un cronista la bautizó en una ocasión con el lírico nombre de Filomela. Tenía los cabellos un tanto oscuros, y cuando se le desataban en las escenas agitadas, hacía con gracia propia, para recogérselos, el mismo encantador movimiento de la Reichenberg. Entró en el teatro por la pasión del arte. Hija de un comerciante bordelés que la adoraba y la mimaba, un buen día, el excelente señor, después del tiempo de Conservatorio, la condujo él mismo al estreno. Tímida y adorable, obtuvo una victoria espléndida. ¿Quién no recuerda la locura que despertó en todos cuando la vimos arrullar, incomparable Mignón:

Connais-tu le pays où fleurit l'oranger...?[4].

---

[3] *Diario:* «la vela de cera en las manos blancas. Y quién diría, Barlette [*sic* en todo el cuento], anoche mismo, en "Gioconda". ¡Oh vida, oh vida, por todos los diablos!»

»Barlette, el enamorado romántico, veía a lo alto y bebía».

[4] *Diario:* «Eglantina Charmat, mimada por el público parisiense, había sido contratada para una *tournée* por los países de América. Bella, verdaderamente bella, con una belleza sensual, rica de contornos y de curvas fugitivas, tenía una dulce voz de ruiseñor. Un discípulo de Catulle Méndez [*sic*] que la escuchó una noche, la bautizó con el lírico nombre de Filomela. Tenía los cabellos un tanto oscuros, y cuando se le desanudaban en las escenas agitadas, hacía para recogérselos el mismo encantador movimiento de la Reichemberg y de Sarah Bernhardt. Entró al teatro por pura vocación. Hija de un comerciante bordelés que la adoraba y la mimaba, un buen día dijo a su padre su deseo de figurar, de ser aplaudida por su melodiosa garganta. Estudió, tuvo primero los triunfos del Conservatorio; y cuando se estrenó, toda tímida y adorable, una noche de abril, en *Mignon*, ¿quién no recuerda su victoria espléndida y la locura que despertó en todos los que la vimos arrullar?»

Connais-tu le pays où fleurit l'oranger...? El verso que remata el párrafo procede de la romanza de *Mignon* (1866), la ópera de Ambroise Thomas (1811-1896) a la que Darío pudo haber asistido durante su estancia en Guatemala (cfr. Darío, 1988, 240, n. 6).

161

Festejada por nababs y *rastas*[5], pudo, raro temperamento, extraña alma, conservarse virtuosa, en medio de las ondas de escándalo y lujuria que a la continua pasan sobre todo eso que lleva la gráfica y casta designación de *carne de tablas*. Siguió en una carrera de gloria y provecho. Su nombre se hizo popular. Las noches de representación, la aguardaba su madre para conducirla a la casa[6]. Su reputación se conservaba intacta. Jamás el *Gil Blas* se ocupó de ella con reticencias o alusiones que indicasen algo vedado[7]: nadie sabía que la aplaudida Eglantina favoreciese a ningún feliz adorador, siquiera con la tierna flor de una promesa, de una esperanza.

¡Almita angelical encerrada en la más tentadora estatua de rosado mármol!

Era ella una soñadora del divino país de la harmonía. ¿Amor? Sí, sentía el impulso del amor. Su sangre virginal y ardiente le inundaba el rostro con su fuego[8]. Pero el príncipe de su sueño no había llegado, y en espera de él, desdeñaba con impasibilidad las galanterías fútiles de bastidores y las misivas estúpidas de los cresos golosos. Allá en el fondo de su alma le cantaba un pájaro invisible una canción, vaga como un anhelo de juventud, delicada como un fresco ramillete de flores nuevas. Y cuando era ella la que cantaba, ponía en su voz el trino del ave de su alma: y así era como una musa, como la encarnación de un ideal soñado y entrevisto, y de sus labios diminutos y rojos caían, a gotas harmónicas, trémolos cristalinos, arpegios florecidos de melodía, las amables músicas de los grandes maestros, a los cuales ella agrega-

---

[5] *nabab*: por extensión, comerciante enriquecido por sus negocios con los países de Oriente; *rastas*: rastacueros, advenedizos, personas ricas pero ignorantes y pretenciosas.

[6] *Diario*: «la aguardaba su padre a la salida, para conducirla a la casa en su carruaje».

[7] *Gil Blas*: semanario satírico francés, que comenzó a publicarse en 1891. Darío, en un escrito de 1890, lo había calificado de «diario mundano» y «órgano de la prostitución parisiense» (1950, II, 122-123).

[8] *Diario*: «Ella era una soñadora del divino país de la armonía. Sí, sentía el impulso de amor; aquella sangre virginal y ardiente le inundaba el rostro de su adorable púrpura, y hacía latir con fuerza el precioso corazón. Pero el príncipe...»

ba la delicia de su íntimo tesoro. Juntaba también a sus delectaciones de artista profundos arrobamientos místicos. Era devota...

¿Pero no estáis escribiendo eso de una cómica?[9].

... Era devota. No cantaba nunca sin encomendarse a la virgencita de la cabecera de su cama, una virgencita de primera comunión. Y con la misma voz suya con que conmovía a los públicos y ponía el estremecimiento de su fuerza mágica sobre palcos y plateas interpretando la variada sinfonía de los amores profanos, lanzaba en los coros de ciertas iglesias la sagrada lluvia sonora de las notas de la música religiosa, interpretando tan bien los deliquios del infinito amor divino; y así su espíritu, que vagaba entre las rosas terrenales como un mariposa de virtud, iba a cortar con las vírgenes del paraíso las margaritas celestes que perfuman los senderos de luz por donde yerran, poseídas de la felicidad eterna, las inmortales almas de los bienaventurados. Ella cantaba entonces con todo su corazón, haciendo vibrar su voz de ruiseñor en medio de la tempestad gloriosa del órgano; y su lengua se regocijaba con las alabanzas a la Reina María Santísima y al dulce Príncipe Jesús.

Un día, empero, llegó el amado de su ensueño, el cual era su primo y se llamaba el capitán Pablo[10]. Entonces comenzó el idilio. El viejo bordelés lo aprobaba todo, y el señor capitán pudo vanagloriarse de haberse desflorado con un beso triunfante la casta frente de lys de la primaveral Eglantina. Ella fabricó inmediatamente dos castillos en el aire, con el poder de su gentil cabecita: primero, aceptaría la contrata que desde hacía tiempo le proponía el obeso y conocido Krau, para una *tournée* en América; segundo, a su vuelta, ya rica, se casaría[11].

---

[9] Esta frase interrogativa y la enunciativa que le sigue («Era devota»), que sirven de frontera entre los dos extensos párrafos, no se encuentran en la versión del *Diario del Comercio*.

[10] *Diario*: «Capitán Pablo de Civrac.»

[11] *Diario*: «Ella fabricó inmediatamente, con el poder de su gentil cabecita, dos castillos en el aire: 1º *[sic]* ella aceptaría la contrata que desde hacía tiempo le proponía el obeso y conocido Kran *[sic* en todo el cuento], para una *tournée* en América; 2º a su vuelta, ya rica, se casarían. El capitán Pablo

Concertada la boda, Eglantina firmó la célebre contrata, con gran contentamiento de Krau, que en el día del arreglo presentó más opulenta y encendida su formidable nariz... ¡Qué negocio! ¡Qué viaje triunfal! Y en la imaginación veía caer el diluvio de oro de Río, de Buenos Aires, de Santiago, de México, de Nueva York, de La Habana[12].

También firmó contrato Barlet, ese tenorcito que, a pesar de su buena voz, tiene la desgracia de ser muy antipático, por gastar en su persona demasiados cosméticos y brillantinas. Y Barlet, ¡por todos los diablos!, se enamoró de la diva. Ella, a pesar de las insinuaciones de Krau en favor del tenor, pagaba su pasión con las más crueles burlas. ¿Burlas en el amor? Mal hecho. En los buenos días de la Provenza del siglo XIII, habría merecido versos severos del poeta lírico Fabre d'Uzés y la marquesa de Mallespines la habría condenado, por su crueldad, a dar por lo menos un beso en público al desventurado y malferido adorador. Eglantina llevaba en su corazón la imagen del capitán. Por la noche, al acostarse, rezaba por él, le encomendaba en sus oraciones y le enviaba su amor con el pensamiento.

... El primer castillo aéreo comenzaba a solidificarse. En Río de Janeiro ganó la diva crecidas sumas. El día de su beneficio recogió una cestilla de diamantes. El emperador Don Pedro, q. d. D. g.[13], le envió un imperial solitario. En Montevideo, en Buenos Aires, en Lima, fue para la deliciosa Mig-

---

de Civrac, antiguo conquistador, terror de maridos, indiscutible potencia amorosa, encontró una valla infranqueable en su prima. El castillo de marfil no se abriría sino después de que el cura echase su bendición.»

[12] También el comienzo y el final de este párrafo son diferentes en el *Diario*: «¿Qué no ofreció el bravo hijo de Marte? Pero ella era invencible como una vestal. El primo osado intentó escalar la blanca fortaleza; pero nunca pudo pasar del jardín en donde florecen los besos. Por fin se concertó la boda, y Eglantina firmó la célebre contrata, con gran contentamiento de Kran [...] "¡Qué negocio, por todos los diablos!" Se despidió Eglantina de Francia y de su amado, y partió para América.»

[13] Alude Darío a don Pedro de Braganza, emperador de Brasil muerto en el destierro, en París, el 5 de diciembre de 1891. En el *Diario*: «El emperador don Pedro, que de Dios goce.»

nón la inacabable fiesta de las flores y del oro. Entre tanto, Barlet desafinaba de amor; y más de una vez se inició en su contra la más estupenda silba. Pasaron meses. En vísperas de regresar, Krau recibió propuestas excelentes de Santiago de Chile, y se encaminó para allá con su compañía. Eglantina estaba radiante de gozo. Pronto volvería a Francia, y entonces...

Mas un día, después de leer una carta de París, al concluir la temporada del Municipal, la diva se quedó pálida, pálida... Allá, en la tierra de la porcelana y del opio, en el horrible Tonkín, había muerto el capitán[14]. El segundo castillo aéreo se había venido al suelo, rompiendo en su fracaso la ilusión más amada de la triste almita angelical. Esa noche había que hacer *Mignon*, la querida obra favorita, tenía que cantar Eglantina con su áurea voz arrebatadora:

Connais-tu le pays ou fleurit l'oranger...?

Y cantó, y nunca, ¡ay!, con mayor encanto y ternura. En sus labios temblaba la balada lánguida de la despedida, el gemido de todas las tristezas, la cántiga doliente de todas las desesperanzas... Y en el fondo de su ser, ella, la rosa de París, sabía que no tenía ya amores e ilusiones en la tierra, y que solamente hallaría consuelo en la Reina María Santa y en el Dulce Príncipe Jesús.

Santiago estaba asombrado. La prensa hacía comentarios. El viejo bordelés, que había acompañado a su hija, lloraba preparando sus baúles... ¡Adiós, mi buena Eglantina!

Y en el coro del monasterio estaba de fiesta el órgano; porque sus notas iban a acompañar la música argentina de la gar-

---

[14] *Diario*: «Mas un día, en medio de la temporada del Municipal, en Santiago, después de leer una carta de París, la pobre diva se quedó pálida, pálida, pálida... El capitán Pablo de Civrac se había casado con una rica heredera y el segundo castillo aéreo se había venido al suelo, rompiendo en su fracaso la ilusión más amada de la triste almita angelical. Al día siguiente había que hacer *Mignon*...»

ganta de la monja... Un ruiseñor en el convento; ¡una verdadera Sor Filomela!

Y ahora, caballeros, os pido que no sonriáis delante de la verdad[15].

---

[15] *Diario*: «Santiago estaba asombrado. La prensa hacía comentarios. Eglantina había entrado a un monasterio al día siguiente de su último triunfo de *Mignón*.

»En el café, desesperado, rojo, como si tuviese azogue en la sangre, el empresario se lamentaba y rugía, delante de Barlette melancólico. Ambos bebían "por todos los diablos" sendos ajenjos. Y en el coro del monasterio estaba de fiesta el órgano, porque sus notas acompañarían la música cristalina de la garganta de la monja. Un ruiseñor en el convento, una verdadera sor Filomela.

»— Bah, bah, dijo por fin Barlette. Cosas de mujeres.

»— Parece una novela.

»— ¡La eterna historia! —murmuró sordamente Kran.

Alguien que escuchaba dijo, tras él:

»— Sí, ¡eterna como el amor!»

La miss[1]

Al subir sobre cubierta, lo primero que escuché fue un suave grito tembloroso, un tantico gutural: —¡Ohoou! ¡Ohoou! «¿Qué le pasa a miss Mary?», pensé.

Miss Mary me hacía señas y movía la linda cabeza rubia, como presa de una inmensa desolación. Me llegué a la borda, cerca de ella, y por la dirección de sus miradas comprendí la causa de sus extrañas agitaciones. En un bote, cerca de uno de los grandes lanchones carboneros, como hasta seis negrillos armaban una chillona algazara, desnudos, completamente desnudos, riendo, moviéndose, gesteando como micos. Brillaba opaco por la bruma gris el sol de África. Se alzaban entoldadas de nubes oscuras las áridas islas. San Antonio, a lo lejos, casi esfumada sobre el fondo del cielo, la roca del faro con su torre y su bandera; San Vicente, rocallosa, ingrata, con la curva de su bahía; sus costas de tierra volcánica, y sus alturas infecundas, llenas de jorobas y de picos, del color del hierro viejo. La población de triste aspecto con sus techos de madera y de tejas rojas. Una cañonera portuguesa, cerca de nuestro barco, se balanceaba levemente al amor del aire marino, y un vapor de la Veloce echaba el ancla no lejos, un vapor de casco blanco sobre el que hormigueaban cabezas de emigrantes italianos.

---

[1] Según Mapes, cuyo texto seguimos, apareció en *La Quincena* de Buenos Aires en septiembre de 1893 (Darío, 1938a, 169-171). «Estas páginas evocan seguramente la travesía del Atlántico que hizo el poeta poco tiempo antes de escribirlas; entre Francia y la Argentina Darío hubo de tocar las costas africanas y la rada de Río de Janeiro» (Mejía Sánchez).

—¡Míster, musiú, señó! —Los negrillos desnudos estiraban los brazos hacia los pasajeros, mostraban los dientes, hablaban con modos bárbaros, palabras en inglés, en español, en portugués; y uno de ellos, casi ya en la pubertad, un verdadero macaco, era el que más llamaba la atención por sus contorsiones y gritos delante de mi amiga la espantada miss. Aquellos animalitos pedían peniques, los peniques que les arrojan siempre los viajeros y que ellos atrapan en el agua, nadando con la agilidad de las anguilas; pero los pedían en el traje adámico de sus hermanos los monos, y el pudor inglés, vibrando conmovido, hacía sus trémulas explosiones, por boca de aquella tierna hija de la ciudad de Southampton. Tantas fueron las manifestaciones de su extraña pena, que yo, con la mirada, tan solamente con la mirada, le dije todas estas cosas: «Ofelia, vete a un convento. *Get thee to a nunnery*»[2].

No es el santo, el divino pudor ese tuyo, tan quisquilloso. El pudor tiembla en silencio, o protesta con las rosas de las castas mejillas. Jamás ha pronunciado la palabra *shocking*. En sus manos lleva al altar de la Virtud blancos lirios, gemelos de aquellos que llevó Gabriel el Arcángel a la inmaculada esposa del viejo carpintero José, cuando la saludó: «Llena eres de gracia.»

Las almas pudorosas no sienten ofensa alguna delante de las obras naturales y a la vista de la desnudez inocente.

Eva, nuestra inmemorial abuela, no advirtió la vergüenza de su cuerpo sino después de haber escuchado a Lucifer.

Esos escrúpulos tuyos, señorita de Inglaterra, hacen pensar en que miras el misterio del mundo a través de los cristales del pecado.

Para que el pudor sienta las flechas que se le lanzan, es preciso que por algún lado esté ya hendida su coraza de celeste nieve.

Preciso es también que el espectáculo que contemplan los ojos tenga en sí germen de culpa o fondo de maldad. ¿Quién es el inmundo fauno que puede sentir otra cosa que la emo-

---

[2] Contestación de Hamlet a Ofelia cuando ésta le reprocha la falsedad de su amor (*Hamlet*, III, 1).

ción sagrada de la belleza al mirar la armoniosa y soberana desnudez de la Venus de Milo? ¿Acaso pensó el admirable San Buenaventura en emponzoñar de concupiscencia las almas, al recomendar la lectura de los poetas paganos? ¿Quién se atreve a colocar la hoja de parra a los querubines de los cuadros o a los niños dioses de los nacimientos? Los libros primitivos y santos nombran cosas y hechos con palabras que hoy son tenidas por impuras y pecaminosas. Y Ester y Ruth han visto, como tú, coros de niños desnudos, seguramente no tan negros ni tan feos que estos africanitos, y no han gritado, linda rubia: ¡Ohoou! Lo que hiere el pudor son las invenciones infernalmente hermosas del incansable príncipe Satán, son aquellos bailes, aquellas desnudeces, aquellas exhibiciones incendiarias, maldecidas por Agustín, condenadas por Pablo, anatematizadas por Jerónimo, por las homilías de los escritores justos y por la palabra de la Santa Madre Iglesia. El desnudo condenado por la castidad no es el de la virginal Diana, ni el de Sebastián lleno de flechas; es el desnudo de Salomé la danzarina, o el de la señorita Nini *Patte-en-l'air*[3], profesora de coreografía y de otras cosas.

Por lo demás, arroja unos cuantos peniques a esos pobres simios, que tienen tan rojas y blancas risas, y deja de leer ese libro de Catulle Mendès, que he visto en tus manos ayer por la tarde...

*

Fuimos tres pasajeros a tierra, y miss Mary con nosotros. Recorrimos juntos el pueblo, rodeados de negritas finas y risueñas, que pregonaban sus collares de conchas y sus corales nuevos. Vimos el perfil lejano de la cabeza de la gigantesca estatua labrada en un monte a golpes de siglo por la naturaleza. Y en todo este tiempo no volví a escuchar la voz de la inglesa en su onomatopeya conocida —¡Ohoou!—, que había quedado fija en mi memoria.

Era un tipo gentil de sajona. Tenía fresco y rosado el ros-

---

[3] *Nini Patte-en-l'air*: nombre genérico de las bailarinas dibujadas en los carteles de cabarets y *music-halls* parisinos, en el pasado fin de siglo.

tro, seda dorada en el cabello, sangre viva y dulce en los labios, cuello de paloma, busto rico, caderas con las curvas de una lira, y coronada la euritmia de su bello edificio con una pícara gorra de jockey. En su conversación tenía inocencias de novicia y ocurrencias de colegiala. Contóme —¿por qué tanta franqueza en tan poco tiempo de amistad?—, contóme una rara historia de noviazgo, en las poéticas islas de Wight[4]; pintóme al novio, gallardo y principal, un poco millonario, y otro poco noble. Díjome que acababa de salir de un colegio de religiosas. Hablábame blandamente, mirándome con sus húmedos ojos azules, y como un pájaro encantador del país británico, cantaba con rítmicas inflexiones, en lengua inglesa.

A tal punto había femenil atracción en la miss, que fui sintiendo por ella cierto naciente cariño, deseo de pronunciarle con la boca otro discurso que el que le había enderezado con los ojos. En medio del mar, ya cuando habíamos dejado la región de África, más de una vez, al claro de la luna, que argentaba las olas y envolvía en alba luz el barco, nos recitamos versos arrulladores y musicales, de enamorados poetas favoritos. Ella también, en voz baja, daba al aire de la noche sollozos de romanza, quejas de Schubert y alguna amable risa de Xanrof[5]. Deliciosa viajera, ángel que iba de duelo, según me decía, para Río de Janeiro, a casa de un señor, su tío, pastor protestante.

*

Allá iba, ya lejos, en la rada de Río, sobre un vaporcito, la hechicera y cándida Mary, y se despedía de mí agitando, como un ala columbina, su pañuelo, el pañuelito blanco de los adioses.

—¡Gracias a Dios! —rugió cerca de mí un viejo y calvo pasajero inglés—, gracias a Dios, que ya deja el barco esa plaga.

—¿Esa qué? —exclamé asustado.

---

[4] Islas de la costa meridional de Inglaterra, en el Canal de la Mancha.

[5] *Xanrof*, seudónimo de León Fourneau (1867-1953), autor francés, famoso por sus trabajos para cafés y vodeviles.

—Pues no ha sabido usted —repuso—que desde el capitán abajo, durante toda la travesía...

No le dejé concluir. ¡Mi dulce Ofelia!

Y recordando sus húmedos ojos azules, sus sonrisas y el libro de Catulle Mendès, no hallé palabra mejor para expresar mi asombro, que la onomatopeya gutural de su pudor inglés ante los desnudos negrillos africanos:

—¡Ohoou!

Éste es el cuento de la sonrisa
de la princesa Diamantina[1]

Cerca de su padre, el viejo emperador de la barba de nieve, está Diamantina, la princesa menor, el día de la fiesta triunfal. Está junto con sus dos hermanas. La una viste de rosado, como una rosa primaveral; la otra de brocado azul, y por su espalda se amontona un crespo resplandor de oro. Diamantina viste toda de blanco; y es ella así, blanca como un maravilloso alabastro, ornado de plata y nieve; tan solamente en su rostro de virgen —como un diminuto pájaro de carmín que tuviese las alas tendidas— su boca, en flor, llena de miel ideal, está aguardando la divina abeja del país azul.

*

Delante de la regia familia que resplandece en el trono como una constelación de poder y de grandeza —en el trono purpurado sobre el cual tiende sus alas un águila y abre sus fauces un león— desfilan los altos dignatarios y guerreros, los hombres nobles de la corte, que al pasar hacen la reverencia. Poco a poco, uno por uno, pausadamente pasan. Frente al monarca se detienen cortos instantes, en tanto que un alto ujier galoneado dice los méritos y glorias en sonora y

---

[1] «Mensaje» de Darío en *La Tribuna*, del día 3 de octubre de 1893; iba dedicado «A Mademoiselle J...» *[sic]*. Seguimos el texto de Mapes (Darío, 1938a, 14-15).

vibrante voz. El emperador y sus hijas escuchan impasibles, y de cuando en cuando turban el solemne silencio roces de hierros, crujidos de armaduras.

*

Dice el ujier:

—Éste es el príncipe Rogerio, que fue grande en Trebizonda y en Bizancio. Su aspecto es el de un efebo, pues apenas ha salido de la adolescencia; mas su valor es semejante al del griego Aquiles. Sus armas ostentan un roble y una paloma; porque teniendo la fuerza, adora la gracia y el amor. Un día en tierra de Oriente...

El anciano imperial acaricia su barba argentina con su mano enguantada de acero, y mira a Rogerio, que, delicado y gentil como un San Jorge, se inclina, con la diestra en el puño de la espada, y con exquisita arrogancia cortesana.

*

Dice el ujier:

—Éste es Aleón el marqués. La Galia le ha admirado vencedor, rigiendo con riendas de seda su caballo negro. Es Aleón el mago, un Epífanes[2], un protegido de los portentosos y desconocidos genios. Dícese que conoce yerbas que le hacen invisible, y que posee una bocina labrada en un diente de hidra, cuyo ruido pone espanto en el alma y eriza los cabellos de los más bravos. Tiene los ojos negros y la palabra sonora. En las luchas pronuncia el nombre de nuestro emperador, y nunca ha sido vencido ni herido. En su castillo ondea siempre una bandera negra.

Aleón, semejante a los leones de los ardientes desiertos, pasa. La princesa mayor, vestida de rosado, clava en él una rápida y ardiente mirada.

*

---

[2] *Epífanes*: seguramente Epífanes el Gnóstico, sabio griego de los primeros siglos de nuestra era que llegó a ser considerado un semidiós por sus contemporáneos; es autor de varios trabajos sobre magia y astrología.

Dice el ujier:

—Éste es Pentauro, vigoroso como el invencible Heracles. Con sus manos de bronce, en el furor de las batallas, ha abollado escudo de famosos guerreros. Usa larga la cabellera, que hace temblar heroica y rudamente como una fiera melena. Ninguno corre como él al encuentro de los enemigos y bajo la tempestad. Su abrazo descoyunta, y parece estar nutrido por las mamas henchidas de una diosa yámbica y marcial. Trasciende a bestia montaraz.

La princesa del traje azul no deja de contemplar al caballero tremendo que con paso brusco atraviesa el recinto. Sobre su casco enorme se alza un grueso penacho de crin.

*

Del grupo de los que desfilan se desprende un joven rubio cuya barba nazarena parece formada de un luminoso toisón. Su armadura es de plata. Sobre su cabeza encorva el cuello y tiende las alas olímpicas un cisne de plata.

Dice el ujier:

—Éste es Heliodoro el Poeta.

Ve el concurso temblar un instante a la princesa menor, a la princesa Diamantina. Una alba[3] se enciende en el blanco rostro de la niña vestida de brocado blanco, blanca como un maravilloso alabastro. Y el diminuto pájaro de carmín que tiene las alas tendidas, al llegar una abeja del país azul a la boca en flor llena de miel ideal, enarca las alas encendidas por una sonrisa, dejando ver un suave resplandor de perlas...

---

[3] *una* alba: *sic.*

En la batalla de las flores[1]

Anteayer por la tarde vi salir de lo de Odette a un apuesto y rubio caballero que a primera vista se me antojó un príncipe sajón de incógnito; pero al verle andar, yo no tuve ninguna duda: *incessu patuit...*[2]; y como iba a subir a una preciosa victoria[3], dirigíme a él más que de prisa:

—Señor... ¿seréis vos acaso?... (Cerca, ya pude reconocer su cabellera luminosa, bajo el sombrero de verano; los ojos celestes, el olímpico talante.)

—Sí —me dijo sonriendo—, soy yo. He entrado a buscar un clavel blanco, de una especie exquisita para el ojal; pues según sé, es la flor que hoy se usa en Londres, por idea del Príncipe de Gales. Pero voy de prisa. Si gustáis acompañarme, iremos a Palermo, donde la fiesta debe de haber ya comenzado.

Subimos al elegante vehículo, arrastrado por dos preciosos potros, y regido por un cochero rubicundo, todos tres ingleses.

Apolo —pues no era otro el caballero rubio— me ofreció un rico cigarrillo, y empezó a hablarme de esta manera:

—Desde hace mucho tiempo dicen por allí que los dioses

---

[1] Es otro de los «mensajes» que Darío publicó en *La Tribuna* de Buenos Aires, el 13 de noviembre de 1893. Seguimos el texto de Mapes (Darío, 1938a, 19-21).

[2] Verso de la *Eneida* referido a Venus, la cual «muestra al andar su aire de diosa» («Et vera incessu patuit dea...» I, 405).

[3] *victoria*: coche de caballos con dos asientos, abierto y con capota.

175

nos hemos ido para siempre. ¡Qué mentira! Cierto es que el
Cristo nos hizo padecer un gran descalabro. El judío Enrique Heine, que tanto nos conocía, contó una vez nuestra derrota[4]; y un amigo suyo, millonario de rimas, aseguró que
nos habíamos declarado en huelga. La verdad es que si dejamos el Olimpo, no hemos abandonado la Tierra. ¡Tiene tantos encantos, para los mismos dioses! Unos hemos tenido
buena suerte; otros muy mala: no he sido yo de los más afor-
tunados. Con la lira debajo del brazo he recorrido casi todo
el mundo. Cuando no pude vivir en Atenas me fui a París;
allí he luchado mucho tiempo, sin poder hacer gran cosa.
¡Con deciros que he sido, en la misma capital del arte, fámu-
lo y mandadero de un bibliopola[5] decadente! Me decidí a venir a América, a probar fortuna, y un buen día desembarqué
en la Ensenada, en calidad de inmigrante. Me resolví a no hacer un solo verso, y en efecto: soy ya rico, y estanciero.

—Pero, señor, ¿y vuestros hijos los poetas?

—Primeramente se han olvidado de mí casi todos. Las an-
tiguas musas se quejan porque han sido sustituidas por otras
modernas y terribles. La artificialidad sustituye a lo que llamaba la inspiración. Erato se nombra ahora Morfina[6]. Y en
una incomprensible Babel, se hablan todas las lenguas, menos la que yo enseñé antaño a mis favorecidos. Por otra parte yo no tengo un solo templo, Mercurio y Clito imperan[7].
Los que vos llamáis poetas se ocupan ya demasiado de la
vida práctica. Sé de quien ha dejado un soneto sin el terceto
último, por ir a averiguar en la Bolsa un asunto de tanto por
ciento.

---

[4] Darío alude seguramente a «Die Götter Griechenlands», poema en que
Heine canta con ambigüedad la desaparición de los dioses y valores clásicos
en el mundo moderno.

[5] *bibliopola*: librero, vendedor de libros.

[6] *Erato*: nombre de la musa que preside la pasión amorosa, suele ser repre-
sentada con un arpa o una lira.

[7] *Mercurio*: dios romano del comercio. *Clito*: el personaje más famoso con
este nombre fue el hijo de Menampo, de extraordinaria belleza y que, rapta-
do por Eos (Aurora), pasó a formar parte de los inmortales. Podría tratarse
también de un error por *Clío*, nombre de la musa protectora de la poesía épi-
ca y de la historia.

—Pero: ¿a vos no os hace falta —le dije—, la tiranía dulce de la rima?

—Aquí *inter nos* —respondióme—, he de confesar que no he dejado de ocuparme en mi viejo oficio. En ciertas horas, cuando el bullicio de los negocios se calma y mis cuentas quedan en orden, dejo este disfraz de hombre moderno, y voy a hacer algunas estrofas en compañía de los silfos de la noche y de los cisnes de los estanques. Paso por la casa de Guido Spano[8], y me complazco en dejar mi divino soplo en su hermosa cabeza argentada de viejo león jovial. Visito a Oyuela y le reprendo porque ha muchos días no labra el alabastro de sus versos; y en la casa de Obligado renuevo en el alma del poeta el fuego de la hoguera lírica. Después, otras visitas. Y, por último, las que más quiero; las que hago a los cuartuchos destartalados de los poetas pobres, a las miserables covachas de los infelices inspirados, de los desconocidos, de los que no han sentido nunca una sola caricia de la fama. Aquéllos cuyo nombre no resuena, ni resonará jamás en la bocina de oro de la alada divinidad[9]; pero que me llaman, y me son fieles, envueltos en el velo azul de los ensueños.

En cuanto a mi lira, la tengo guardada en un espléndido estuche; y de cuando en cuando me doy el placer de acariciar sus cuerdas.

—¿Os habréis vuelto acaso *dilettante*?

—Suelo, en mi calidad de *sportsman*, recitar en los salones, y aparentar que soy un elegante aficionado a la poesía; más de un álbum y más de dos abanicos conservan algunas rimas que he procurado hacer resonar de la manera más decadente que me ha sido posible; porque, según parece, ello está de moda. Ahora, con la fiesta de la primavera he sentido en mí la necesidad del canto, y me ha sido preciso andar con los

---

[8] Carlos Guido Spano (1827-1918), como también Calixto Oyuela (1857-1935) y Rafael Obligado (1851-1920), mencionados poco después, formaba parte del grupo romántico y posromántico que participaba en las reuniones literarias del Ateneo, que Darío también frecuentó durante su estancia en Buenos Aires (Darío, 1950, I, 108-130).

[9] La diosa Fama, a quien suele representarse alada y sonando una larga trompeta.

ojos bajos para que la gente no se fije en la llama sagrada que debe iluminar mi faz. ¿No comprendéis que si se supiese quién soy, vendría muy a menos?

—En verdad, tenéis razón en sentiros inspirado con la victoria de las flores ilustres: Palermo es hoy el campo pagano y bello en donde se celebra, como en los buenos días antiguos, la pomposa beldad de Flora:

> *Dic, quibus in terris inscripti nomina regum*
> *nascantur flores...*[10].

*

Habíamos llegado a Palermo al eco del latín de Virgilio. La fiesta había comenzado. Banderas y flores; trofeos perfumados; derroche de pétalos y de aromas. El amor y la galantería se hacían la guerra amable del corso floral.

¿Apolo había comenzado a recitar? No lo sé; pero al pasar entre los carruajes de donde esa rosa que se llama la porteña, encarnaba la más dulce de las primaveras, en medio del ir y venir de los ramilletes, oí una voz que decía así:

—El poeta ha cantado el génesis de las flores. Cómo nació la gladiola, el laurel divino, el jacinto, el mirto amoroso, y semejante a la carne de la mujer, la rosa cruel, Herodías en flor del claro jardín...; y la blancura sollozante del lirio, que rodando sobre mares de suspiros, que ella despierta a través del incienso azul de los horizontes pálidos, sube, en un ensueño, hacia la luna que llora.

Luego, tras una pausa:

—La rosa, como una emperatriz, arrastró su manto de púrpura. La aurora, el día de sus bodas, regaló un collar de diamantes a la flor porfirogénita. El lirio es Parsifal. Pasa, con su vestido blanco, el cándido caballero de la castidad. Los pensamientos son doctores que llevan con dignidad su traje episcopal; y cuando el amor o el recuerdo les consagran, tal

---

[10] [...] *et Phyllida solus habeto.* Versos de la tercera de las *Églogas* de Virgilio («Dime en qué tierras nacen las flores llevando estampados los nombres de los reyes y Filis será para ti sólo»).

como los metropolitanos y los abades en las basílicas y monasterios, hallan ellos su tumba en los libros de horas y en los eucologios[11]. El tulipán, esplendoroso como un Buckingham, se pavonea con la aureola de su lujo. Las violetas conventuales, como un coro de novicias, rezan un padre nuestro por el alma de Ofelia. Sobre un palanquín y bajo un parasol de seda viene la crisantema, medio dormida en un vapor de opio, soñando con su país nipón: en tanto que el loto azul se alza hieráticamente, como buscando la mano de los dioses. Los asfódelos feudales y las alegres lilas consultan su horóscopo con el astrólogo heliotropo; y las blancas bohemias llamadas margaritas dicen la buena ventura a los enamorados. Las campánulas, desde sus campanarios verdes tocan a vísperas o anuncian bodas o funerales, mientras las camelias cantan entre pétalos un aire de la *Traviata*. ¿Quién se acerca al eco de la voz de Mignón[12]? El azahar epitalámico y adorable...

Se interrumpió el monólogo.

En un elegantísimo carruaje se erguía una dama joven y gallarda, que por su hermosura mereciera ser coronada reina del corso. Apolo se arrancó el clavel de la solapa y lo arrojó a la beldad. Esto sucedía frente al palco de la prensa, donde la batalla estaba en su mayor agitación.

Después seguí escuchando:

—La batalla de las flores ¿qué es junto a la batalla de las miradas? Los suspiros no luchan porque son los enviados de las mutuas súplicas.

En un corso como éste, las flores suelen llevar malos mensajes y suelen ser mentirosas. He visto a un caballero enviar un ramillete al cual había confiado esta frase: «Yo te amo», cuando en su corazón todo el fuego amoroso es ya pura ceniza. Una niña gentil y vivaz ha encargado a cuatro azahares la misma respuesta... Y una rosa se ha puesto más roja de lo que era al llevar tan extraña declaración.

¡Tiempo feliz de los trajes claros, de los tules y de los som-

---

[11] *eucologio*: devocionario que contiene los oficios de los domingos y de las principales fiestas del año.
[12] Cfr. nota 4 de «Sor Filomela».

breros de paja! ¡Horas amables sobre los terrazos, y en los claros de luna; horas en que en los parques y jardines celebran las flores sus walpurgis[13] y sus misas azules! En tanto que la primavera traiga siempre la eterna carta de amor; en tanto que las mejillas de las mujeres sean tan frescas como las centifolias; en tanto que la gran naturaleza junte su soplo fecundo en el ardiente efluvio de los corazones, los dioses no nos iremos; permaneceremos siempre en la tierra y habrá besos y versos, y un Olimpo ideal levantará su cima coronada de luz incomparable sobre los edificios que el culto de la materia haga alzar a la mano del hombre.

*

Cuando en el palacio Hume nos separamos, el dios estaba de excelente humor y con muy buen apetito. Me dijo un verso de Horacio y una máxima del general Mansilla[14]. No me dio su dirección; y partió con un paso tan veloz como si fuese persiguiendo a Dafne[15].

---

[13] *walpurgis*: originalmente, aquelarre celebrado en la montaña de Blocksberg, en Alemania, y famoso a partir del *Fausto* de Goethe.
[14] Lucio V. Mansilla (1837-1913), militar y escritor argentino, autor de varias misceláneas y artículos sobre temas castrenses y literarios. Como con los autores antes citados, Darío trató con él al poco de su llegada a Buenos Aires, en 1893.
[15] Alusión al pasaje de la persecución de la ninfa Dafne por Apolo, que concluyó con la metamorfosis de la ninfa en el árbol del laurel.

Respecto a Horacio[1]
Papiro

... Fijos los ojos en un voluminoso rollo, abstraído por la lectura, a la sombra del árbol, no se dio cuenta el dueño de la quinta —hasta que un ruido de voces se escuchó muy cerca— de que llegaban sus convidados. Cuatro hermosos esclavos iban delanteros, llevando la litera en que el noble Mecenas se dignaba acudir a la cita del poeta. Atrás se escuchaba el venir de la alegre concurrencia; la risa de Lidia, alegre y victoriosa, era un anuncio de júbilo en la fiesta. La voz de Aristio Fusco, franca y cordial, vibraba al par de la de Elio Lamia, el gran enamorado, famoso por sus escándalos. Y no eran superadas sino por la de Albio Tíbulo que, comentando un sucedido, pregonaba a plena garganta la veleidad de la mujer romana.

Bajo una viña se detuvieron todas las literas y, a una sola voz, todas las bocas saludaron al dueño de la casa, que se di-

---

[1] «Mensaje» de *La Tribuna* de Buenos Aires, del 18 de diciembre de 1893. Seguimos el texto de Mapes (Darío, 1938a, 30-31).

Algunos de los nombres que aparecen en la narración no son ficticios, y corresponden a coetáneos reales de Horacio (65-8 a.C.): Mecenas (60-8 a.C.), ministro y privado del emperador Augusto, protector de Horacio, a quien regaló su famosa finca de recreo; Aristio Fusco, poeta amigo de Horacio, quien le dedicó una oda, una epístola y le citó en varias de sus sátiras; Elio Lamia, existe un Elio Lanna amigo del poeta y procónsul de África a quien Horacio dedicó dos de sus odas; Publio Quintilio Varo, cónsul romano muerto en las campañas contra los bárbaros, a comienzos del siglo I d. C.; Sexto Horacio Propercio (ca. 50 a.C.- ?), poeta amigo de Ovidio y de Virgilio.

rigió sonriente, alzando los brazos, satisfecho, complacido, aceptando el honor:

—¡Buen día, Horacio!

Horacio repartía sus saludos, y hacía señas a esclavos y servidores; sobre todo a su esclava preferida, que, cerca de él, tenía ya lista una ánfora de Grecia, llena de vino, y sonreía...

*

Cuando las copas estuvieron llenas de exquisito vino de Sabina[2], el caballero Arecio, que con Augusto el emperador privaba como era notorio, dijo discretas razones en honor del poeta, y celebró el sublime culto de las musas que dan la dicha del alma y la felicidad incomparable de los verdes laureles. Recordó también al César que, protegiendo a los maestros líricos, cumplía un celeste designio, y se hacía merecedor de los más encendidos himnos y más cordiales elogios. Todas las voces, todas las manifestaciones de aplauso fueron para el favorito. Solamente Ligurino, mancebo rubio que agitaba, como una soberbia melena, el oro de su tesoro capilar, haciendo una mueca ligera alzó la copa y se mostró arrogante y desdeñoso. Reíase no muy discretamente de las palabras pronunciadas por el amigo imperial y, mirando de soslayo, satirizaba al anfitrión.

Quintilio Varo, tímidamente, con los labios entreabiertos, habla de Solón y de Arquesilao, diciendo que han sido buenos amadores del vino. *Liber* debe ser el dios preferido.

—¡Bebe! —exclama Horacio—. Los que a Catón acusan no tienen el justo conocimiento de la vida.

Una carcajada de cristal se escucha, y es Lidia que agita con la diestra un ramo de rosas y muestra entre el rojo cerco de su risa la pícara blancura de sus dientes.

—Amo el vino —dice— lo propio que la boca de Telefo. Es gran placer mío la música de los exámetros de Flacco y me gozo en deshojar esta flor en nombre de Venus, mi reina.

Ligurino, semejante a un efebo, dice:

---

[2] *Sabina*: región de la antigua Italia que estaba ubicada al norte del Lacio y donde Horacio poseía la villa en que transcurre esta historia.

—Opino como la hermosa —y su rostro se empurpura, sobre su cuerpo delicado y equívoco.

Mirtala tiene clavados los ojos en Horacio. Mirtala, la altiva liberta, que, no lejos, está meditabunda, apoyada la barba en la mano. Crispo Salustio se hace oír y clama en alabanza de quien tan cordialmente hospeda.

—No hay aquí —dice— las grandes riquezas de Creso[3], ni las copas de oro en que beben los varones a quienes la suerte ha colocado sobre tronos y pingües preeminencias; no apuramos cécubo principal[4], ni jugo de parras egregias; mas la casa del poeta trasciende al dulce perfume de la amistad leal, protegida por el amable aliento de las musas.

Todos los circunstantes dirigen su mirada hacia el lírico que ha empezado a hablar acompasando sus palabras en suaves movimientos de cabeza, que hacen temblar sobre su frente la corona de mirto fresco que no ha poco tejiera el esclavo favorito. Dice el poeta su amor tranquilo por la naturaleza; canta la leche fresca, el vino nuevo, las flores de la primavera, las mejillas de las muchachas y la ligera gracia de los tirsos. Recuerda fraternalmente a Propercio y a Virgilio, saluda el nombre glorioso de Augusto y tiende su diestra hacia su amigo Mecenas, que le escucha bondadoso y sonriente. Parafrasea a Epicuro y enciende una hermosa antorcha de poesía en el alegre templo de Anacreonte. Desgrana dáctilos como uvas; deshoja espondeos como rosas; presenta al caballo Pegaso alado y piafante, mascando el suave freno tiburtino. Elogia una ánfora[5] del tiempo del cónsul Manlio, ánfora llena de licor, ánfora que puedo describir, puesto que la estoy mirando: alrededor de la panza tiene figurada una viña copiosa; bajo la viña, el gran Baco en su florida juventud y rodeado de ménades y de tigres, cuyas fauces se humedecen con la dulzura que les impone la majestad del numen; cerca está la figura de Sileno, que ríe viendo danzar un coro de fau-

---

[3] Creso (531 a.C.- ?) fue el último rey de Lidia, célebre por sus riquezas y su vida llena de contratiempos.

[4] *cécubo*: vino muy apreciado en la antigua Roma, procedente de la región de la Campania.

[5] *una* ánfora: *sic.*

nos, los cuales levantan sobre sus cabezas sortijas de caireles[6] y pámpanos recién cortados.

Cuando Horacio, después de un largo rato de discurso, ha sido abrazado por Mecenas y por Fusco, y halagado con sonrisas por el coro de sus lindas amigas, yo me he retirado a la arboleda en donde el poeta hace siempre su paseo favorito.

Yo, Lucio Galo, que sufro bajo el orgullo de los patricios, escribo esta página confesando un mal hecho, que he llevado a término premeditadamente, pues lo he pensado desde el día primero en que he puesto mis pies en el suelo de esta villa. Amo a Filis la esclava de Jantias, el Foceo. He sufrido hondas amarguras, ásperas tristezas. He bebido el vinagre de los celos, he visto los besos de Jantias a Filis y me he mordido los puños abrumado en mi esclavitud y lleno de desesperación, puesto que ella me ha dado su alma. Convencido de que Horacio atiza la pasión del más odiado de los rivales, he ido, ahora mismo, a cortar con un hacha el tronco del más pesado árbol de la arboleda, para que, si la suerte me ayuda, Horacio quede aplastado como un ratón bajo una piedra.

*

Yo, Lucio Galo, un lustro después de haber escrito lo anterior, confieso que no me arrepiento de lo intentado. Filis era digna de mi cariño, es cierto. El árbol no dio muerte al vate ilustre y él ha dejado al mundo los lindos versos que empiezan así: *Ille et nefasto te posuit die...*[7].

---

[6] *cairel*: cerco de cabellera postiza que suple al pelo natural.

[7] Este verso es el inicial de la oda XIII del segundo libro de odas compuesto por Horacio. En ella el poeta descalifica a quien hubiera plantado el árbol que estuvo a punto de caer sobre su cabeza y recomienda cuidado y vigilancia para prevenir este tipo de accidentes. Hasta cierto punto, las primeras estrofas de esta oda servirían para redondear la anécdota inventada por Darío.

184

Cuento de Nochebuena[1]

El hermano Longinos de Santa María era la perla del convento. Perla es decir poco, para el caso; era un estuche, una riqueza, un algo incomparable e inencontrable: lo mismo ayudaba al docto fray Benito en sus copias, distinguiéndose en ornar de mayúsculas los manuscritos, como en la cocina hacía exhalar suaves olores a la fritanga permitida después del tiempo de ayuno; así servía de sacristán, como cultivaba las legumbres del huerto; y en maitines o vísperas, su hermosa voz de sochantre[2] resonaba armoniosamente bajo la techumbre de la capilla. Mas su mayor mérito consistía en su maravilloso don musical; en sus manos, en sus ilustres manos de organista. Ninguno entre toda la comunidad conocía como él aquel sonoro instrumento del cual hacía brotar las notas como bandadas de aves melodiosas; ninguno como él acompañaba, como poseído por un celestial espíritu, las prosas y los himnos, y las voces sagradas del canto llano[3]. Su eminencia el cardenal —que había visitado el convento en un día inolvidable— había bendecido al hermano, primero, abrazádole en seguida, y por último díchole una elogiosa frase latina, después de oírle tocar. Todo lo que en el hermano Longinos resaltaba, estaba iluminado por la más amable sencillez y por la más inocente alegría. Cuando estaba en alguna

---

[1] «Mensaje» de *La Tribuna* de Buenos Aires, del día 26 de diciembre de 1893; seguimos el texto de Mapes (Darío, 1938a, 31-33).

[2] *sochantre*: voz que lidera el coro durante los oficios divinos.

[3] *canto llano*: canto gregoriano.

labor, tenía siempre un himno en los labios, como sus hermanos los pajaritos de Dios. Y cuando volvía, con su alforja llena de limosnas, taloneando a la borrica, sudoroso bajo el sol, en su cara se veía un tan dulce resplandor de jovialidad, que los campesinos salían a las puertas de sus casas, saludándole, llamándole hacia ellos: «¡Eh! venid acá, hermano Longinos, y tomaréis un buen vaso...» Su cara la podéis ver en una tabla que se conserva en la abadía; bajo una frente noble dos ojos humildes y oscuros, la nariz un tantico levantada, en una ingenua expresión de picardía infantil, y en la boca entreabierta, la más bondadosa de las sonrisas.

*

Avino, pues, que un día de Navidad, Longinos fuese a la próxima aldea...; pero ¿no os he dicho nada del convento? El cual estaba situado cerca de una aldea de labradores, no muy distante de una vasta floresta, en donde, antes de la fundación del monasterio, había cenáculos de hechiceros, reuniones de hadas, y de silfos, y otras tantas cosas que favorece el poder del Bajísimo, de quien Dios nos guarde. Los vientos del cielo llevaban desde el santo edificio monacal, en la quietud de las noches o en los serenos crepúsculos, ecos misteriosos, grandes temblores sonoros..., era el órgano de Longinos que, acompañando la voz de sus hermanos en Cristo, lanzaba sus clamores benditos. Fue, pues, en un día de Navidad, y en la aldea, cuando el buen hermano se dio una palmada en la frente y exclamó, lleno de susto, impulsando a su caballería paciente y filosófica:

—¡Desgraciado de mí! ¡Si mereceré triplicar los cilicios y ponerme por toda la vida a pan y agua! ¡Cómo estarán aguardándome en el monasterio!

Era ya entrada la noche, y el religioso, después de santiguarse se encaminó por la vía de su convento. Las sombras invadieron la tierra. No se veía ya el villorrio; y la montaña, negra en medio de la noche, se veía semejante a una titánica fortaleza en que habitasen gigantes y demonios.

*

Y fue el caso que Longinos, anda que te anda, pater y ave tras pater y ave[4], advirtió con sorpresa que la senda que seguía la pollina no era la misma de siempre. Con lágrimas en los ojos alzó éstos al cielo, pidiéndole misericordia al Todopoderoso, cuando percibió en la oscuridad del firmamento una hermosa estrella, una hermosa estrella de color de oro, que caminaba junto con él, enviando a la tierra un delicado chorro de luz que servía de guía y de antorcha. Diole gracias al Señor por aquella maravilla, y a poco trecho, como en otro tiempo la del profeta Balaam, su cabalgadura se resistió a seguir adelante, y le dijo con clara voz de hombre mortal[5]: «Considérate feliz, hermano Longinos, pues por tus virtudes has sido señalado para un premio portentoso». No bien había acabado de oír esto, cuando sintió un ruido, y una oleada de exquisitas aromas[6]. Y vio venir por el mismo camino que él seguía, y guiados por la estrella que él acababa de admirar, a tres señores espléndidamente ataviados. Todos tres tenían porte e insignias reales. El delantero era rubio como el ángel Azrael[7]; su cabellera larga se esparcía sobre sus hombros, bajo una mitra de oro constelada de piedras preciosas; su barba entretejida con perlas e hilos de oro resplandecía sobre su pecho; iba cubierto con un manto en donde estaban bordados, de riquísima manera, aves peregrinas y signos del zodíaco. Era el rey Gaspar, caballero en un bello caballo blanco. El otro, de cabellera negra, ojos también negros y profundamente brillantes, rostro semejante a los que se ven en los bajos relieves asirios, ceñía su frente con una magnífica diadema, vestía vestidos de incalculable precio, era un tanto viejo, y hubiérase dicho de él, con sólo mirarle, ser el monarca de un país misterioso y opulento, del centro de la tierra de Asia. Era el rey Baltasar y llevaba un collar de gemas cabalístico que terminaba en un sol de fuegos de diamantes. Iba sobre un camello caparazonado y adornado al modo de Oriente.

---

[4] Padrenuestro y avemaría tras padrenuestro y avemaría.

[5] Cfr. *Libro de los Números* 22-23.

[6] *aromas*: flor del aromo, de color dorado y olor muy agradable.

[7] Ángel que, para los musulmanes, recoge el último aliento de los mortales.

El tercero era de rostro negro y miraba con singular aire de majestad; formábanle un resplandor los rubíes y esmeraldas de su turbante. Como el más soberbio príncipe de un cuento, iba en una labrada silla de marfil y oro sobre un elefante. Era el rey Melchor. Pasaron sus majestades y tras el elefante del rey Melchor, con un no usado trotecito, la borrica del hermano Longinos, quien, lleno de mística complacencia, desgranaba las cuentas de su largo rosario.

*

Y sucedió que —tal como en los días del cruel Herodes— los tres coronados magos, guiados por la estrella divina, llegaron a un pesebre, en donde, como lo pintan los pintores, estaba la reina María, el santo señor José y el Dios recién nacido. Y cerca, la mula y el buey, que entibian con el calor sano de su aliento el aire frío de la noche. Baltasar, postrado, descorrió junto al niño un saco de perlas y de piedras preciosas y de polvo de oro; Gaspar en jarras doradas ofreció los más raros ungüentos; Melchor hizo su ofrenda de incienso, de marfiles y de diamantes...

Entonces, desde el fondo de su corazón, Longinos, el buen hermano Longinos, dijo al niño que sonreía:

—Señor, yo soy un pobre siervo tuyo que en su convento te sirve como puede. ¿Qué te voy a ofrecer yo, triste de mí? ¿Qué riquezas tengo, qué perfumes, qué perlas y qué diamantes? Toma, Señor, mis lágrimas y mis oraciones, que es todo lo que puedo ofrendarte.

Y he aquí que los reyes de Oriente vieron brotar de los labios de Longinos las rosas de sus oraciones, cuyo olor superaba a todos los ungüentos y resinas; y caer de sus ojos copiosísimas lágrimas que se convertían en los más radiosos diamantes por obra de la superior magia del amor y de la fe; todo esto en tanto que se oía el eco de un coro de pastores en la tierra y la melodía de un coro de ángeles sobre el techo del pesebre.

*

Entre tanto, en el convento había la mayor desolación. Era llegada la hora del oficio. La nave de la capilla estaba iluminada por las llamas de los cirios. El abad estaba en su sitial, afligido, con su capa de ceremonia. Los frailes, la comunidad entera se miraban con sorprendida tristeza. ¿Qué desgracia habrá acontecido al buen hermano? ¿Por qué no ha vuelto de la aldea? Y es ya la hora del oficio, y todos están en su puesto, menos quien es gloria de su monasterio, el sencillo y sublime organista... ¿Quién se atreve a ocupar su lugar? Nadie. Ninguno sabe los secretos del teclado, ninguno tiene el don armonioso de Longinos. Y como ordena el prior que se proceda a la ceremonia, sin música, todos empiezan el canto dirigiéndose a Dios llenos de una vaga tristeza... De repente, en los momentos del himno, en que el órgano debía resonar... resonó, resonó como nunca; sus bajos eran sagrados truenos; sus trompetas excelsas voces; sus tubos todos estaban como animados por una vida incomprensible y celestial. Los monjes cantaron, cantaron, llenos del fuego del milagro; y aquella Noche Buena, los campesinos oyeron que el viento llevaba desconocidas armonías del órgano conventual, de aquel órgano que parecía tocado por manos angélicas como las delicadas y puras de la gloriosa Cecilia[8]...

*

El hermano Longinos de Santa María entregó su alma a Dios poco tiempo después; murió en olor de santidad. Su cuerpo se conserva aún incorrupto, enterrado bajo el coro de la capilla, en una tumba especial, labrada en mármol.

---

[8] Santa Cecilia, mártir cristiana del siglo III y patrona de los oficios musicales; se la suele representar con algún instrumento musical en las manos.

La pesadilla de Honorio[1]

¿Dónde? A lo lejos, la perspectiva abrumadora y monumental de extrañas arquitecturas, órdenes visionarios, estilos de un orientalismo portentoso y desmesurado. A sus pies un suelo lívido; no lejos, una vegetación de árboles flacos, desolados, tendiendo hacia un cielo implacable, silencioso y raro, sus ramas suplicantes, en la vaga expresión de un mudo lamento. En aquella soledad Honorio siente la posesión de una fría pavura...

¿Cuándo? Es en una hora inmemorial, grano escapado quizás del reloj del tiempo. La luz que alumbra no es la del sol; es como la enfermiza y fosforescente claridad de espectrales astros. Honorio sufre el influjo de un momento fatal, y *sabe* que en esa hora incomprensible todo está envuelto en la dolorosa bruma de una universal angustia. Al levantar sus ojos a la altura un estremecimiento recorre el cordaje de sus nervios: han surgido del hondo cielo constelaciones misteriosas que forman enigmáticos signos anunciadores de próximas e irremediables catástrofes... Honorio deja escapar de sus labios, oprimido y aterrorizado, un lamentable gemido: ¡Ay!...

Y como si su voz tuviese el poder de una fuerza demiúrgica, aquella inmensa ciudad llena de torres y rotondas, de ar-

---

[1] «Mensaje» de *La Tribuna*, Buenos Aires, 5 de febrero de 1894. También, de acuerdo con Barcia, apareció en *Buenos Aires* el 16 de febrero de 1896, con el título de «Efectos del carnaval» (Darío, 1968b, 80). Seguimos el texto de Mapes (Darío, 1938a, 38-39).

cos y espirales, se desplomó sin ruido ni fracaso, cual se rompe un fino hilo de araña.

¿Cómo y por qué apareció en la memoria de Honorio esta frase de un soñador: *la tiranía del rostro humano*[2]? Él la escuchó dentro de su cerebro, y cual si fuese la víctima propiciatoria ofrecida a una cruel deidad, comprendió que se acercaba el instante del martirio, del horrible martirio que le sería aplicado... ¡Oh sufrimiento inexplicable del condenado solitario! Sus miembros se petrificaron, amarrados con ligaduras de pavor; sus cabellos se erizaron como los de Job cuando pasó cerca de él un espíritu[3]; su lengua se pegó al paladar, helada e inmóvil; y sus ojos abiertos y fijos empezaron a contemplar el anonadador desfile. Ante él había surgido la infinita legión de las Fisonomías y el ejército innumerable de los Gestos.

Primero fueron los rostros enormes que suelen ver los nerviosos al comenzar el sueño, rostros de gigantes joviales, amenazadores, pensativos o enternecidos.

Después...

Poco a poco fue reconociendo en su penosa visión estas o aquellas líneas, perfiles y facciones: un bajá de calva frente y los ojos amodorrados; una faz de rey asirio, con la barba en trenzas; un Vitelio con la papada gorda, y un negro, negro, muerto de risa. Una máscara blanca se multiplicaba en todas las expresiones: Pierrot. Pierrot indiferente, Pierrot amoroso, Pierrot abobado, Pierrot terrible, Pierrot desmayándose de hilaridad; doloroso, pícaro, inocente, vanidoso, cruel, dulce, criminal: Pierrot mostraba el poema de su alma en arrugas, muecas, guiños y retorcimientos faciales. Tras él los tipos de todas las farsas y las encarnaciones simbólicas. Así erigían enormes chisteras grises, cien congestionados johmbulles y atroces tiosamueles[4], tras los cuales Punch encendía la mali-

---

[2] En otras colaboraciones para la prensa argentina Darío atribuye esta misma frase a Edgard Allan Poe; sin embargo, su verdadera procedencia son las *Confessions of an English Opium-Eater*, de Quincey (1821), a quien también se menciona más adelante (cfr. Thomas de Quincey, *Confessions of an English Opium-Eater*, Oxford, Oxford University Press, 1985, 72; cfr. también n. 6).

[3] Cfr. *Libro de Job*, 38-42.

[4] *John Bull* y *Tío Samuel*: personificaciones de Inglaterra y los Estados Unidos.

cia de sus miradas sobre su curva nariz[5]. Cerca de un manda-
rín amarillo de ojos circunflejos, y bigotes ojivales, un infla-
do fraile, cuya cara cucurbitácea tenía incrustadas dos judías
negras por pupilas; largas narices francesas, potentes mandíbulas alemanas, bigotazos de Italia, ceños españoles; rostros
exóticos: el del negro rey Baltasar, el del malayo de Quincey[6], el de un persa, el de un gaucho, el de un torero, el de
un inquisidor... «Oh, Dios mío...», suplicó Honorio. Entonces oyó distintamente una voz que le decía: «¡Aún no, sigue
hasta el fin!» Y apareció la muchedumbre hormigueante de
la vida banal de las ciudades, las caras que representan todos
los estados, apetitos, expresiones, instintos, del ser llamado
Hombre; la ancha calva del sabio de los espejuelos, la nariz
ornada de rabiosa pedrería alcohólica que luce en la faz del
banquero obeso; las bocas torpes y gruesas; las quijadas salientes y los pómulos de la bestialidad; las faces lívidas, el aspecto del rentista cacoquimio[7]; la mirada del tísico, la risa
dignamente estúpida del imbécil de salón, la expresión suplicante del mendigo; estas tres especialidades: el tribuno, el
martillero y el charlatán, en las distintas partes de sus distintas arengas; «¡Socorro!», exclamó Honorio.

Y fue entonces la irrupción de las Máscaras, mientras en el
cielo se desvanecía un suave color de oro oriental. ¡La legión
de las Máscaras! Se presentó primero una máscara de actor
griego, horrorizada y trágica, tal como la faz de Orestes delante de las Euménides implacables[8]; y otra riente, como una

---

[5] *Punch*: personaje cómico del teatro inglés, equivalente al Polichinela italiano; es también el nombre de un semanario satírico británico cuya publicación comenzó en 1841.

[6] En la segunda parte de su libro, De Quincey recuerda la visita de un malayo «de extraña y terrible apariencia, que recibió en su apartado retiro de las
montañas inglesas»; esa figura acabó por vivir en su fantasía y en sus sueños
«arrastrando consigo a otros malayos (...) [que le] sumían en un mundo de
turbaciones nocturnas» (cfr. Anderson Imbert, 1967, 39 y Jiménez, 116). Al
Vathek de Beckford y las *Confessions* de Quincey que propone José Olivio Jiménez como fuentes de este cuento, podría sumarse también «The man of
the crowd», el relato de Poe que da cuenta de una experiencia similar.

[7] *cacoquimio*: melancólico, tristón.

[8] Las Euménides o Erinnias eran las divinidades encargadas de ejecutar la
venganza y, según las versiones, habrían dado muerte o hecho enloquecer a

gárgola surtidora de chistes. Luego, por un fenómeno mnemónico, Honorio pensó en el teatro japonés, y ante su vista floreció un diluvio de máscaras niponas: la risueña y desdentada del tesoro de Idzoukoushima, una de Demé Jioman, cuyas mejillas recogidas, frente labrada por triple arruga vermicular y extendidas narices, le daban un aspecto de suprema jovialidad bestial; caras de Noriaki, de una fealdad agresiva; muecas de Quasimodos asiáticos, y radiantes máscaras de dioses, todas de oro. De China Lao-Tse, con su inmenso cráneo, Pou-Tai, el sensual con su risa de idiota; de Konei-Sing, dios de la literatura, la máscara mefistofélica; y con sus cascos, perillas y bigotes escasos, desfilan las de mandarines y guerreros. Por último vio Honorio como un incendio de carmines y bermellones, y revoló ante sus miradas el enjambre carnavalesco. Todos los ojos: almendrados, redondos, triangulares, casi amorfos; todas las narices: chatas, roxelanas, borbónicas, erectas, cónicas, fálicas, innobles, cavernosas, conventuales, marciales, insignes; todas las bocas: arqueadas, en media luna, en ojiva, hechas con sacabocado, de labios carnosos, místicas, sensuales, golosas, abyectas, caninas, batracias, hípicas, asnales, porcunas, delicadas, desbordadas, desbridadas, retorcidas...; todas las pasiones, la gula, la envidia, la lujuria, los siete pecados capitales multiplicados por setenta veces siete...

Y Honorio no pudo más: sintió un súbito desmayo, y quedó en una dulce penumbra de ensueño, en tanto que llegaban a sus oídos los acordes de una alegre comparsa de Carnestolendas...

Orestes por el asesinato de su madre y del amante de ésta. También se mencionan en el citado trabajo de Quincey (pág. 35).

Historia prodigiosa
de la princesa Psiquia,
según se halla escrita por Liborio,
monje, en un códice de la abadía
de San Hermancio, en Iliria[1]

I

*De la ciudad en que moraba la princesa Psiquia,
y del rey mago, su padre*

Muy más allá del territorio de Emesa, en Fenicia, en tiempos de las persecuciones de Segundo y de las santas prédicas del santo varón Onofre, Liborio, monje, escribió la peregrina historia de la princesa Psiquia, la cual fuele narrada por un gentil que fue purificado con las aguas del bautismo; el cual gentil había habitado la ciudad portentosa en donde se verificaron los sucesos en estas páginas rememorados. Este monje Liborio fue amigo de Galación, el santo, y de Episte-

---

[1] La más temprana aparición de este cuento es la de *La Nación* de Buenos Aires, el día 26 de diciembre de 1894 (cfr. Darío, 1968b, 79). Aquí se sigue el texto de *Blanco y Negro* (12 de mayo de 1906), que presenta algunas variantes de poca importancia con respecto al reproducido por Mejía Sánchez y Valle Castillo en sus respectivas ediciones (Darío, 1924, 21-42).

mia, que padecieron martirio bajo el poder del emperador Decio[2].

Y era en la ciudad en donde habitaba el rey mago la mayor y más grande de todas las ciudades de un vastísimo y escondido reino de Asia, en donde los hombres tenían colosales estaturas y costumbres distintas, y maneras de otro modo que todos los otros hombres, y por cuanto no había llegado todavía, en el tiempo en que pasó la historia que nos ocupa, la luz que los apóstoles derramaron por todo el mundo en nombre de Nuestro Señor Jesús, aquellos gigantes gentiles adoraban figuras e ídolos de metales diversos y de formas enormes y tremendas. Era la ciudad como una montaña de bronce y de piedra dura, y los palacios monumentales tenían extrañas arquitecturas ignoradas de los cristianos, murallas inmensas, columnas y escaleras y espirales altísimas, que casi se perdían en la altura de las nubes. Y cerca había bosques espesos y muy grandes florestas, en donde los cazadores del rey cazaban leones, águilas y búfalos. En las plazas de la gran ciudad estaban los ídolos, y ante ellos se encendían hogueras en donde se quemaban robles enteros y se celebraban fiestas misteriosas y sangrientas, que contemplaba desde una silla de oro y de hierro el rey, que era un rey mago que sabía la ciencia de los hechizos y conocía, como el rey Salomón, muchas cosas ocultas, a punto de que los pájaros del aire y las bestias del campo no tenían para él secretos, ni tampoco las ramas de los árboles, ni las voces de las montañas. Porque había estudiado toda la ciencia de Oriente, en donde la magia era tenida en gran conocimiento; y era su sabiduría obra del espíritu maligno, del cual Nuestro Señor Jesucristo nos libre. En el centro de la ciudad colosal estaba la morada del rey, toda de mármol y piedra de ónix y coronada por maravillosas cúpulas y torres; y en medio de ella, en un kiosco primoroso, rodeado de un delicioso jardín en donde se veían lindísimas aves y flores de países recónditos, olorosas y de

---

[2] Tanto Galación como Epistemia, su esposa, son nombres de dos santos martirizados en Emesa (Fenicia) durante los años del emperador Decio (249-251). En *Blanco y Negro* sus nombres se leen como Galaciós y Epistena.

magníficos colores, vivía la hermosa hija del monarca, Psiquia, la cual superaba en blancura a las más blancas garzas reales y a los más ilustres cisnes.

II

*Descripción de la beldad de Psiquia, y de cómo su padre inició
a la princesa en los secretos de la magia*

Entre todos los habitantes del reino, era Psiquia una excepción, pues en aquel país de gigantes, en la ciudad monumental, su figura no era desmesurada; antes bien, fina y suave, de modo que al lado del rey, su padre, coloso de anchas manos y largas crines rojas, tenía el aspecto de una paloma humana o una viva flor de lis. Sus ojos eran dos enigmas azules, sus cabellos resplandecían como impregnados de sol, su boca rosada era la más bella corola; la euritmia de su cuerpo, una gloria de armonía, y cuando su pequeña mano blanca se alzaba, bajábase, blandamente domada, la frente del gran rey de cabeza de león. El cual habíala iniciado en los secretos de la magia, dándole a conocer las palabras poderosas de los ensalmos y de las evocaciones, las frases de las músicas del aire, las lenguas de las aves y la íntima comprensión de todo lo que se mueve y vive sobre el haz de la tierra.

Así la Princesa reía a sonoras carcajadas cuando escuchaba lo que decían los pájaros de su jardín, o se quedaba meditabunda al oír el soliloquio del chorro de una fuente o la plática de los rosales movidos por el viento.

Era, en verdad, bellamente prodigioso el contemplar cómo entre las fieras, tigres, leones, elefantes, panteras negras, que en circos y fosos guardábanse, iba ella como entre corderos, por la virtud de su poder secreto, intacta y triunfante, y parecía una reina de la Naturaleza que todo lo dominaba con el supremo encanto de su beldad; o mirarla rodeada de las más raras aves, a las cuales oía sus confidencias, o fija, desde su kiosco florido en los astros del cielo, en los cuales había aprendido a leer.

Y sucedió que, tan llena de ciencia de magia como estaba,

un día amaneció desolada y triste, bañada en lágrimas, y no pronunciaba palabra, como si fuese una estatua de piedra de mármol[3].

III

De los varios modos que el rey empleó para averiguar la causa de la desolación de la princesa, y de cómo llegaron tres reyes vecinos

En vano el rey dirigía sus palabras y amables razones a su bella hija, pues ella permanecía sin decir palabra de la causa que le tenía en tan lamentable tristeza y mudez. Y como el soberano pensase ser cosas de amor las que tenían absorta y desolada a la Princesa, mandó a cuatro de sus más fuertes trompeteros a tocar en la más alta de las torres de la ciudad, y hacia el lado en que nace la aurora, cuatro sonoras trompetas de oro.

El claro clamor fue alegrando las montañas, y, con la obra de su magia, haciendo cantar de amor a las aves, y reverdecer de amor a los árboles, y humedecerse de amor las fauces de las fieras, y reventar de amor los botones de las flores, y el aire alegre cantar, y las rocas mismas sentir como si dentro de sus duras cortezas tuvieran un corazón.

Y a poco fueron llegando, primeramente un príncipe de la China en un palanquín que venía por el aire y que tenía la forma de un pavo real, de modo que la cola, pintada naturalmente con todos los colores del arco iris, servíale de dosel incomparable, obra toda de unos espíritus que llaman genios. Y después un príncipe de la Mesopotamia, de gallardísima presencia, con ricos vestidos, y conducido en un carro lleno de piedras preciosas, como diamantes, rubíes, esmeraldas, crisoberilos y la piedra peregrina y brillante dicha carbunclo. Y otro príncipe del país de Golconda, también bello y dueño de indescriptibles pedrerías; y otro de Ormuz, que dejaba

---

[3] piedra de mármol: *sic* en *Blanco y negro*. En Darío, 1924: «piedra o mármol».

en el ambiente un suave y deleitoso perfume, porque su carroza y sus vestidos y todo él estaban adornados con las perlas del mar de su reino, las cuales despiden aromas excelentísimos como las más olorosas flores, y son preferidas por las hechiceras nombradas fadas, cuando hacen, como madrinas, presentes en las bodas de las hijas de los reyes orientales. Y luego un príncipe de Persia, que tenía una soberbia cabellera e iba precedido de esclavos que quemaban perfumes y tocaban instrumentos que producían músicas exquisitas. Y otros príncipes más de la Arabia Feliz y de los más remotos lugares de la India, y todos fueron vistos por la Princesa, que no pronunciaba una palabra y estaba cada día más triste; ninguno de ellos logró ser el elegido de ella, o tornarla despierta al amor como ellos lo habían sido, desde sus países lejanos, al eco de las mágicas trompetas de oro. Por lo cual el rey sufrió gran descorazonamiento, y como quisiese siempre averiguar la causa del mal de Psiquia, envió a cuatro más fuertes trompeteros a tocar en la más alta de las torres de la ciudad, y hacia el lado del país de la Grecia, cuatro sonoras trompetas de plata. Del lado del país de los griegos llegó entonces una gran carroza en donde maravillosos liristas hacían resonar sus liras, y jóvenes hermosas agitaban palmas, y una alta figura de mujer, con grandísimo decoro extendía dos alas como de ángel, y tenía cerca de sus labios, asido con la diestra, un largo clarín. Y Psiquia miró el carro glorioso, y no dijo palabra. Entonces envió el rey otros cuatro gigantes trompeteros a tocar, en la más alta de las torres de la ciudad, cuatro sonoras trompetas de bronce a todos los cuatro puntos del horizonte. Oyóse un grande estruendo, y era que venían de todos los lados del mundo los caballeros que combatían y tenían en su brazo la fuerza, vestidos de hierro, y cabalgaban en caballos vestidos de hierro también; y a su paso temblaba la tierra. Los más bravos venían de entre los sarracenos, de la tierra de Galia, en donde había las más terribles hachas, y del reino que fue después Inglaterra. De todos lugares venían, y ningún aparato de potencia y ningún signo de victoria pudo hacer que Psiquia hiciese oír su encantadora voz.

Y entonces subió el rey mismo a la más alta torre de la ciudad y tocó en el gran cuerno que tenía siempre en su cintura, tres veces, de tal guisa que hubo como un temblor extraño por todos los alrededores. Al son del cuerno mágico fueron llegando todos los sabios llenos de la ciencia de Oriente, que, como eran tan sabios, eran reyes y conocían los secretos de la magia. Los persas tenían riquísimas mitras y vestiduras que mostraban bordados los signos del Zodíaco; los de la India iban casi desnudos, con el misterio en los ojos y las cabelleras copiosas y luengas; otros, hebreos, tenían sobre los pechos, pintados en telas color de jacinto, palabras sagradas y nombres arcanos; otros, de lejanos países, tenían coronas de oro y barbas trenzadas con hilos de oro, y en las manos sortijas de oro y gemas preciosas. Mirólos a todos la Princesa y permaneció muda.

Mas avino que llegaron los últimos tres reyes extraños, llamados Baltazar, de la raza de Jafet; Gaspar, de la raza de Cam; Melchor, de la raza de Sem[4]. Todos tres estuvieron largo tiempo contemplando a la princesa Psiquia, después de lo cual hablaron al desconsolado monarca, de la manera que se va a saber.

IV

De cómo los tres reyes vecinos hablaron de un ilustre y santo extranjero llamado Tomás, que en el país de ellos habíales bautizado en nombre del verdadero Dios

Dijeron los tres reyes que en los ojos de la Princesa se miraban los resplandores de los deseos profundos e insaciables; que la ciencia de los magos no era suficiente a apagar la sed del alma de Psiquia; que ellos, que habían conocido las tradiciones baalamitas y habían profundizado los misterios de los astros, habían ido a un lugar lejano, hacía tiempo, a

---

[4] Darío se hace eco de la tradición medieval según la cual los Reyes Magos representarían las tres primeras razas humanas, que se corresponderían también con el color de los hijos de Noé. Así Sem, el primogénito de éste, sería el patriarca de la raza blanca; Cam, el segundo, lo sería de la negra, y Jafet, el tercero, de la árabe u oriental.

ofrendar oro, incienso y mirra a un Dios nuevo, el único grande y todopoderoso, el cual encontraron en un pesebre, y que habían sido guiados por una estrella; y que en esos mismos instantes estaba aún en el país de ellos un enviado de aquel Dios, llamado Tomás, el cual les había infundido una mejor sabiduría de la que antes poseyeran; y les había bautizado en nombre de Nuestro Señor Jesucristo, cuyo poderío e imperio destruían la influencia y poderío de los ídolos y todas las argucias de Satanás, príncipe de los malos espíritus. A lo cual el gigantesco rey mago envió en busca del extranjero Tomás, el cual entró en la ciudad, y en aquel mismo instante cayeron al suelo despedazados los ídolos de las plazas, porque era Tomás el Santo, que tocó las llagas del Cristo resucitado, e iba por lejanos países predicando las verdades del Evangelio. Y al ver al santo, púsose en pie la princesa Psiquia y pronunció las guientes palabras:

—¡Oh enviado del más grande de los dioses! ¡Considera cuál será mi desolación y mi honda pena, pues no puedo llevar a mis labios el agua única que puede calmar la sed de mi alma! No es el amor, ¡oh príncipes!, lo que está oculto a mis ojos, pues sé cómo son sus raras dulzuras, sus portentosas maravillas y los secretos todos de su poder, y por eso mis labios no se han movido cuando los herederos de los grandes reinos y los más bellos mancebos han venido a enamorarme; no es la gloria, cuyas palmas conozco y he escuchado resonar en el más espléndido y admirable de los carros triunfales; no es la fuerza, y así no me he conmovido ante el desfile de los conquistadores que han pasado cubiertos de hierro, con sus enormes hachas y espadas, semejantes por su fortaleza a los invisibles caballeros de los truenos; no es la ciencia, cuya última palabra he aprendido, ¡oh padre!, gracias a ti y a los genios que han venido a mis evocaciones; y así tampoco delante de los sabios y magos ha pronunciado mi lengua una sola palabra. ¡Oh extranjero! —exclamó con voz más alta y solemne—, el secreto cuya posesión será mi única dicha, tan solamente un hombre puede enseñármelo: un hombre de tu país, que en estos momentos pasa a muchas leguas de aquí, camino de Galia, vestido con una áspera túnica, apoyado en un tosco bordón, ceñidos los riñones con una cuerda. Ruégote, ¡oh enviado del verdadero Dios!, vea yo mi felicidad, sabiendo el misterio que ansío conocer, y así seré la Princesa más feliz de la tierra.

—¡Oh desdichada! —respondió Tomás ante los oyentes maravillados—, ¿no sabes que tus deseos son contra la voluntad del Padre? ¿No sabes que ningún humano, fuera de ese peregrino que pasa camino de Galia, puede poseer el más tremendo de los secretos, el secreto que ansías conocer? Mas sea en bien de Nuestro Señor, y cúmplase su voluntad.

Y subió Tomás el Santo a la más alta de las torres de la ciudad y clamó por tres veces[5]:

—¡Lázaro! ¡Lázaro! ¡Lázaro!...

V

En que concluye la historia prodigiosa de la princesa Psiquia

Y viose llegar a un hombre, vestido con una áspera túnica, apoyado en un tosco bordón, ceñidos los riñones con una cuerda. A su paso todas las cosas parecía que temblaban misteriosamente. Era pálido. No se podía contemplar sus ojos sin sufrir un vértigo desconocido. Mas los ojos de Psiquia, que sonreía, se clavaron en ellos, como queriendo penetrar violentamente en alguna oculta y profunda tiniebla. Él se acercó con lentitud a la Princesa y le habló dos palabras al oído. Psiquia escuchó, y quedó al instante dulcemente dormida:

—¡Psiquia!, ¡Psiquia! —rugió el enorme rey de cabeza de león.

¡Psiquia estaba dormida para siempre!

Tomás bautizó a los gigantes vecinos de los tres Reyes Magos, y así ganó muchas almas para el cielo y para la gloria de Nuestro Señor Jesucristo, Salvador del mundo, al cual sean dados gloria, honor e imperio, *per infinita saecula saeculorum, amen*.

Aquí concluye la historia de la princesa Psiquia.

---

[5] En Darío, 1924: «y clamó con voz fuerte por tres veces:».

Caín[1]

Al salir de la *rotisserie*[2] el general hablaba con entusiasmo de Álvaro Blanco, entre sus camaradas cariñosamente: Caín. Ese entusiasmo, sincero y generoso, ponía como una aureola alrededor de su hermosa cabeza, su gallarda y conocida cabeza sobre la cual inclinaba su sombrero de felpa clara. A cada uno de sus elogios, aprobaba Portel, el novelista, con una convencida inclinación. Todo el mundo había oído hablar del pintor argentino recién llegado y de su cuadro «La manzana» medallado en el último salón de París y al cual Armand Silvestre había dedicado —honra para la América del Sur— uno de los clisés anuales de su «Desnudo»[3]. Y quién no sabía las luchas honrosas y bravas de ese mozo que había

---

[1] Se recogió por primera vez en *El Diario* de Buenos Aires el 29 de junio de 1895. Se trata de una narración autobiográfica en clave, que nos hablaría de la vida de Darío en la capital argentina. Algunos críticos han desvelado la identidad de los personajes que se mencionan en el relato y así, el General, sería Lucio V. Mansilla, que realmente llegó a ofrecer un almuerzo en honor de Darío y a quien también se menciona en «La batalla de las flores»; Portel, el novelista, sería Julián Martel (1867-1896), autor de *La Bolsa* y amigo del poeta; el Extranjero sería Paul Groussac (1848-1929), crítico y amigo de Darío y director de la revista *La Biblioteca*; Álvaro Blanco sería el mismo Darío, y Betina, el principal personaje femenino, la hija del cantinero de Martín García, isla con un lazareto en el que Darío pasó una temporada de descanso. Seguimos el texto de Ibáñez (Darío, 1970, 135-141).

[2] *rotisserie*: en Argentina, mesón, tienda donde venden asados.

[3] Armand Silvestre: poeta francés (1837-1901) muy apreciado por Darío, que incluyó en *Azul...* la traducción de uno de sus poemas («Pensamiento de otoño») y con quien mantuvo cierta correspondencia durante los años de Chile.

202

partido de Buenos Aires, nada menos que a París —¡a la conquista de París!— sin más apoyo que su talento ni más esperanza que la buena voluntad de la suerte. Allá le habían visto muchos de sus compatriotas padecer tristezas...

¡Miserias! quiere usted decir —interrumpió la voz delgada de Portel—. Apenas dos amigos tuvo que lo consolaron y alentaron en aquella Babilonia, dos argentinos compañeros de talento suyos: Fachinosi, ese intelectual, pintor y escritor que tanto hace por el arte entre nosotros, y Sorivo, otro noble y franco artista en cuerpo y alma. Ellos asistieron a muchas de sus amargas bregas y también a más de un envidiable triunfo. Y a propósito, dijo el general, no se olvide usted de recordarles, si los ve hoy, el almuerzo en mi casa. Veremos el cuadro premiado de Álvaro Blanco. Llegaban en esto a la Plaza Victoria. Se despidieron; Rojas marchó a la redacción de su diario. El general se fue acompañado del joven diplomático. Portel, con las manos metidas en los bolsillos del sobretodo, se defendía armado de un invencible silencio, de las preguntas del insoportable Arturito. ¿Y esa parisina? ¿Había visto a la parisina? ¿Parisina era esposa legítima del pintor? Decían que ella era muy bella; una rubia encantadora, una parisiense de París... ¿Cuándo la presentaría? ¿Es celoso Álvaro Blanco? Y con los ojos, con los gestos, con la inflexión de sus palabras, daba a entender cómo él, Arturito, el de la bailarina de marras, el de la escena del hipódromo, era el terrible maligno, un pillín como lo llamaba López del Oso.

Al día siguiente no faltó uno solo de los invitados al almuerzo del general. Un almuerzo digno del anfitrión, el cual, no injustamente, llevaba la fama de ser uno de los más correctos y espléndidos «dueños de casa» de toda la capital. Ya los habanos encendidos, los concurrentes se habían dividido en diversos grupos. En uno de ellos vibraba la voz de Portel, en discusión con otro escritor: Rojas. Y el arte, el arte decía, debe ser al mismo tiempo deleite y enseñanza: *Utile Dulci*. Vea usted de qué sirve hoy el arte. Y señalaba con el dedo un telegrama de Londres en «La Nación».

Está ya reducido casi, clarineó más fuertemente, a una mala palabra. Los filisteos de antaño, los antes llamados bur-

gueses, eran una vaga sombra en comparación de los psicó-
fobos furiosos de última hora. ¡Oh! los sub-lombrosos y los
vice-nordaus[4]. Miren cómo se han echado a vuelo las campa-
nas del escándalo. Todo momento se aprovecha. Ha bastado
la indecente mascarada de ese cabotín inglés indigestado Pe-
tronio para que los eternos imbéciles hayan encontrado co-
yuntura excelente para vaciar sobre la faz del arte sus más
abominables secreciones. El arte puro necesita de Dios mismo, dijo el extranjero. Se ha apartado de Dios y recibe el artista su pena. ¿Saben, señores, lo que dice en uno de sus libros Ernesto Hello[5]? El arte, en cierta medida y en cierto
modo, es la fuerza que hace estallar la tapa del subterráneo
en que nos ahogamos. ¡Y bien!, se ha preferido el aplasta-
miento del subterráneo; y ése ha sido el triunfo de la sombra... Los que tienen la culpa de todo, interrumpió, son esos
llamados parnasianos o, lo que es lo mismo, los simbolistas,
vamos a decir, los decadentes...

Álvaro Blanco martirizaba sus manos nerviosamente. En
esto se adelantó el general: Señores y amigos: el cuadro espera. Se dirigieron al salón contiguo. Silencio primero; luego
gestos inteligentes, miradas recíprocas, de aprobación, de
concesión. Allá un poco lejos, el extranjero apretaba el brazo
de Álvaro Blanco. «¡Esto sí, querido amigo, esto sí que es
arte!» Había visto poco a poco, había despertado a una bella
visión, había comprendido el cuadro. «La Eva» de Álvaro
Blanco se revestía de la magnificencia de su símbolo; el árbol
crecía y se llenaba de supremos encantos; surgía, se transparentaba el alma del artista, traducida en la música prodigiosa
del color. «Yo soy —decía la mujer en su silencio— su canción de pura y elocuente luz. Yo soy la manzana única del árbol. En mí se encierra la ciencia del bien y del mal, el gozo
supremo, la suma dicha. Conozco la palabra de la serpiente,
y al salir del costado del primer hombre dejé encantado su

[4] Alusiones a Cesare Lombroso (cfr. nota 10 de «Rojo») y Max Nordau
(1849-1923), el médico europeo famoso por sus críticas al decadentismo y a
quien Darío dedicó un capítulo en *Los raros* (1896).
[5] Ernest Hello, autor francés de obras místicas y apologéticas (1828-1885).
Darío lo menciona también en «La extraña muerte de fray Pedro» y en «La leyenda de San Martín», a propósito de sus *Physionomies de saints* (1875).

corazón. Yo soy reina del corazón del hombre. Bajo el ramaje verde y frondoso del árbol, entre las recién nacidas, manzanas, soy la más dulce y la más tentadora. No hay miel comparable a la de mis labios y mi lengua. "Mel et lac sub lingua"[6]. No hay perfume como mi perfume. Yo fui la tentadora y la vencedora.»

El extranjero penetraba en el símbolo y escuchaba la canción. Imaginábase la gloria paradisíaca en la mañana de la naturaleza, al alba del mundo, en el primer sol; el primer rocío hace temblar su nota de diamante sobre las primeras flores, un aire de sutilísima fragancia pasa sobre el gran buey de ojos misteriosos, sobre los buches cantantes de los amorosos pájaros, sobre el león real, sobre las liras de los árboles, sobre las vírgenes intactas, puras y rosadas rosas. Y hay en el jardín de la Gracia un lugar donde la vida y la luz y el aroma y la armonía parece que se juntasen, en el árbol frondoso, en el sagrado seno del Paraíso. En el árbol, sonrosadas como mejillas, rojas como bocas, redondas y firmes como pechos, están en el esplendor de su nacimiento las prohibidas manzanas. En la inocencia de su nacimiento tienen aún como impresa la huella de la mano divina que las modelara, la misma mano que modeló la maravilla femenina. Son de fina y sedosa piel, como la inmaculada piel de Eva, son rosadas como el rostro maravilloso de Eva; con ligero velo de raso, temblantes, culminantes, fascinantes, como los senos impolutos de Eva.

Los apretones de mano se sucedieron. Las exclamaciones, las conclusiones, las epifonemas de pasión americanista...

—¡Vea usted lo que es América! Y el extranjero sonriendo y mirando al pintor: —Sí, América, la América de don Andrés Bello y de don José Joaquín de Olmedo... Y las manos de Álvaro Blanco, en el potro. Y el diplomático americano vaciando su saco de banalidades. Felizmente, al estallar una de las tiradas de Caín, la conversación cambió de tema. Álvaro Blanco había quedado en narrar cómo había conocido al modelo de su cuadro. La manzana vive, había dicho el general: todas las diosas de mármol y las mujeres de los lienzos

---

[6] Verso del *Cantar de los Cantares* (4:11) que Darío cita completo al final de su cuento de *Azul...* «Palomas blancas y garzas morenas».

han vivido, como las creaciones de los poetas. El pintor hablaba locuaz. En verdad, había visto en el transcurso de su vida, en el laberinto de sus conocimientos, en sus viajes, aquí, allá, en carne y hueso, muchos tipos y figuras que la imaginación y el ensueño han hecho nacer. No iría su opinión hasta afirmarles que, siguiendo al más escandaloso de los estetas[7], la Naturaleza copie al Arte; pero había mirado, naturales y vivos, a Hamlet, a Otello, a la Fuente de Ingres, a la Venus de Milo, al Hermafrodita del Louvre, a los Tres Mosqueteros, a Mimí Pinsón, a Salambó, a Cuasimodo, a Ofelia, a Dea.

Recordaba perfectamente que Hamlet vivía en un burgo de Alemania; su inteligencia era lo suficiente para el ayudante de un panadero; pero al ver su faz, gestos y miradas, hubiérase creído, a cada paso, saldría de sus labios la imprecación: «Ángeles y ministros de luz», o el grito: «¡Un ratón!» A Otello lo había tratado a bordo de un buque francés, entre Nueva York y El Havre; viajaba con una Desdémona obesa y prosaica que solía cantar romanzas en el piano; a la Fuente

Jeune, oh! si jeune avec sa blancheur enfantine,
Debout contre le roc la Naiade argentine...

la había visto vestida, era una bella campesina, fresca y rosada, fuertemente virginal, a punto de que en su inocente y cándido marfil se podían estrellar todos los aceros y los oros de las Conquistas.

La Venus de Milo era yanqui y tarareaba trozos del Mikado y Canciones de Norte América, acompañándose con un banjo. El Hermafrodita era la hija de un Pastor Protestante, con su cuerpo andrógino, su faz enigmática, su cabellera tersa y bella.

Athos, Portos y Aramis eran tres estudiantes; no les faltaban ni los mostachos, ni el alma mosquetera. Habían seguido a Mimí Pinsón por las calles de París, la misma Mimí Pinsón del verso, la misma, ¡Lauderirette!, con los mismos cabe-

---

[7] Oscar Wilde (1854-1900), a quien Darío admiró durante toda su vida y a quien pertenece la frase citada a continuación.

llos rubios... Salambó era una corista de un teatro de segundo orden, sus ojos, sus brazos se sabían a Flaubert de memoria; y en su aposento, la serpiente que se enrollaba a su cuerpo desnudo, blanco y admirable, era una boa comprada en un almacén de reventa. Cuasimodo era portero de un ministro. Ofelia, prostituta en Buenos Aires. Dea, un número de hospital. Cada uno de esos tipos era tal, que cada artista creador lo habría reconocido. En cuanto a la Manzana, sí, ciertamente, existía en carne y hueso. Habíala conocido en una isla cercana a Buenos Aires, a donde solía él ir a tomar apuntes; lugar de preciosos paisajes, en donde el río presentaba, como en ninguna parte, la inapreciable gama de colores. Era «La Manzana» una muchacha de padres de Italia, fresca y linda, con sus catorce años, catorce que parecían dieciocho. Había sido para él, ¿por qué no confesarlo?, una curiosa página de su novela de amor. Un amorcillo sano y puro, casi inexplicable. El arte entraba por medio y sus jóvenes años y sus ilusiones en flor. Todavía no le había enseñado la Serpiente con sus ásperas lecciones, con los engaños, con las falsías, con las traiciones de la gata de Nietzsche, ni una sola artimaña, ni perversidad. Era bueno y casi niño. Así pudo acariciar entonces la buena y casi primitiva ilusión. Ella también lo amó a su manera. Al mirarle sonreírse trayendo a su imaginación la figura de las Gracielas y Betinas[8]; alegres y discretas tarantelas, delante del ojo aprobador de los viejos, al compás de los cantos y panderetas; citas sin malicia a la orilla del río, bajo una viña en flor; la moza rústica y sana que ríe a plenos dientes y guarda intangible su ramito de azahar; la Mascotta guardadora de pavos, conocida de los carneros y deseada de los mozos de labranza; una rosa, o mejor, una fruta campesina. Una fruta, por eso le había llamado la Manzana, porque era semejante a esa hermosa y sabrosa y olorosa fruta. Manzana brotada al amor de una buena tierra, acariciada tan so-

---

[8] Estas dos figuras coinciden en ser jóvenes adolescentes caracterizadas por su belleza y la fidelidad amorosa hacia sus parejas. En concreto, Graciela sería el principal personaje de la novela de Lamartine que lleva su nombre por título (1840) y Betina sería la protagonista principal de la opereta titulada La Mascotta (1880), a la que Darío alude poco más adelante.

lamente por los rayos del sol del cielo y las alas del aire, una Manzana intacta, en la cual los pájaros no habían ensayado su pico, ni se habían posado las abejas, ni las mariposas; una fruta doncella, sin vínculo, una fruta, en fin, para que fijase en ella sus ojos la Tentadora e hiciese brotar el agua de la gula en la boca de Adán. Íbala a ver todos los días; plantaba el caballete en el mismo puesto que ella alegraba. Al acercarse a la casita, sentía su risa, como una música silvestre. Comparáis a menudo la risa de las damas galantes a perlas que caen en copas o ánforas de plata, oro o cristal; de la risa de la Manzana hubiera podido decirse que era como si en los siete carrillos de la flauta de Pan se divirtiesen siete céfiros distintos, produciendo amores locos, cada cual su nota melodiosa; o que era una risa de fuente; o una risa como si fuese la risa de Cidalisa, Galatea o Cloe[9].

Reía cortando flores, como en los versos, u ordeñando su vaca predilecta, una gran vaca roja cuyos cuernos simétricos y enormes formaban en el fondo de azul del cielo los dos brazos de una antigua lira. Ordeñaba cantando; pasaba sobre ella un soplo perfumado de bucólica; la leche espumaba bajo sus dedos rosados que apretaban, ágil y vigorosamente, las ubres; u ordeñaba silenciosamente, mirando al pintor de tanto en tanto; y cuando el vaso estaba ya lleno de leche, llevábaselo clavando en los suyos sus dos grandes y amantes y puros ojos pueriles. En cambio, él cortaba las mejores flores, hacía un ramo y se lo ofrecía a la vaquera de la Finojosa, como si lo hubiera ofrecido a la más gentil princesa del mundo. Pasaba un día y otro, y como él no renovase su ramillete, ella no se quitaba del corpiño las flores secas. Aquel rostro... Díjole un día que iba a hacer su retrato. Accedió con el consentimiento de los padres. Vistió su mejor saya y recogióse el cabello, tal como había visto a la maestra de escuela del pueblo. Hízole el pintor que se deshiciese tocado semejante, a lo que accedió ella entre confusa y enojada. Rosada estaba la Manzana y con el cabello en desorden la pintó así. A medida que iba él pintando quería ella ver la pintura. Costábale

---

[9] Galatea es la ninfa cuyos encantos cautivaron al cíclope Polifemo y Cloe la pastorcita enamorada de Dafnis en el famoso idilio griego.

que se estuviese quieta: a sus fingidas impaciencias y enojos contestaba ella con las fugas de la flauta de sus risas. Cuando concluyó el boceto, su contento fue grande, llegó toda la familia, miraban la pintura, miraban la Manzana. Esa noche fue cuando, fiel a la tradición romántica, un risueñor cantó cerca de la niña virgen un aria divina y sencilla, un suave «ritornello» de amor. El Romeo artista habló a la Julieta campesina el idioma de un pasable *flirt* lírico; Julieta conservó su papel de Manzana y Romeo fue Tántalo. Mas ¡oh! Manzana llena de savia de la tierra, su olor era despertador de ardientes ansias; Manzana del jardín de las Hespérides; Manzana de las que solicita la Sulamita; tentadora y misteriosa y sublime fruta que impregna la Biblia con su perfume.

Al salir el Extranjero iba meditando en una página de Ruisbroek, el Admirable[10]. Recordaba la traducción de Otello en el capítulo VII de los siete dones: «Au milieu du paradis Dieu a planté l'arbre de la vie, et de la science du bien et du mal...», etc. y la explicación del simbolismo. Subió la escalera del hotel y, antes de dirigirse a su departamento, recordó la consulta cuasi teológica que le había hecho Caín y tocó la puerta de Parisina.

—¿Parisina?

—¡Adelante!

Se oyó la argentina y dulce voz.

---

[10] Jan Van Ruisbroek (1293-1381), místico flamenco conocido también con el sobrenombre de *Doctor Admirabilis*. Es autor, entre otros, de *Los desposorios espirituales, El reino de los amantes* y *El tabernáculo*.

Voz de lejos[1]

¿Por qué las hagiografías tienen sus olvidados, como las profanas historias de los hombres políticos del siglo? A estos olvidados pertenecen Santa Judith de Arimatea y San Félix Romano. Apenas en las inéditas apuntaciones de un anciano monje del monte Athos[2] hállase un esbozo de sus vidas y nárrase cómo padecieron el martirio, bajo el poder del cruel emperador Tiberio, 20 años después de J. C.

Cayo Félix Apiano era de noble familia. Habíale dotado la naturaleza de un aspecto hermoso y gallardo. En sus primeros años de Roma, cuando aún señalaba su distinción la franja de púrpura de su pretexta[3], habíale consagrado Casia, madre suya, al dios Apolo.

Su gusto por la armonía era extremado. Tocaba instrumentos músicos y frecuentaba a poetas de renombre entonces, por cuya relación entró en el amor de las musas. Pero al mismo tiempo, las costumbres paganas presentaron a su alma juvenil el atractivo de los placeres, e inclináronle a gozar de la vida, coronado de flores. Así pasaba la existencia en canto y

---

[1] Apareció en *El Tiempo* de Buenos Aires, el 17 de abril de 1896; iba dedicado «A Enrique Freixas», periodista español (1848-1905) que trabajaba también en *La Nación* y se encargaba de las críticas musicales. Seguimos el texto de Mapes (Darío, 1938a, 178-179).

[2] El monte Athos es más bien una pequeña y montañosa península griega, con abundantes monasterios que formaban una especie de república y que albergaban documentos de gran valor histórico.

[3] *pretexta*: tipo de toga que vestían los nobles romanos y cuyo principal distintivo era la orla de color violeta que menciona Darío.

210

fiestas, mimado por las gracias y preferido por las cortesanas. Viajó después a diversos países, no tanto por el deseo de dar a su espíritu de poeta y a sus ojos deseosos el regalo de paisajes nuevos, sino para deleitarse con amores nuevos, mirar femeninos ojos nuevos, besar bocas nuevas. Su vida habíase hecho famosa por sus excesos. Poseíale el demonio de las concupiscencias. Su padre, un día, cansado de sus escándalos, envióle por algún tiempo a Judea, recomendado a la vigilancia, al afecto y buen consejo del pretor.

*

En Arimatea, cerca de Jerusalén, había nacido Judith, hija de José. Su familia era de buen nombre en la ciudad de su nacimiento. La niña, desde su infancia, apareció dotada de singular vivacidad y hermosura. Su voz alegraba la casa de sus padres y en sus ojos ardía una llama extraña. Creció y dio su aroma de mujer, como una roja rosa loca. Su sangre era como de rosa roja. Su corazón era de virgen loca. Poseíala el demonio de las concupiscencias. Un día, al paso de una caravana de mercaderes, Judith desapareció. El viejo padre lloró sobre su infamia.

Judith era la realización de un perturbado ensueño de belleza; belleza en que hubiese intervenido la mano de Satanás, maravilloso y terrible cincelador de simulacros de pecado. Esa belleza especial y cuyo íntimo encanto produce una a modo de delectación dolorosa en el sensitivo que cae bajo su influjo, la tuvo la otra Judith que degolló al guerrero Holofernes[4]; Herodías, centifolia cruel de los Tetrarcas; Salomé, cuya danza de serpiente hizo caer la santa cabeza del bautizador de Dios, pues todas las hembras humanas que nacen con ese don de satánica beldad gustan de la sangre, se regocijan con

---

[4] Judith: viuda israelita, consiguió engañar y dar muerte a Holofernes, general de los ejércitos de Nabucodonosor, decapitándolo con su propia espada (*Judith* 13). A continuación se menciona a Herodías, la esposa adúltera de Herodes y también la esposa legal de Felipe, hermano de Herodes que, como él, era también uno de los tetrarcas de Israel. Salomé fue la hija de Herodías y Felipe.

las extrañas penas, se encienden de placer ante el espectáculo de los martirios.

Ellas son trasunto de aquella visión del evangelista Juan, la cual tenía, sobre su cabeza, escrita la palabra *Misterium*.

Son la abominación hechicera y atractiva: son la condenación. Judith de Arimatea pudo tener por nombre Pecada.

*

En una taberna del burgo de Betania, diviértense unos cuantos mercaderes de granos y soldados de las guardias pretorianas. Varias prostitutas sirven el vino, y luego, al son de los instrumentos, danzan. Entre todas llévase la palma María, mujer de cabellos de oro apellidada Magdalena, y Judith, mujer de cabellos negros, de Arimatea.

Ambas poseen en la hermosura de sus cuerpos setenta veces siete encantos, pues son el habitáculo de siete espíritus del mal.

Ambas tienen en las miradas de sus ojos caricias húmedas, promesas candentes; en sus cabellos, ungüentos despertadores del deseo; en sus labios, sonrisas que son un llamamiento al combate carnal. María es lánguidamente apasionada; Judith más fogosa y violenta; María se inclina como una gallarda palma; Judith, en su paso serpentino, hace danzar sus ojos, sus senos, sus brazos, su vientre, como si en ella se contuviese toda la inicial primavera de la sangre.

*

Félix ha mirado a la danzarina y arde en su ser la llama del deseo. Júntanse las voluntes por un gesto indicador.

Tiempo después. Betania. Un huerto. Sol. Flores.

Félix.—Amada, es un bello día.

Judith.—Es un bello y dulce día, amado mío.

Félix.—Tenemos manzanas en los árboles. Jamás he visto más alegres a los pájaros.

Judith.—Jamás las mariposas han sido para mí más lindas, ni mejores mensajeras de buenas nuevas.

212

Félix.—Un beso...

Judith.—Un beso.

Félix.—Ciertamente, oh Judith, la felicidad puede encontrarse sobre la tierra. He aquí cómo nosotros la hemos encontrado. Yo, fatigado de las delicias pasajeras, te he escogido como a la ola en que mi nave arrojó el ancla. Tú eres la depositaria de mi corazón.

Judith.—Tú me elegiste.

Félix.—Yo te elegí, oh poderosa mujer. Te conocí cuando dependías de un mercader de Roma. Nuestros espíritus se comprendieron. Nuestras miradas se dijeron nuestros secretos. Tú eres la esperada de mi alma y de mi cuerpo.

Judith.—Yo me sentí arrastrada por tu fuerza incomprensible.

Félix.—Y he aquí que tú contienes el misterio supremo del placer. Tú has hecho vibrar como nunca el arpa de mi vida, desde el primer instante en que tus besos me incendiaron.

Judith.—Sé amar.

Félix.—¿Nada más? Sabes matar. Juntas la caricia con el dolor. Adoras los obscuros misterios. Llevas tus leones de amor, jugando y saltando, hasta el borde del precipicio de la tumba.

Judith.—Sé amar.

(Exeunt)

*

Voz de la boca de sombra.—Sembrad rosas y manzanos. Gozad de los goces de la lujuria, juntaos como el jugo de la mandrágora y la sangre de la zarza. Sois predestinados para el mal y para el placer, pues uno no es sin otro.

Judas Iscariote.—Félix, hermano de mis buenas horas, voy a morir. Estoy al caer al fondo de un precipicio. Juntos hemos recorrido las tabernas alegres, juntos hemos visto las hermosas mujeres. Yo, cerca del Maestro, he creído encontrar la felicidad y la dicha. He sido nombrado guardián del tesoro de mis hermanos. Una sombra vaga me ha impulsado siempre a tirar los dados. Esa sombra vaga me ha

213

impulsado siempre a tirar los dados y a seguir con los ojos de mi alma la visión de una riqueza fácil y probable. Soy un tempestuoso pecador entre gentes tranquilas y buenas.

Ayer me has visto en compañía de aquellos pescadores. Aquellos pescadores eran mis compañeros. *Él* era aquel nazareno de ojos incomprensibles de soberana y dulce majestad.

Mas he aquí que he perdido todo el tesoro a los dados. Todo el tesoro está en poder del centurión que conmigo tiró ayer los dados. Hoy jugué lo último que tenía, ¡oh Félix!, treinta dineros que cayeron en mis manos como treinta brasas. Jugué y perdí, querido compañero de tabernas. Mientras no tenga construido un muro eterno delante de mis ojos, no dejaré de contemplar una faz triste que me mira. Yo soy el que viene a decirte adiós. No mires en mí sino al elegido de la suerte, o más bien a la víctima de la fatalidad del mal. Tengo una cuerda para mi pescuezo. Cuenta mañana que el cuerpo que cuelga en Hacéldama es el de quien se ahorcó porque el juego le arrancó hasta el último pedazo de piel. Yo no soy, oh Félix, sino por necesidad, suicida. Vendí un cordero por salvarme. He perdido el precio del cordero, y mi existencia no me pertenece ya. Cuenta mañana esto a tus hijos.

*

LA HIJA DE JAIRO.—Judith, yo vengo a ti, pues has sido la amiga de mi infancia. No contemples ahora como antes las pupilas de mis ojos. No mires los dos puntos negros que hay en el centro de las pupilas de mis ojos. Porque si tal miraras, oh Judith, caerías en el sepulcro.

Yo he visto, después del tiempo en que hemos hecho juntas ramos de rosas, en mis años juveniles, cuando estaba en Arimatea, el sol del cielo frente a frente. Mas después no he de decirte lo que he visto. Cuando miraba el primero quedaba en mi visión la impresión sombría, la huella de su potente luz, como un halo extraño. La impresión que hoy ha quedado en mi alma, en los ojos de mi alma, no me la preguntes, Judith, hermana mía.

214

JUDITH.—¿Has mirado acaso el sol original del amor?
LA HIJA DE JAIRO.—La muerte.

(Exeunt)

*

LONGINOS.—Yo soy el ciego que miró por la virtud del agua
y de la sangre. Ambos son los humores en que el supremo
misterio se recrea: ¡oh, agua del corazón del mar; sangre
del corazón del hombre[5]!

*

Todo se ha cumplido. Es la hora ya en que Cristo ha muerto. El
Cristo ha partido desconsolado del mundo. Los hombres no le com-
prendieron como las tinieblas. Porque los hombres están llenos de ti-
nieblas, dijo el profeta. Mas he aquí, que la resurrección anuncia el
triunfo del divino símbolo.

*

JOSÉ.—No te conozco, pobre mujer. Vengo de lejos. Nada
hay en mi bolsillo. Es ya tarde. Voy a descansar después de
un trabajo tal, que mi alma de anciano está contenta cual
si fuese el alma de mi infancia. No puedo darte limosna.
JUDITH.—¡Padre!
JOSÉ.—¿Padre? No te conozco, pobre mujer.
JUDITH.—Dígante lo que yo no puedo decirte, mi cabello
despeinado y mis ojos rojos de llanto.
VOZ DE LA BOCA DE SOMBRA.—He aquí, oh José de Arimatea,
que esa pobre mujer desgarrada es tu hija. Ella ha pecado
y ha emblanquecido tus cabellos con deshonra; mas un

---

[5] Longinos es el nombre que la tradición asigna al soldado romano, luego
converso, que atravesó con su lanza el cuerpo crucificado de Jesús, del que
brotaron la sangre y el agua que se mencionan en el texto (cfr. Jn 19, 31-37).
El personaje y el nombre de Longinos parecen resultarle especialmente atrac-
tivos a Darío, que también recurre a ellos en «Palimpsesto I» y en «Cuento de
Nochebuena».

día llegó en que la amiga de María Magdalena y la amante de Félix oyera la voz del maestro celeste, y su corazón fue conmovido como todo corazón cuando se le hiere en su más sensible fibra de amor. Y la pecadora miserable se levantó en busca de su salvación. Y su cabellera perfumada de ungüentos, desdeñó las flores.

Y fue el día viernes, el último día viernes en que la tierra tembló y se rasgó el velo del templo. Y tú, oh José de Arimatea, que has tenido un refugio de piedra para el cuerpo del Salvador, tuviste unos ojos que eran carne de tu carne, ojos femeninos y filiales, junto a los de las tres Marías y de Juan, cerca de las cruces del suplicio, y la gracia penetró en el espíritu de la pecadora, como un puñal de luz sacrosanta, y el señor perdonó a la hija de José de Arimatea, como había perdonado a María Magdalena.

José.—Pues que así pecó, perdónela Dios como a María la Magdalena. Borre la bendición del Padre de luz la maldición del padre de carne.

*

Camino del desierto, van dos túnicas de pelo de camello. Cuatro pies se despedazan sus sandalias, contra las piedras del camino. Van dos elegidos de Dios que antes eran pecadores, a predicar la fe de Cristo, que no ha mucho tiempo fue crucificado en Judea por el pretor Pilatos.

Uno es Félix de Roma, que va camino del Circo de los leones. Otro es Judith de Arimatea, que va camino del Circo de los leones.

Ambos han padecido y hecho penitencia por veinte años. Son seres del Señor. Su paso es santo.

*

El poeta.—Yo digo la palabra que encarna mi pensamiento y mi sentimiento. La doy al mundo como Dios me la da. No busco que el Público me entienda. Quiero hablar para las orejas de los elegidos. El pueblo se junta con los aristos. A ellos mi ser, la música intencional de mi lengua.

216

Las lágrimas del centauro[1]

Ciento veintinueve años habían pasado después de que Valeriano y Decio, crueles emperadores, mostraron la bárbara furia de sus persecuciones sacrificando a los hijos de Cristo; y sucedió que un día de claro azul, cerca de un arroyo en la Tebaida, se encontraron frente a frente un sátiro y un centauro. (La existencia de estos dos seres está comprobada con testimonios de santos y sabios.) Ambos iban sedientos bajo el claro del cielo, y apagaron su sed: el centauro, cogiendo el agua en el hueco de la mano; el sátiro, inclinándose sobre la linfa hasta sorberla.

Después hablaron de esta manera:

—No ha mucho —dijo el primero—, viniendo por el lado

---

[1] Con este título se publicó por primera vez en *El Porvenir de Centro-América* de San Salvador, el día 23 de abril de 1896. Unas semanas más tarde, el 14 de junio, apareció también en *Buenos Aires*, con el mismo título (Darío, 1994, 275 y Darío, 1968b, 80). También se recogió en *Blanco y Negro* el 29 de agosto de 1908 con el título de «Palimpsesto», que es el que luego pasó a la edición de Mejía Sánchez. Seguimos el texto de *Blanco y Negro*.

En este palimpsesto Darío reescribe la famosa visita de San Antonio a San Pablo, ambos eremitas en el desierto egipcio (siglos III y IV). En concreto, Darío sigue muy de cerca el primer capítulo de *Le vite dei santi padri*, de fray Domenico Cavalca (? -1342), el cual, además de narrar el encuentro de San Antonio con las dos criaturas y de poner en boca del sátiro el reconocimiento del paganismo al nuevo Dios, comienza su relato con unas palabras semejantes a las del cuento de Darío: «Al tempo di Decio e di Valeriano imperadori, perseguitatori di fedeli cristiani, nel qual tempo Cornelio a Roma e Cipriano a Cartagine fuorono martirizzati, fu grande persecuzione e uccidimento di cristiani appo Tebaida ed Egitto» (cfr. Domenico Cavalca, *Le vite dei santi padri*, Milán, Istituto Editoriale, sf., I, 21-25).

del Norte, he visto a un ser divino, quizá Júpiter mismo, bajo el disfraz de un bello anciano. Sus ojos eran penetrantes y poderosos, su gran barba blanca le caía a la cintura; caminaba despaciosamente, apoyado en un tosco bordón. Al verme, se dirigió hacia mí, hizo un signo extraño con la diestra; sentíle tan grande como si pudiese enviar a voluntad el rayo del Olimpo. No de otro modo quedé que si tuviese ante la mirada mía al padre de los dioses. Hablóme en una lengua extraña, que, no obstante, comprendí. Buscaba una senda por mí ignorada, pero que sin saber cómo pude indicarle, obedeciendo a raro y desconocido poder. Tal miedo sentí, que antes de que el numen siguiese su camino[2], corrí locamente por la vasta llanura, vientre a tierra y cabellera al aire.

—¡Ah! —exclamó el sátiro—. ¿Tú ignoras acaso que una aurora nueva abre ya las puertas del Oriente, y que los dioses todos han caído delante de otro Dios más fuerte y más grande? El anciano que tú has visto no era Júpiter, no es ningún ser olímpico. Es un enviado del Dios nuevo.

Esta mañana, al salir el sol, estábamos en el monte cercano todos los que aún quedamos del antes inmenso ejército caprípede. Hemos clamado a los cuatro vientos llamando a Pan, y apenas el eco ha respondido a nuestra voz. Nuestras zampoñas no suenan ya como en los pasados días; a través de las hojas y ramajes no hemos visto una sola ninfa de rosa y mármol vivos como las que eran antes nuestro encanto. La muerte nos persigue. Todos hemos tendido nuestros brazos velludos y hemos inclinado nuestras pobres testas cornudas pidiendo amparo al que se anuncia como único Dios inmortal.

Yo también he visto a ese anciano de la barba blanca, delante del cual has sentido el influjo de un desconocido poder. Ha pocas horas, en el vecino valle, encontréle apoyado en su bordón murmurando plegarias, vestido de una áspera tela, ceñidos los riñones con una cuerda. Te juro que era más hermoso que Homero, que hablaba con los dioses y tenía también larga barba de nieve. Yo tenía en mis manos a la sazón miel y dátiles. Ofrecíle, y gustó de ellos como un mortal.

---

[2] Darío, 1988, 361: «antes de que Júpiter siguiera su camino».

Hablóme, y le comprendí sin saber su lenguaje. Quiso saber quién era yo, y díjele que enviado de mis compañeros en busca del gran Dios, y rogábale intercediese por nosotros. Lloró de gozo el anciano, y sobre todas sus palabras y gemidos resonaba en mis oídos con armonía arcana esta palabra: ¡Cristo! Después levantó sus imprecaciones sobre Alejandría; y yo también, como tú, temeroso, hui tan rápidamente como pueden ayudarme mis patas de cabra.

Entonces el centauro sintió caer por su rostro lágrimas copiosas. Lloró por el viejo paganismo muerto; pero también, lleno de una fe recién nacida, lloró conmovido al aparecimiento de una nueva luz.

Y mientras sus lágrimas caían sobre la tierra negra y fecunda, en la cueva de Pablo el ermitaño se saludaban en Cristo dos cabelleras blancas, dos barbas canas, dos almas señaladas por el Señor. Y como Antonio refiriese al solitario su encuentro con los dos monstruos, y de qué manera llegase a su retiro del yermo, díjole el primero de los eremitas:

—En verdad, hermano, que ambos tendrán su premio; la mitad de ellos pertenece a las bestias, de las cuales cuida Dios solo; la otra mitad es del hombre, y la justicia eterna la premia o la castiga.

He aquí que la siringa, la flauta pagana, crecerá y aparecerá más tarde en los tubos de los órganos de las basílicas, por premio al sátiro que buscó a Dios; y pues el centauro ha llorado mitad por los dioses antiguos de Grecia y mitad por la nueva fe, sentenciado será a correr mientras viva sobre el haz de la tierra, hasta que de un salto portentoso, en virtud de sus lágrimas, ascienda al cielo azul para quedar para siempre luminoso en la maravilla de las constelaciones.

Historia de un 25 de mayo[1]

Patria, carmen et amor...

Es la víspera del día argentino.

Parisina salta muy tempranera del lecho; ríe, canta como un pájaro, va y viene; vuelca el polvo de arroz; charla y se viste de modo que queda linda como una princesa; sacude mi pereza soñolienta; heme ya despabilado; estoy listo; me abotona los guantes; al salir de la casa me pregunta, alegre y fresca:

—Raúl, ¿recuerdas los versos de Mendès sobre el 14 de julio?[2].

—¿Cómo no los he de recordar? Son una música de estrofas, una bandada de rimas, un orfeón de consonantes, con que el amor y la alegría celebran también el día de la patria

---

[1] Apareció en *El Tiempo* de Buenos Aires, el 29 de mayo de 1896. El hecho de que el protagonista femenino de este cuento tenga el mismo nombre que el de «Caín» parece justificar la hipótesis de que Darío, en algún momento, tuvo la intención de llevar a cabo un trabajo más largo, quizá una novela (cfr. Darío, 1970, 135). Seguimos el texto de Mapes (Darío, 1938a, 180-181). El 25 de mayo es la fiesta nacional argentina, y se celebra el aniversario de la reunión en 1810 de la primera junta independiente.

[2] No está muy clara la identidad de estos versos, pues no parece existir ningún poema de Mendès que encaje en las palabras de Darío. Lo que sí existe es un trabajo de Hugo titulado «Celebration du 14 Juillet dans la foret», de 1865, y que sintonizaría bien con el tono del cuento dariano (cfr. Darío, 1988, 318). De todos modos, y ya que la fiesta del 14 de julio ha sido tema de innumerables composiciones, los autores distintos a Mendès que pudieron originar la alusión de Darío serían también innumerables.

francesa. Así nosotros, ¡oh, Parisina!, Parisina parisiense y argentina, celebraremos también la fiesta del sol de mayo. Es el glorioso sol que vieron brillar aquellos viejos augustos, aquellos jóvenes bizarros, aquellos batalladores que primero pensaron en esta tierra, que la libertad era una bella cosa. Es el sol hermoso del amor también, pues da luz jovial de la primavera, el hogar de las rosas, el fuego acariciador y fecundador de la tierra en el mejor tiempo del año.

¿En dónde celebraríamos este gran día sonoro de músicas y florecido de banderas? ¿Iríamos, como los enamorados de Francia van a los dulces recodos del Sena, con nuestra cesta del *lunch,* con nuestro vino, a gozar solos, en un rincón del bosque de Palermo, o en la isla risueña que besa el arroyo de Maciel?[3]. ¿O a recorrer las calles de nuestra gran Buenos Aires, hirvientes de muchedumbre vestida de fiesta, a oír las fanfarrias que pasan, a mirar la Plaza de Mayo y su vieja pirámide?

En vacilaciones estamos, en la gran avenida. Parisina exclama:

—¡Mira qué jinete de penacho blanco!

Un vigilante viene en su caballo, casqueado, ornado el casco de largas y blancas crines. Tras él se adelanta una gran masa humana con banderas y estandartes, al sonar de himnos y marchas: son los italianos.

*

Son los italianos que saludan a este pueblo de América que con ellos fraterniza, que les da sol y albergue, y tierra y trabajo y apretón de manos y abrazos cuando se nombra el triunfante Garibaldi, o cuando se padece en Abbi-Garima[4].

La masa humana se adelanta: los balcones se constelan de ojos de mujeres; las manos blancas riegan flores, los hombres aplauden.

---

[3] *Palermo*: extenso parque de Buenos Aires. *Maciel*: arroyo que desemboca en el Río de la Plata.
[4] Esta última es, seguramente, una alusión a alguna de las batallas sostenidas por el ejército italiano en sus colonias del África oriental, que fueron especialmente adversas en los años en que escribe Darío.

—¡Viva la República Argentina! ¡Viva Italia!

Parisina me dice con su voz armoniosa:

—Escucha: ¿qué es la patria? ¿Es el lugar en donde se nace? ¿El lugar en donde se vive? ¿Es el cielo y el suelo y la hierba y la flor que conoció la infancia? Te diré, querido mío, que al son de los himnos yo tengo todas las patrias. Como esos italianos son argentinos ahora, yo, parisiense, soy ahora argentina e italiana. ¿Por qué? Por la influencia del entusiasmo y por el amor de este hermoso sol que alumbra en el continente un tan espléndido país; y sobre todo, porque apoyada en tu brazo, jamás he visto pasar más jubilosas horas: ¡la patria está en donde somos felices!

—Por eso —le contesto—, pequeño y adorable pájaro cosmopolita, parece que hoy te hubieses adornado como la ciudad y que estuvieses preparada para celebrar el día de mañana, más encantadora y bella que nunca. Sobre la gracia de oro de tus cabellos, tu lindo sombrero se ha posado como una gran mariposa; tus ojos están iluminados de alegría; tu voz suena como la más perfecta de las músicas, tienes tus mejillas de gala, tu andar de los días grandes; y estás cariñosa y gentil, como si hubieses concedido asueto a todos tus cuotidianos relámpagos nerviosos...

Y he aquí que un grupo de franceses en la calle de Florida, al pasar la gente italiana, alza una bandera de Italia y clama por la unión de la gente latina.

Y, mi filósofa rubia, las cosas de la política son obra de los gordos y calvos senadores. Los pueblos no entienden el mundo como los gobiernos. Sobre una calzada de Crispis pasa la fraternidad de la patria de Dante y la patria de Hugo...

Y como la filosofía para Parisina es mucho mejor con helados de fresa, nos sentamos a una de las mesitas bulevarderas, en donde mi amiga bella pudo gustar a un tiempo mismo su helado de fresas y su filosofía.

*

Al día siguiente, henos listos para la partida de campo. Ella prepara la cesta, del mismo modo que allá en París para

222

ir a Bougival[5]. Como en Bougival tendremos en un rinconcito florido, conocido de muy pocos, a la orilla del Río de la Plata, juventud, pollo, fiambre, pastel de hígado, vino delicioso y amor ardiente.

Yo me reharé un alma de estudiante; Parisina olvidará que admira a Botticelli y se encarnará más o menos en Mimi Pinson[6]. Y subimos al coche de alquiler, y vamos camino de nuestro rinconcito, mientras a lo lejos una música nos anuncia que los mortales están oyendo el grito sagrado.

Allá, a las orillas del río, el mantel sobre las hierbas húmedas soporta la riqueza de la cesta. Somos tres, con la soledad. El aire liviano nos roza con su raso invisible. Un olor de campo nuevo nos llega de lo hondo del boscaje; el río, inmenso y grisáceo, dice cosas en voz muy baja.

Un vuelo de pájaro sobre nuestras cabezas; Parisina canta una canción y yo destapo una botella de vino rojo. Un pollo frío jamás ha encontrado dos tan preciosos apetitos.

Ella tiene con los dedos su pata de pollo, con la gracia con que asiría un *bouquet*. Devora como una niña. En el único vaso del pic-nic está contento y toca llamada el vino de Francia.

*

¡Oh próceres, oh bravo caballero San Martín![7], ¡oh severos padres de la patria argentina, férreos capitanes!, ¡oh Belgrano, oh Rivadavia!, y tú, ¡oh joven y egregio Moreno!, debéis estar contentos cuando al par de los cañonazos del ejér-

---

[5] *Bougival*: Pueblo cercano a París muy concurrido entonces durante los fines de semana y otros días de descanso.

[6] Joven protagonista de las *Escenas de la vida de Bohemia* de Henri Murger (1851) y modelo de la Niní de «El pájaro azul» de Darío.

[7] San Martín: José de San Martín (1778-1850), militar y político argentino, protagonista de diversas y exitosas campañas bélicas en los países sudamericanos. Las figuras que Darío menciona a continuación son Manuel Belgrano (1770-1820), general argentino que con desigual fortuna luchó por la independencia de su patria, Bernardino Rivadavia (1780-1845), político argentino con una carrera tan intensa como brillante, y Enrique Moreno (1845-?), diplomático y militar argentino que ganó varias condecoraciones de guerra y que desempeñó diversas misiones en Europa y América.

cito, de las marchas marciales, de las ceremonias ciudadanas, de los épicos estandartes, recibís el ramillete de la égloga, la celebración que os hace la juventud y el amor. Vuestras glorias pasan sobre nuestras frentes, como una cabalgata de walkirias, mientras los ojos de Parisina brillan en sus dulces aguas de diamantes azules; al par de nuestros clarines canta esta pícara y alegre calandria de oro, que me pica el corazón como una cereza. A los truenos de la artillería, contestará una salva de besos. Y al par de los discursos oficiales y de las arengas patrióticas, esos encendidos labios femeninos dirán versos de amados poetas, rondeles sonoros y sonetos galantes; y nos vendrá de lo invisible como un aliento para vivir la vida y gozar de los años primaverales, en esta vasta tierra ubérrima, en que se ha de vaciar la urna de las razas.

*

Parisina se arregla el cabello; vuelve a posarse en esa áurea gracia la gran mariposa del sombrero; en mi cerebro trabaja como un gnomo el espíritu del verso, alistándome un almacén de rimas que luego han de brotar en sus rítmicas teorías, en honra de la patria universal de las almas y del hogar inmenso de los corazones.

Y la joven rubia, cuya encantadora y simbólica persona pone en mí un goce de ensueños y una visión de amor, quita un botón de rosa del ramo de su corpiño, y gozosa y triunfante, me condecora.

La pesca[1]

Yo había visto a mis pies la destrozada cabeza de ciervo en que las cuerdas amadas habían sabido decir mis sueños armoniosos y mis dulces esperanzas a los vientos errantes. No tenía ya más instrumento —¡caja de mi música íntima, lira mía rota bajo la tempestad, en el naufragio!

Mi pobre barca estaba hecha pedazos; apenas a la orilla del amargo mar, se balanceaba, triste ruina de mi adorada ilusión; y la red estaba rota, deshecha como la lira...

(La esposa había salido a buscar al pescador, dejando encendido el hogar en la cabaña; y mecía al niño dormido en sus brazos, al vuelo de la brisa de la noche.)

*

—¡Ay! ¡Ay! ¡Ay! —grité al océano negro, lleno de cóleras hondas y misteriosas—. Los dioses son injustos y terribles; ¿qué mal hacían al mundo mi lira hecha de la testa de un ciervo, y mi barca pequeña y ligera, y mi red conocida y querida de los tritones y de las sirenas?

(—¡Eh! —grita la mujer con el niño en los brazos—, ¿cenaremos hoy?—. Arde en la choza el resto de un buen fuego.)

---

[1] Apareció en *La Quincena* de Buenos Aires, en septiembre de 1896. Mapes lo incluyó entre los *Pequeños poemas* de su recopilación por considerarlo un poema en prosa (cfr. Darío, 1938a, X y 198). En este trabajo Darío hace una peculiar recreación de la pesca milagrosa que se narra en los Evangelios (Lc 5, 1-11 y Jn 21, 4-8). Seguimos el texto de Mapes.

—¡Ay! ¡Ay! ¡Ay! —grité al cielo—, ¿los dioses son sordos y malos?

*

Allá a lo lejos, en lo negro de la playa, bajo lo negro de las nubes, vi venir una figura blanca, con aspecto de nieve y de lino.

Fue acercándose poco a poco, hacia donde yo me encontraba, con los brazos desfallecidos, delante de mi lira rota, mi barca rota, mi red destrozada.

Y era Él.

—¡Oh! —exclamé—, ¿no me queda más que la muerte?

—Poeta de poca fe —me dijo—, echa las redes al mar.

El cielo se aclaró, brillaron las luminosas constelaciones; las olas se llenaron de astros danzantes y fugaces.

Eché las redes en las aguas llenas de astros, y ¡oh prodigio!, nunca salieron más cargadas. Era una fiesta saltante de estrellas; la divina pedrería viva se agitaba alrededor de mis brazos gozosos.

(Él partió sobre las espumas al lado del Oriente blanco y maravilloso, coronado de su indescriptible nimbo, dejando en las arenas y pequeñas conchas las huellas de sus divinos pies descalzos.)

*

Los buenos hombres de los alrededores nunca vieron mayor alegría en la casa del pescador, después de la tempestad.

¡Oh, qué rica cena! El pescador fumaba su pipa, mientras la lira sagrada cantaba; la mujer hilaba en la rueca; y el niño jugaba al calor del hogar, con dos grandes anillos —huesos restantes del pez Saturno.

226

La klepsidra
(la extracción de la idea)[1]

I

El sol y el aire y la lengua callada de las cosas, dicen al buen minero: es un buen día.

El trabajador, ágil y desnudo, siente cantar su sangre, y correr por su médula un impulso de labor. Como si un invisible aceite lustral le hubiese puesto en los miembros fuerza y ligereza, se juzga listo para todas las luchas, y capaz de llegar con su pico al corazón de la tierra.

La boca del pozo le llama: el hondo pozo cerebral le invita al descenso. El buen trabajador se asoma, y, en el fondo, ve brillar las piedras preciosas.

La naturaleza, como una maternal nodriza, va a darle la mano, a ayudarle a bajar, a la entrada de la mina. Y él desciende en el hoyo sombrío. A poco se oye, con un son harmónico, cómo está hiriendo la roca el pico metálico.

Cuando el minero sale de su tarea, la luz del cielo ilumina sobre el haz de la tierra un tesoro nuevo. Son los diamantes, el oro, los rubíes, las calcedonias, las esmeraldas, las gemas variadas y ricas que ha extraído el buen trabajador.

---

[1] La primera aparición parece ser la de *Buenos Aires*, el día 11 de abril de 1897 (Fletcher, 132). También se recogió en el número 13 de la *Revista Moderna* de México (julio de 1903), con el único título de «La extracción de la idea». Hemos preferido el texto de *Buenos Aires*. *Klepsidra* o *clepsidra* es el nombre que reciben los relojes de agua.

Feliz, descansa de la fatiga, mientras la vieja Nodriza le sonríe misteriosa.

II

¿Está el Sol acaso enfermo?[2]. Tiene sobre los ojos un velo obscuro. El aire salta bruscamente, y va húmedo, cual si saliese de un baño de hielo. Todas las cosas dicen al buen trabajador: es un mal día.

El minero siente en su cuerpo un morboso escalofrío; sus brazos no pueden alzar el pico de labor. Creería que al dar un paso va a caer. El ambiente le hace daño; sus miradas se fatigan queriendo horadar la bruma.

El pozo, negro y mudo, parece serle hostil. El buen trabajador se asoma y mira la obscuridad tan sólo; abajo, en lo profundo, cree escuchar la voz de un funesto grillo.

Pero hay que descender; y sin ayuda, débil, sin voluntad, desciende en el hoyo de sombra[3].

Se oye apenas un sordo golpe de pico, de cuando en cuando. En los intervalos de silencio, rechina el grillo de la mina.

Al llegar la noche, sale, como una hormiga por el borde de un vaso, el minero.

Viene con las manos y los pies destrozados.

No ha podido extraer nada.

No podrá mañana esperar el paso de los mercaderes.

Agotado, casi desfallecido, a la entrada del pozo, se refugia en el sueño[4].

Entonces, cuando está dormido, viene la vieja Nodriza, con una linterna sorda, en silencio. Le ilumina el rostro, y le contempla, misteriosa.

---

[2] *Revista Moderna*: «¿Está el sol acaso enfermo?»
[3] *Revista Moderna*: «desciende al hoyo de sombra».
[4] En la *Revista Moderna* estas cuatro últimas frases forman parte del mismo párrafo que, además, contiene otra frase distinta: «Al llegar la noche, sale, como una hormiga, por el borde de un vaso, el minero. Viene con las manos y los pies destrozados. No ha podido extraer nada. No podrá mañana esperar el paso de los mercaderes. Agotado, casi desfallecido, a la entrada del pozo, se refugia en el sueño.»

Luz de luna[1]

I

Una de las tristes noches de mi vida —aquélla en que más me martirizaba el recuerdo de la más pérfida de las mujeres— dirigí mis pasos fuera de la gran ciudad, en donde las gentes hacen sus negocios y se divierten en la sociedad y en el *sport*.

II

En el tranquilo cielo estaba, como en una pálida bruma de ensueño, misteriosamente fatal, la luna. Su resplandor descendía a bañar de plata las grandes planicies y a enredar en los árboles, negros de noche, temblorosos hilos de luz.

III

¿Por qué será?, dije —con una voz tan secreta que solamente la escuchó mi alma—[2], ¿por qué será que hay almas

---

[1] Se recogió por primera vez en *Buenos Aires* el 1 de agosto de 1897, bajo el título de «Pequeños poemas en prosa. Poema lunático». Aunque aquí seguimos este texto, preferimos el título con que apareció en *Zig-Zag*, el 15 de agosto de 1914. En *Primeros cuentos* llevaba además el subtítulo de «Pierrot» (Darío, 1924, 217-224).

[2] En *Zig-Zag*: «¿Por qué será? —dije con una voz tan secreta que solamente la escuchó mi alma—.»

solitarias con las cuales se encarniza el dolor? Y recordé que el poeta de los *Poemas Saturninos* encuentra el origen de ciertas amargas existencias en el astro extraño, Saturno...[3].

IV

Por el camino que al claro de luna se extendía, ancho y blanquecino, vi venir una carreta desvencijada, tirada por dos escuálidos jamelgos negros[4]. Seguramente era una compañía de saltimbanquis, pues alcancé a ver un negro oso, trajes de farsa, panderos, baúles viejos. Más cerca no tuve duda alguna: reconocí al doctor Casandra, la señorita Colombina, Arlequín... Una súbita inquietud se apoderó de mí. Entre toda aquella comparsa faltaba un rostro caro a la pálida y melancólica Selene.

V

Colombina sonrió maliciosamente, hizo un pícaro guiño, después se inclinó en una bella reverencia. Arlequín dio tres saltos[5]. El doctor se contoneó. El oso pareció decirme con una mirada: «Estás convidado a la cacería de Atta-Troll»[6]. Y cuando busqué en mis bolsillos alguna moneda de cobre, ya los dos jamelgos viejos y escuálidos iban lejos, con un trote inusitado, al argentado brillo de la luna...

VI

Largo rato quedé sumido en mis acostumbradas meditaciones. De repente vi llegar, en carrera azorada y loca, por el camino blanquecino y ancho, la figura cándida de Pierrot.

---

[3] Cfr. nota 14 de «Historia de un sobretodo».
[4] *Zig-Zag* y *Primeros cuentos*: «jamelgos viejos».
[5] *Sic* en *Zig-Zag*; en *Buenos Aires*: «Colombina sonrió maliciosamente. Arlequín dio tres saltos. El doctor se contoneó...»
[6] *Atta-Troll* es el oso protagonista del poema que Heinrich Heine (1797-1856) publicó en 1847. En esa obra, de intención satírica y llena de brillantes descripciones, el oso representa el filisteísmo burgués, al que atacan y acaban por dar caza los representantes de la belleza y la poesía.

¡Debía de haber corrido mucho! Su cara expresaba la angustia, sus gestos la desolación. Con su conocida mímica explicóme de qué modo se había quedado atrás, cómo sus compañeros le habían abandonado mientras él contemplaba, en un celestial éxtasis, el rostro de la luna.

VII

Yo le indiqué la senda que seguía la carreta. Le manifesté cómo yo era un lírico amigo suyo, que vagaba esa noche, al amor de Selene, martirizado por el recuerdo de la más pérfida de las mujeres. Y él cinceló en su máscara de harina la más profunda manifestación de condolencia.

VIII

Después siguió en carrera precipitada, en busca de la alegre compañía. Y mi alma sintió una inmensa amargura sin saber por qué, al contemplar cómo se perdía, en la extensión del camino, aquella pobre figura del Hombre Blanco, de Pierrot, ¡el silencioso enamorado de la luna![7]

---

[7] *Sic* en *Buenos Aires*; en *Zig-Zag* y *Primeros cuentos*: «en la extensión del camino, aquella pobre figura del hombre blanco, de Pierrot, el silencioso enamorado de la luna».

Un cuento para Jeannette[1]

I

Jeannette, ven a ver la dulzura de la tarde. Mira ese suave oro crepuscular, esa rosa de ala de flamenco fundido en tan compasivo azul[2]. La cúpula de la iglesia se recorta, negra, sobre la pompa vespertina. Jeannette, mira la partida del día, la llegada de la noche; y en este amable momento haz que tu respirar mueva mis cabellos, y tu perfume me dé ayuda de ensueños, y tu voz, de cuando en cuando, despedace ingenuamente el cristal sutil de mis meditaciones...

Porque tú no tienes la culpa, ¡oh Jeannette!, de no ser duquesa. Mucho lo dice tu perfil, tu orgulloso y sonrosado rostro, igual en un todo al de la trágica María Antonieta[3], que con tanta gracia sabía medir el paso de la pavana. *Si j'aime Suzette, j'adore Suzon*, dice el omnipotente Lírico de Francia, en un verso en que Júpiter se divierte[4]. Tú, Jeannette, no eres

---

[1] Lo publicó por primera vez *El Tiempo* de Buenos Aires, el día 8 de octubre de 1897; seguimos el texto de Mapes (Darío, 1938a, 185-187).

[2] *Sic* en Mapes, aunque parece más acertada otra lectura: «Mira ese suave oro crepuscular, *ese* rosa de ala de flamenco fundido en tan compasivo azul» (Néstor Lugones).

[3] María Antonieta: aristócrata austriaca (1755-1793), esposa de Luis XVI de Francia (1754-1793); ambos fueron decapitados durante la Revolución Francesa y ambos aparecen también en el «Cuento de Pascuas» de Darío. La *pavana* que se menciona seguidamente es un baile de salón de movimientos pausados y solemnes, muy popular en la Europa de los siglos XVI y XVII.

[4] Darío se refiere a los versos de Victor Hugo en el séptimo libro de *Toute la lyre* (XXII, I), que reproduce de modo inexacto: «J'adore Suzette / mais j'aime

Jeannetton, por la virtud de tu natural imperio, y así como eres Jeannette, te quiero Jeannette. Y cuando callas, que es muchas veces, pues posees el adorable don del silencio, mi fantasía tiene a bien regalarte un traje de corte que oculta tus percales, y una gran cabellera empolvada y unos caprichos de pájaro imperial que comiera gustoso fresas y corazones —y una guillotina...

II

Jeannette, ¿qué te dice el crepúsculo? Yo lo miro reflejarse en tus ojos, en tus dos enigmáticos y negros ojos, en tus dos enigmáticos y negros y diamantinos ojos de ave extraña. (Serían los ojos del papemor[5] fabuloso como los tuyos.)

Yo te contaré ahora un cuento crepuscular, con la precisa condición de que no has de querer comprenderlo: pues si intentas abrir los labios, volarán todos los papemores del cuento. Oye, nada más; mira, nada más. Oye, si suenan músicas que has oído en un tiempo, cuando eras jardinera en el reino de Mataquín y pasaban los príncipes de caza; ve, si crees reconocer rostros en el cortejo, y si las pedrerías moribundas de esta tarde te hacen revivir en la memoria un tiempo de fabulosa existencia...

Éste era un rey... (En tu cabecita encantadora, mi Jeannette, ¿no acaban de soltarse las llaves de las fuentes de colores? ¿No te llama el acento de tus *Mil y una noches*?)

El rey era Belzor, en las islas Opalinas, más allá de la tierra

---

Suzon / Suzette en toilette / Suzzette sans façon.» Sobre los matices de ambos nombres se extiende Darío en un trabajo para *La Nación* publicado el 6 de abril de 1896: «Ambas son los dos polos de la vida. Suzette es Dulcinea, y Suzon es la hija legítima del buen Panza (...) Hay que tener como amigas a las dos» (Darío, 1938a, 176).

[5] *Papemor*: pájaro fabuloso que aparece mencionado en la *Cantilènes* de Jean Moréas (1866). Darío también alude a él en «El reino interior», de *Prosas profanas*. Su origen parece ser la entrada del *Petit glosaire* que Jacques Plowert, bajo el seudónimo de Paul Adam, publicó en 1888 en París y al que Darío se refirió también en la *Historia de mis libros* (Mejía Sánchez; cfr. además Darío, 1950, I, 212).

en que viviera Camaralzamán[6]. Y el rey Belzor, como todos los reyes tenía una hija; y ella había nacido en un día melancólico, al nacer también en la seda del cielo el lucero de la tarde.

Como todas las princesas, Vespertina —éste era su nombre— tenía por madrina un hada, la cual el día de su nacimiento había predicho toda suerte de triunfos, toda felicidad, con la única condición de que, por ser nacida bajo signos arcanos especiales, no mostraría nunca su belleza, no saldría de su palacio de plata pulida y de marfil, sino en la hora en que surgiese, en la celeste seda, el lucero de la tarde, pues Vespertina era una flor crepuscular. Por eso cuando el sol brillaba en su mediodía, nada más triste que las islas, solitarias y como agotadas; mas cuando llegaba la hora delicada del poniente, no había alegría comparable a la de las islas: Vespertina salía, desde su infancia, a recorrer sus jardines y kioscos, y, ¡oh adorable alegría!, ¡oh alegría llena de una tristeza infinitamente sutil!... Los cisnes cantaban en los estanques, como si estuviesen próximos a la más deliciosa agonía; y los pavos reales, bajo las alamedas, o en los jardines de extraña geometría, se detenían, con aires hieráticos, cual si esperasen ver venir algo...

Y era Vespertina que pasaba, con paso de blanca sombra, pues su belleza dulcemente fantasmal dábale el aire de una princesa astral, cuya carne fuese impalpable, y cuyo beso tuviese por nombre: Imposible.

Bajo sus pies brillaban los ópalos y las perlas; a su paso notábase como una inclinación en los grandes lirios, en las frescas rosas blancas, en los trémulos tirsos de los jazmineros.

Delante de ella iba su galgo de color de la nieve, que había nacido en la luna, el cual tenía ojos de hombre.

Y todo era silencio armonioso a su paso, por los jardines, por los kioscos, por las alamedas, hasta que ella se detenía, a resplandor de la luna que aparecía, a escuchar la salutación del ruiseñor, que le decía:

—Princesa Vespertina, en un país remoto está el príncip

---

[6] Camaralzamán: cfr. nota 4 de «El humo de la pipa».

Azur que ha de traer a tus labios y a tu corazón las más gratas mieles. Mas no te dejes encantar por el encanto del príncipe Rojo, que tiene una coraza de sol y un penacho de llamas.

Y Vespertina íbase a su camarín, en su palacio de plata pálida y marfil... ¿A pensar en el príncipe Azur? No, Jeannette, a pensar en el príncipe Rojo.

Porque Vespertina, aunque tan etérea, era mujer, y tenía una cabecita que pensaba así: «El ruiseñor es un pájaro que canta divinamente; pero es muy parlanchín, y el príncipe Rojo debe de tener jaleas y pasteles que no sabe hacer el cocinero del rey Belzor.»

III

El cual dijo un día a su hija:

—Han venido dos embajadores a pedir tu mano. El uno llegó en una bruma perfumada, y dijo su mensaje acompañando las palabras con un son de viola. El otro, al llegar, ha secado los rosales del jardín, pues su caballo respiraba fuego. El uno dice: «Mi amo es el príncipe Azur.» El otro dice: «Mi amo es el príncipe Rojo.»

Era la hora del crepúsculo y el ruiseñor cantaba en la ventana de Vespertina a plena garganta: «Princesa Vespertina, en un país remoto está el príncipe Azur, que ha de traer a tus labios y a tu corazón las más gratas mieles. Mas no te dejes encantar por el encanto del príncipe Rojo, que tiene una coraza de sol y un penacho de llamas.»

—¡Por el lucero de la tarde! —dijo Vespertina—, juro que no me he de casar, padre mío, sino con el príncipe Rojo.

Y así fue dicho al mensajero del caballo de fuego; el cual partió sonando un tan sonoro olifante[7], que hacía temblar los bosques.

Y días después oyóse otro mayor estruendo cerca de las islas Opalinas; y se cegaron los cisnes y los pavos reales.

_____

[7] _olifante_: cuerno de marfil empleado durante la Edad Media en batallas, torneos y cacerías.

Porque como un mar de fuego era el cortejo del príncipe Rojo; el cual tenía una coraza de sol y un penacho de llama, tal como si fuese el sol mismo.

Y dijo:

—¿Dónde está, ¡oh rey Belzor!, tu hija, la princesa Vespertina? Aquí está mi carroza roja para llevarla a mi palacio.

Y entre tanto en las islas era como el mediodía, la luz lo corroía todo, como un ácido; y del palacio de marfil y de plata pálida, salió la princesa Vespertina.

Y aconteció que no vio la faz del príncipe Rojo, porque de pronto se volvió ciega, como los pavos reales y los cisnes; y al querer adelantarse a la carroza, sintió que su cuerpo fantasma se desvanecía; y, en medio de una inmensa desolación luminosa, se desvaneció como un copo de nieve o un algodón de nube... Porque ella era una flor crepuscular; y porque, si el sol se presenta, desaparece en el azul el lucero de la tarde.

IV

Jeannette, a las flores crepusculares, sones de viola; a los cisnes, pedacitos de pan en el estanque; a los ruiseñores, jaulas bonitas; y ricas jaleas como las que quería comer la golosa Vespertina, a las muchachas que se portan bien.

—¡Zut! —dice Jeannette.

Por el Rhin[1]

Près de la fenêtre, aux bords du Rhin,
le profil blond d'une Margarète;
elle dépose de ses doigts lents
le missel où un bout de ciel
luit en un candide bleuet.
Les voiles de vierges bleus et blancs
semblent planer sur l'opale du Rhin.

GUSTAVE KAHN

I

Ayer mañana, muy de mañana, mi vecina comenzó a cantar; despertó como un canario; canta como un canario; es rubia, es hija de Alemania. Diréis que el oro es poca cosa si miráis bañada de sol la cabeza de ese pajarito alemán, que tiene por nombre Margarita, y que no hay duda lo recortó la madre con sus tijeras de algún *Fausto* iluminado por algún mágico viñetista[2].

Près de la fenêtre...
le profil blond d'une Margarète.

---

[1] Apareció en *El Tiempo* de Buenos Aires el 28 de octubre de 1897; seguimos el texto de Mapes (Darío, 1938a, 188-190). Gustave Khan (1859-1936), el simbolista francés cuyos versos utiliza Darío para encabezar su cuento, fue autor de poemarios como *Les palais nomades* (1887), *Chansons d'amant* (1891) o *Domaine de fée* (1895). No hemos podido localizar los versos citados por Darío en ninguno de los trabajos de Khan anteriores a este cuento.

[2] Margarita es también el nombre de la principal protagonista del famoso drama de Goethe.

El verso de Gustave Kahn danzaba en mi memoria. ¿Y la rueca, Margarita? ¿Y la rueca? *Près de la fenêtre*...

Más azules que los *vergissmeinnicht*[3], sus dos pupilas celestiales miran con la franqueza de una dulce piedra preciosa, o de un ágata rara como las piedras fabulosas de los cuentos, que miraban como ojos... Al mirar, sus claros ojos matinales contribuyen a la alegría del día. «Buenos días, vecina, buenos días.» ¿Y la rueca, Margarita, y la rueca?

¡Ah! sí, yo la he de hablar más de cerca y, si me lo permiten sus dos puros ojos, haremos juntos un viaje por el Rhin. ¡Por el Rhin! En compañía de dos ojos más azules que los *vergissmeinnicht* se hace el único viaje que puede soñar un poeta.

Y le he hablado por fin, muy de cerca, y ella me ha contado en curioso idioma muy bravas cosas.

El padre, semejante a un burgomaestre clásico, rico de abdomen y unido a su pipa por la más estrecha de las simpatías, da lecciones de música. ¿Por eso cantará con tanta afinación el canario alemán? Mientras conversamos, el burgomaestre hojea una partitura y ahúma el ambiente con la conciencia de una solfatara.

Yo le digo a Margarita de los versos de Kahn, y le propongo que hagamos el viaje del Rhin juntos, esa misma mañana; y como ella accede y me mira fijamente, partimos a Alemania, como sobre la espalda nevada de un cisne.

No sé qué encanto especial tienen las mujeres germánicas, que a más de producir en nosotros el hechizo del ensueño, nos infunden exquisitamente —costumbre quizá heredada de willis o mujeres-cisnesas —una honda voluptuosidad... La latina os quema; la germana os trae el calor de por dentro, como un cordial[4]. Y así, por mucho que naveguéis a la luz de la luna y oigáis la voz de Lorelei[5], de pronto os sentiréis amorosamente abrasados... ¿No es cierto, oh divino Heine?

---

[3] *vergissmeinnicht*: cfr. nota 5 de «Bouquet».

[4] *cordial*: bebida reconfortante que se da a los enfermos.

[5] *Lorelei*: es el nombre de una gran roca situada en el río Rhin, que en literatura aparece transformada en una especie de maga o de Circe latina. Se la evoca con frecuencia en los versos de los románticos alemanes, Heine entre ellos.

Y Kahn:

Elle dépose de ses doigts lents
le missel où un bout de ciel
luit en un candide bleuet.

¿Qué flor es ésa, Margarita, rubia Margarita, la que tu mano corta después de dejar el antiguo libro de misa? ¿Es una margarita, es una no-me-olvides? No; es una rosa, cuyo corazón compite con la sangre de tus labios.

Es domingo: el campanario soltó sus palomas de oro del palomar de piedra antigua. Es día alegre. El burgomaestre repasa una partitura. Mi vecina y yo vamos camino del Rhin. Ya estamos en él. Allá está el castillo. Más allá el burgo. Allá, más allá, la casa de Margarita.

Les voiles de vierges bleus et blancs
semblent planer sur l'opale du Rhin...

—¿Y la rueca, Margarita?

Margarita está en la ventana de su casa; ha ido ya a misa... Es día domingo, pero no importa: ella hila.

—¡Margarita! te vengo a visitar desde muy lejos, en compañía de mi vecina, cuyos ojos son hermanos de los tuyos.

Margarita está con la rueca.

Margarita me gratifica con una sonrisa; y teje, teje, teje...

II

Ha tiempo murió el abuelo, que fue coracero del gran Federico[6]. Margarita tiene una abuela, cuyas grandes y liliales cofias aprueban, al andar, acciones honestas. La abuela supo de amor heroico y ardiente, hace tiempo, hace largo tiempo. La procesión de años es tan extensa, que apenas se alcanzan a ver los que van por delante...

---

[6] Cfr. nota 11 de «Betún y sangre».

—Buena abuelita, ¿Margarita tiene novio?

—Novio tiene Margarita. No es el estudiante, que tiene una cruz de San Andrés dibujada a sable en la mejilla derecha. No es el dueño de la fábrica, a quien han amenazado los obreros con una degollina si no les aumenta el salario. El novio de Margarita es el propietario de la viña; el buen mozo rojo, que tiene un bello perro, un bello fusil y un coche de dos ruedas tirado por una linda jaca.

—¿Y para cuándo el matrimonio?

—Para la próxima cosecha. En las cubas rebosa el vino blanco.

La abuela charla, charla. Margarita teje, teje, teje.

—¿Y los poetas, abuela?

—Los espantajos alejaron todos los gorriones del plantío de coles; Margarita no entiende de música sino lo necesario para tararear un vals de Strauss.

La noche va a llegar. Aparecen los animales crepusculares, a la orilla del bosque, a la orilla del río.

El viejo Rhin va diciendo sus baladas. La vagarosa bruma se extiende como un sueño que todo lo envuelve; baja al recodo del río, sube por los flancos del castillo; la noche, hela allí, coronada de perlas opacas y en la cabellera negra el empañado cuarto creciente...

Ya la casita de la rubia hilandera está envuelta en sueño.

Entrada la noche, comienza el desfile, frente a la ventana en donde, flor de leyenda, estaba asomada la niña que hilaba en la rueca.

Pasa como un enjambre de abejas de oro, murmurando, el coro de canciones que salen de los vientres de los laúdes viejos, donde viven haciendo un panal de melodías, alrededor del cual el diablo ronda, hecho moscardón... Pasa el diablo, en traje de gala.

En traje de gala va Mefistófeles, todos ya lo sabéis, un bajo de ópera. Sus cejas huyen hacia arriba, como las de los faunos; sobre su frente la pluma tiembla, los bigotes enrollan sus rabos de alacrán; la malla color de fuego aprieta la carne enjuta; a la cintura va el puñal de guardarropía y el espadín infeliz que no pincha, ni tiene el azufre de un fósforo.

Pasa Mefistófeles, un pobre diablo. Pasa el hombre pálido

y pensativo y gentil; pasa Fausto. Todo vestido de negro; va de luto por él mismo. Entre su pobre cabeza yace el sedimento de cien vejeces. A través de la bruma, el cuarto creciente compasivo le envía un rayo que le dora la pálida frente, y hace brillar sus ojos rodeados de ojeras.

Pues ha hecho tanto la fiesta, ha gustado tanto de la vida alegre, que está seriamente amenazado de *tabes dorsalis*[7]. Vedle la manera de caminar; de modo que parece que junto a él va una Muerte de Durero ritmándole el paso, al son de una sorda cornamusa[8].

Pasa la vieja dueña, con el faldellín ajado por avaricias y concupiscencias seniles. Junto a ella, una araña, una escoba, un sapo; y el gordo perro judío que da dinero con absurdo interés y se paga las niñas de doce años; y el gordo perro cristiano que extorsiona al circunciso y al incircunciso, y se receta el plato de cenizas de Sodoma[9].

Pasa Valentín, matachín; agujereado el pellejo a duelos, borracho como una mosca. Se hará de la vista gorda, como le deis un empleo en la agencia del banco, una querida y una bicicleta.

Pasa el organista, que tocó en la iglesia a la hora de la misa y que por dentro es un luterano extra: así ama él a la monja, a la regordeta Sor Sicéfora de los Gozos, que le regala con hojaldres y carnecitas bien manidas, con salsa abacial.

Pasa el gran Wolfgang, patinando. Su cabeza sobrepasa la floresta; su holgada capa negra deja ver su pecho constelado de estrellas.

Empujado por una musa ciega y triste, pasa luego, entre un grupo de gentes vestidas de negro, que sollozan y llevan los rostros cubiertos, pasa en su carretilla de paralítico, el po-

---

[7] *tabes dorsalis*: enfermedad de la médula espinal, de origen venéreo.
[8] Son varios los grabados de Alberto Durero (1471-1528) en que la figura de la Muerte aparece como uno de sus motivos centrales y que podrían haber servido de referencia a Darío en este caso (ej. «Las armas de la muerte», «El caballero, la muerte y el diablo», etc.).
[9] *Sic* en Darío 1988; en Darío, 1938a: «y se receta el plata de cenizas de Sodoma» *[sic]*, que podría leerse también: «y se receta él plata de cenizas de Sodoma».

bre Heine: va alimentando en su regazo a un cuervo funesto, a quien da de comer un puñado de diamantes lunares...

Y junto al tullido, como un paje familiar, va un oso[10].

Pasa, furioso, el pecho desnudo, los gestos violentos, la mirada fulminante, mascando una hostia, estrangulando un cordero, un hombre extraño, que grita:

—Yo soy el magnánimo Zarathustra: seguid mis pasos. Es la hora del imperio: ¡yo soy la luz!

Alrededor del vociferador caen piedras.

—¡Muerte a Nietzsche el loco!

Pasa el desfile, bajo el palio gris de la bruma...

III

Volvemos del viaje al Rhin.

No lo repetiremos.

He perdido las señas de la casa de Margarita.

¿Qué decía el son de la rueca?

¿En qué estábamos, dulce vecina?

Hauptmann se subió al campanario y tocó a somatén[11].

El viejo cara de burgomaestre ha concluido la partitura y limpia el flautín.

—Vecina, no me ha dicho usted todavía en qué se ocupa.

—¿No se lo he dicho? Soy modista. ¿Y usted?

—Yo, poeta.

---

[10] Cfr. nota 6 de «Luz de luna».

[11] Parece una alusión a *Los tejedores*, pieza dramática de Gerhart Hauptmann (1862-1926) acerca de ciertas revueltas sociales ocurridas en Silesia y que, tras su estreno en 1893, fue origen de grandes polémicas. *Somatén*: toque de llamada a gente armada, para perseguir malhechores o defenderse del enemigo.

Thanatophobia[1]

I

Mi padre fue el célebre doctor John Leen, miembro de la Real Sociedad de Investigaciones Psíquicas, de Londres, y muy conocido en el mundo científico por sus estudios sobre el hipnotismo y su célebre *Memoria sobre el Old*. Ha muerto no hace mucho tiempo. Dios lo tenga en gloria (James Leen vació en su estómago gran parte de su cerveza y continuó):

Os habéis reído de mí y de lo que llamáis mis preocupaciones y ridiculeces. Os perdono, porque, francamente, no sospecháis ninguna de las cosas que no comprende nuestra filosofía en el cielo y en la tierra, como dice nuestro maravilloso William[2].

No sabéis que he sufrido mucho, que sufro mucho, aun las más amargas torturas, a causa de vuestras risas... Sí, os repito: no puedo dormir sin luz, no puedo soportar la soledad

[1] Apareció por primera vez en *La Tribuna* de Buenos Aires en noviembre de 1897, concretamente el día 2 de ese mes, día en que la Iglesia celebra la fiesta de sus fieles difuntos y que explica en parte el tono y contenido de este cuento. Preferimos el título de esa primera publicación («Cuento del día de difuntos. Thanatophobia»; Fletcher, 134) al propuesto por Mejía Sánchez («Thanatopia»), que es el que lleva el relato en *Impresiones y sensaciones*, el primer volumen donde se recogió el cuento y en el cual, debido seguramente a algún error, aparecía fechado en «Buenos Aires, 1893» (Madrid, Galo y Sáez, 1925, 19-30).

[2] Palabras de Hamlet a Horacio en el famoso drama de Shakespeare (I, V, 165-167).

de una casa abandonada; tiemblo al ruido misterioso que en horas crepusculares brota de los boscajes en un camino; no me agrada ver revolar un mochuelo o un murciélago; no visito, en ninguna ciudad adonde llego, los cementerios; me martirizan las conversaciones sobre asuntos macabros, y cuando las tengo, mis ojos aguardan para cerrarse, al amor del sueño, que la luz aparezca[3].

Tengo el horror de la que, ¡oh Dios!, tendré que nombrar: de la muerte. Jamás me harías permanecer en una casa donde hubiese un cadáver, así fuese el de mi más amado amigo. Mirad: esa palabra es la más fatídica de las que existen en cualquier idioma: *cadáver*... Os habéis reído, os reís de mí: sea. Pero permitidme que os diga la verdad de mi secreto. Yo he llegado a la República Argentina, *prófugo, después de haber estado cinco años preso, secuestrado miserablemente por el doctor Leen, mi padre;* el cual, si era un gran sabio, sospecho que era un gran bandido. Por orden suya fui llevado a la casa de salud; por orden suya, pues temía quizás que algún día me revelase lo que él pretendía tener oculto...[4]. Lo que vais a saber, porque ya me es imposible resistir el silencio por más tiempo.

Os advierto que no estoy borracho. No he sido loco. Él ordenó mi secuestro, porque... Poned atención.

(Delgado, rubio, nervioso, agitado por un frecuente estremecimiento, levantaba su busto James Leen, en la mesa de la cervecería en que, rodeado de amigos, nos decía esos conceptos. ¿Quién no le conoce en Buenos Aires? No es un excéntrico en su vida cotidiana. De cuando en cuando suele tener esos raros arranques. Como profesor, es uno de los más estimables en uno de nuestros principales colegios, y, como hombre de mundo aunque un tanto silencioso, es uno de los

---

[3] Aunque toda la narración está teñida del miedo real de su autor a la muerte, es en estas líneas donde mejor se nota que Darío echa mano de sus propias costumbres para dibujar el carácter de su personaje (cfr., por ejemplo, Jinesta, 15-23).

[4] pues temía quizás que algún día me revelase lo que él pretendía tener oculto: *sic,* pero quizá quepa mejor otra lectura: pues temía quizás que algún día *yo* revelase lo que él pretendía tener oculto.

mejores elementos jóvenes de los famosos *cinderellas dance*[5].
Así prosiguió esa noche su extraña narración, que no nos
atrevimos a calificar de *fumisterie*[6], dado el carácter de nuestro
amigo. Dejamos al lector la apreciación de los hechos.)

II

Desde muy joven perdí a mi madre, y fui enviado por orden paternal a un colegio de Oxford. Mi padre, que nunca se
manifestó cariñoso para conmigo, me iba a visitar de Londres una vez al año al establecimiento de educación en donde yo crecía, solitario en mi espíritu, sin afectos, sin halagos.

Allí aprendí a ser triste. Físicamente era el retrato de mi
madre, según me han dicho, y *supongo que por esto el doctor procuraba mirarme lo menos que podía.* No os diré más sobre esto.
Son ideas que me vienen. Excusad la manera de mi narración.

Cuando he tocado ese tópico me he sentido conmovido
por una reconocida fuerza. *Procurad comprenderme.* Digo,
pues, que vivía yo solitario en mi espíritu, aprendiendo tristeza en aquel colegio de muros negros, que veo aún en mi
imaginación en noches de luna... ¡Oh, cómo aprendí entonces a ser triste! Veo aún, por una ventana de mi cuarto, bañados de una pálida y maleficiosa luz lunar, los álamos, los
cipreses... ¿por qué había cipreses en el colegio?..., y a lo largo del parque, viejos Términos[7] carcomidos leprosos de
tiempo, en donde solían posar las lechuzas que criaba el
abominable septuagenario y encorvado rector... *¿para qué
criaba lechuzas el rector?*... Y oigo, en lo más silencioso de la
noche, el vuelo de los animales nocturnos y los crujidos de
las mesas y una media noche, os lo juro, una voz: «James».
¡Oh voz!

[5] *cinderellas dance*: el baile de Cenicienta, es decir, los bailes organizados
para buscar pareja.
[6] *fumisterie*: en francés, broma, tomadura de pelo.
[7] *Término*: divinidad clásica cuya efigie se solía colocar en jardines y
campos.

Al cumplir los veinte años se me anunció un día la visita de mi padre. *Alegréme, a pesar de que instintivamente sentía repulsión por él;* alegréme, porque necesitaba en aquellos momentos desahogarme con alguien, *aunque fuese con él.*

Llegó más amable que otras veces; y aunque no me miraba frente a frente, su voz sonaba grave, con cierta amabilidad para conmigo. Yo le manifesté que deseaba, por fin, volver a Londres, que había concluido mis estudios; que si permanecía más tiempo en aquella casa, me moriría de tristeza... Su voz resonó grave, con cierta amabilidad para conmigo:

—He pensado, cabalmente, James, llevarte hoy mismo. El rector me ha comunicado que no estás bien de salud, que padeces de insomnios, que comes poco. El exceso de estudios es malo, como todos los excesos. Además —quería decirte—, tengo otro motivo para llevarte a Londres. Mi edad necesitaba un apoyo y lo he buscado. Tienes una madrastra, a quien he de presentarte y que desea ardientemente conocerte. Hoy mismo vendrás, pues, conmigo.

¡Una madrastra! Y de pronto se me vino a la memoria mi dulce y blanca y rubia madrecita, que de niño me amó tanto, me mimó tanto, abandonada casi por mi padre, que se pasaba noches y días en su horrible laboratorio, mientras aquella pobre y delicada flor se consumía... ¡Una madrastra! Iría yo, pues, a soportar la tiranía de la nueva esposa del doctor Leen, quizá una espantable *blue-stocking*[8], o una cruel sabionda, o una bruja... Perdonad las palabras. A veces no sé ciertamente lo que digo, o quizá lo sé demasiado...

No contesté una sola palabra a mi padre, y, conforme con su disposición, tomamos el tren que nos condujo a nuestra mansión de Londres.

Desde que llegamos, desde que penetré por la gran puerta antigua, a la que seguía una escalera obscura que daba al piso principal, me sorprendí desagradablemente: no había en casa uno solo de los antiguos sirvientes.

Cuatro o cinco viejos enclenques, con grandes libreas flojas y negras, se inclinaban a nuestro paso, con genuflexiones

---

[8] *blue-stocking*: mujer docta pero pedante.

tardas, mudos. Penetramos al gran salón. Todo estaba cambiado: los muebles de antes estaban substituidos por otros de un gusto seco y frío. Tan solamente quedaba en el fondo del salón un gran retrato de mi madre, obra de Dante Gabriel Rossetti[9], cubierto de un largo velo de crespón.

Mi padre me condujo a mis habitaciones, que no quedaban lejos de su laboratorio. Me dio las buenas tardes. Por una inexplicable cortesía, preguntéle por mi madrastra. Me contestó despaciosamente, recalcando las sílabas con una voz entre cariñosa y temerosa que *entonces yo no comprendía:*

—La verás luego... Que la has de ver es seguro... James, mi hijito James, adiós. Te digo que la verás luego...

III

Ángeles del Señor, ¿por qué no me llevastéis con vosotros? Y tú, madre, madrecita mía, *my sweet Lily*, ¿por qué no me llevaste contigo en aquellos instantes? Hubiera preferido ser tragado por un abismo o pulverizado por una roca, o reducido a ceniza por la llama de un relámpago...

Fue esa misma noche, sí. Con una extraña fatiga de cuerpo y de espíritu, me había echado en el lecho, vestido con el mismo traje de viaje. Como en un ensueño, recuerdo haber oído acercarse a mi cuarto a uno de los viejos de la servidumbre, mascullando no sé qué palabras y mirándome vagamente con un par de ojillos estrábicos que me hacían el efecto de un mal sueño. Luego vi que prendió un candelabro con tres velas de cera. Cuando desperté a eso de las nueve, las velas ardían en la habitación.

Lavéme. Mudéme. Luego sentí pasos: apareció mi padre. Por primera vez, *¡por primera vez!*, vi sus ojos clavados en los míos. Unos indescriptibles ojos, os lo aseguro; ¡unos ojos como no habéis visto jamás, ni veréis jamás: unos

---

[9] Dante Gabriel Rossetti, pintor y poeta prerrafaelita (1828-1882) en cuya obra abundan los retratos femeninos de tonos decadentes y melancólicos.

ojos con una retina casi roja como ojos de conejo; unos ojos que os harían temblar por la manera especial con que miraban.

—Vamos, hijo mío, te espera tu madrastra. Está allá, en el salón. Vamos.

Allá, en un sillón de alto respaldo, como una silla de coro, estaba sentada una mujer.

Ella...

Y mi padre:

—¡Acércate, mi pequeño James, acércate!

Me acerqué maquinalmente. La mujer me tendía la mano... Oí entonces, como si viniese del gran retrato, del gran retrato envuelto en crespón, aquella voz del colegio de Oxford, pero muy triste, mucho más triste: «¡James!»

Tendí mi mano. El contacto de aquella mano me heló, me horrorizó. Sentí hielo en mis huesos. Aquella mano rígida, fría, fría... Y la mujer no me miraba. Balbucí un saludo, un cumplimiento.

Y mi padre:

—Esposa mía, aquí tienes a tu hijastro, a nuestro muy amado James. Mírale; aquí le tienes; ya es tu hijo también.

Y mi madrastra me miró. Mis mandíbulas se afianzaron una contra otra. Me poseyó el espanto: *aquellos ojos no tenían brillo alguno.* Una idea comenzó, enloquecedora, horrible, horrible, a aparecer clara en mi cerebro. De pronto, un olor, olor... *ese olor,* ¡madre mía! ¡Dios mío! Ese olor... no os lo quiero decir... porque ya lo sabéis, y os protesto: lo discuto aún; me eriza los cabellos.

Y luego brotó de aquellos labios blancos, de aquella mujer pálida, pálida, pálida, una voz, *una voz como si saliese de un cántaro gemebundo o de un subterráneo:*

—James, nuestro querido James, hijito mío, acércate; quiero darte un beso en la frente, otro beso en los ojos, otro beso en la boca...

No pude más. Grité:

—¡Madre, socorro! ¡Ángeles de Dios, socorro! ¡Potestades celestes, todas, socorro! ¡Quiero partir de aquí pronto, pronto; que me saquen de aquí!

Oí la voz de mi padre:

—¡Cálmate, James! ¡Cálmate, hijo mío! Silencio, hijo mío.

—No —grité más alto, ya en lucha con los viejos de la servidumbre—. Yo saldré de aquí y diré a todo el mundo que el doctor Leen es un cruel asesino; que su mujer es un vampiro; ¡que está casado mi padre con una muerta![10]

---

[10] *vampiro*, en la frase anterior, no designa necesariamente al ser que se alimenta de la sangre de los vivos, pues en la terminología ocultista se aplica también a todos aquellos seres que volvían a la vida después de muertos. Historias como ésta eran frecuentes en los círculos teosóficos y ocultistas que conocía Darío. Él mismo recogió en uno de sus escritos de 1895 un caso que podría haberle proporcionado la anécdota del relato; hablando de sí en tercera persona, recuerda que «se entusiasmaba y juraba por el coronel Olcott, bravísimo profeta de Madame Blavatsky, y afianzaba su fe al conocer cómo sabios de la talla de William Crookes presentaban a Katie King, encantadora difunta, como si fuese una señorita viva; y cómo la sociedad teosófica aumentaba sus numerosos adeptos...» (Darío, 1973, 71-72).

La leyenda de San Martín, patrono de Buenos Aires[1]

Por la montaña hagiográfica de los Bolandistas, por el vergel primitivo y paradisíaco del Cavalca, por los jardines áureos de Jacobo de Vorágine, aun por el huerto de Croiset[2], encuentran las almas que las buscan, flores muy peregrinas y exquisitas.

¡Así las encontrará el vasto espíritu de Hello!

---

[1] De acuerdo con Erwin K. Mapes, cuyo texto seguimos aquí (Darío, 1938a, 190-193), se publicó por primera vez en *La Nación*, el 11 de noviembre de 1897, día de la festividad del santo. Como en el caso de otros relatos, el autor parece haber tenido la intención de reelaborarlo; así, en el número de junio de 1913 de *Mundial Magazine*, se anunciaba el trabajo titulado «El patrono de Buenos Aires, por Rubén Darío» que sin duda alguna era una versión de este cuento y que sin embargo nunca llegó a publicarse (Hernández, 23). El santo protagonista del cuento es San Martín de Tours (316-397?), evangelizador de Francia y fundador del primer monasterio en suelo francés. La tradición cuenta que durante la sesión llevada a cabo por el cabildo de Buenos Aires, el 20 de octubre de 1580, con intención de elegir al patrón de la ciudad, fue ese santo quien salió victorioso en todos los sorteos, a pesar de que los asistentes decidieran repetirlos varias veces en vista de que el santo no era de origen español.

[2] «Los Bolandistas, Jean de Bolland (1596-1665) y sus sucesores, redactaron los *Acta Sanctorum Bollandiana* hacia 1643, siguiendo el proyecto de Heribert Rosweyde (1596-1629)» (Mejía Sánchez). Para fray Domenico Cavalca, cfr. nota 1 de «Las lágrimas del centauro». Jacopo de Varaggio o Jacobo de Vorágine, dominico italiano (1230-1298) autor de la famosa *Legenda aurea*, que es el título con que se conoce su *Vie des saints*. Jean Croiset, jesuita francés (1656-1738), que escribió, entre otras, *L'année chrétienne* y *Vies des saints*. Para Hello, mencionado más adelante, cfr. nota 5 de «Caín».

Como el monje de la leyenda, escuchamos, si lo queremos, un ruiseñor que nos hace vivir mil años por trino[3]. Oíd
cantar al pájaro celestial, hoy día del patrono de Buenos Aires, y caminando contra la corriente de los siglos, vamos a Panonia[4], a Saborie, en tiempos imperiales.

I

He ahí a Martín, niño del Señor, desde que sus pupilas
ven el sol. Su santidad desde el comienzo de su vida le aureola de gracia, y el Espíritu pone en su corazón una llama violenta, y en su voluntad un rayo.

Así el Cristo se revela en esa infancia, que a los diez años
siente como nacer un lirio en sus entrañas.

—¡Por Apolo! ¡Por Hércules! —grita el tribuno legiona-
rio—. ¡Este pequeño y vivo león despedaza mis esperanzas!

Pues el niño fuese del hogar pagano, y buscó la miel y el
lino del catecúmeno.

La madre gentil háblale de las rosas que van a florecer, de
las flautas que han de resonar mañana, del alba epitalámica.
El infante no escucha la voz maternal, sonríe porque oye
otra voz que viene de una lira invisible y angélica.

II

Aún la pluma suave del bozo[5] está brotando y el adolescente es llamado por la trompeta de la tropa. Voz imperial.
Va el joven a caballo; sobre el metal que cubre su cabeza soberbia, veríais con ojos misteriosos y profundos el tenue polvo de aurora que el Señor pone, en halo sublime, a sus esco-
gidos. Va primero entre las legiones de Constancio; luego

---

[3] Alusión a la anécdota que Alfonso X el Sabio narra en la cantiga 103 de
sus *Cantigas de Santa María*.

[4] *Panonia*: provincia del Imperio Romano localizada en torno al Danubio
y que incluía parte de las actuales Austria y Hungría. *Saborie* o *Savaria* era una
ciudad situada al norte de dicha provincia.

[5] *bozo*: cfr. nota 2 de «El año que viene...».

hará piafar su bestia por Juliano[6]. Y esos labios, bajo el sol, no se desalteran sino con los diamantes de las fuentes.

Nada para él de Dionisio; nada de Venus. Y en aquella carne de firme bronce está incrustada la margarita de la castidad. Las manos no llevan coronas a las cortesanas; asen el aire a veces, como si quisiesen mortificarse con espinas, o apretar, con deleite, carbones encendidos.

III

Amiens, en hora matinal. Del cielo taciturno llueve a agujas el frío. El aire conduce sus avispas de nieve. ¿Quién sale de su casa a estas horas en que los pájaros han huido a sus conventos? En los tejados no asomaría la cabeza de un solo gato. ¿Quién sale de su casa a estas horas? De su cueva sale la Miseria. He aquí que cerca de un palacio rico, un miserable hombre tiembla al mordisco del hielo. Tiene hambre el prójimo que está temblando de frío. ¿Quién le socorrería? ¿Quién le dará un pedazo de pan?

Por la calle viene al trote un caballo, y el caballero militar envuelto en su bella capa.

—¡Ah, señor militar, una limosna por el amor de Dios!

Está tendida la diestra entumecida y violenta. El caballero ha detenido la caballería. Sus manos desoladas buscan en vano en sus bolsillos. Con rapidez saca la espada. ¿Qué va a hacer el caballero joven y violento? Se ha quitado la capa rica, la capa bella; la ha partido en dos, ¡ha dado la mitad al pobre! Gloria, gloria a Martín, rosa de Panonia.

IV

Deja, deja, joven soldado, que en la alegre camaradería se te acribille de risas. Lleva tu capa corta, tu media capa. Martín está ya en el lecho, Martín reposa, Martín duerme. Y de

[6] *Constancio*: Constancio II, emperador romano desde el 337 al 361. *Juliano*: Juliano el Apóstata, emperador desde el 361 al 363; cristiano en su juventud, intentó sin éxito restaurar el paganismo como religión oficial del Imperio.

repente truenan como un trueno divino los clarines del Señor, cantan las arpas paradisíacas. Por las escaleras de oro del Empíreo viene el Pobre, viene N. S. J. C.[7], vestido de esplendores y cubierto de virtudes; viene a visitar a Martín que duerme en su lecho de militar. Martín mira al dulce príncipe Jesús que le sonríe.

¿Qué lleva en las manos el rey del amor? Es la mitad de la capa, buen joven soldado.

Y al cortejo angélico dice Jesucristo:

—Martín, siendo aún catecúmeno, me ha cubierto con este vestido.

V

Martín, cristiano, quiere abandonar las obras de la guerra. Su corazón columbino no ama las hecatombes. Ama la sangre del Cordero: el balido del cordero conmuévele en el fondo de su ser más que cien bocinas cesáreas. Se oye el tronar de los galopes bárbaros.

El Apóstata temeroso oye el galope de los caballos bárbaros. Así, reúne el ejército y señalando el amago de los furiosos enemigos, proclama que es preciso resistir hasta la victoria: a cada soldado ofrece su parte de oro.

Mas al llegar a Martín, Juliano no oculta su sorpresa al ver que el joven militar pide por el oro la licencia.

Dice Juliano:

—¡Pésanme tus palabras, pues nunca creí que en ti tuviera nido la cobardía!

Martín responde:

—Asegúreseme hasta el día de la función; póngaseme entonces delante de las primeras filas sin otras armas que la señal de la cruz y entonces se verá si temo a los enemigos ni a la muerte.

No llegaron los bárbaros: partieron como un río que desvía su curso. Y Martín entró de militar de Dios.

---

[7] *N. S. J. C.*: Nuestro Señor Jesu-Cristo.

VI

En Poitiers está Hilario, obispo[8]; con él Martín. Hilario se maravilla de tan puro oro espiritual. Hilario júzgale llamado a morar altamente entre las azucenas celestes. Es humilde, es casto, es amoroso.

—Diácono has de ser ya —dícele Hilario.

Y él se niega a la jerarquía.

—¡Pues serás exorcista, terrible enemigo del demonio! —replícale la santa voluntad episcopal.

De tal guisa el Bajísimo tuvo siempre como una de las más poderosas torres de virtud, de fortaleza y de templanza al bueno y bravo Martín, el de la capa del pobre.

VII

Entre las nieves alpinas. Va Martín, por mandato del Señor, a ver a sus padres, aún gentiles, y convertirlos al Cristo. De las rocas y nieves en donde tienen sus habitáculos, surgen bandidos: uno va a dar muerte al peregrino; otro le salva la vida.

—¿Quién eres? —pregunta el capitán.

—Hijo de Cristo.

—¿Tienes miedo?

—Jamás lo tuve menos, pues el Señor asiste en los peligros.

Y el peregrino de cándida alma y de fragante corazón de rosa, trueca al ladrón en monje.

VIII

No puede, ya en Hungría, traer el cristianismo a su padre; su madre sí fue por él cristiana. La semilla de Arrio se propagaba[9]; y árbol ya, florecía: Martín opuso su fuego contra los

---

[8] San Hilario, obispo de Poitiers (¿ - 367?), defensor de la ortodoxia frente al arrianismo de algunos emperadores romanos.

[9] *Arrio:* hereje del siglo III cuyas doctrinas negaban la divinidad de Jesucristo. El arrianismo alcanzó una enorme difusión durante los siglos IV, V y VI, especialmente entre los pueblos bárbaros.

arrianos. Se le azota, se le destierra. Échanle de Milán los arrianos. ¿A dónde va?

A una isla del Tirreno[10], en donde comunica con las aves, se sustenta de yerbas, y tiene con las olas confidencias sublimes. Las olas le celebraban su cabello en tempestad, su desdén de las pompas mundanas, su manera de hablar que era como para entenderse con olas o tórtolas. Atacóle el diablo en la isla envenenándole, y él se salvó de la ponzoña con la oración.

IX

Otra vez en las Galias el santo monje, entre monjes, ejerce su caridad y Dios obra en su feliz taumaturgia. Volvió a la vida a un catecúmeno. Y, cosa teologal y profunda, que hace estremecerse a los doctores: *suspendió el juicio de Dios*, volviendo a la vida a un suicida, hijo de Lupiciano, caballero de valía.

Luego, hele ahí obispo de Tours: el humilde es puesto por la fuerza en la dignidad. Y entonces acrecieron su fe, su esperanza y su caridad. Y el milagro tuvo una primavera nueva: dominó su gesto a una encina; a un pobre atacado del mal sagrado de la lepra, dio un beso de paz y le sanó; todo lo que tocaba se llenaba de virtud extraordinaria y esotérica. Valentiniano y Justina supieron cómo Martín podía hacer brotar el fuego de Dios.

X

A Canda va[11], a calmar la iglesia agitada. Llega y su palabra triunfa de las revueltas. Mas cae en su lecho; con «cilicio y ceniza» y de cara al Cielo, aguarda el instante del vuelo a Dios.

---

[10] La isla Gallinaria, en la Liguria italiana, enfrente de la actual ciudad de Albenga.
[11] *Canda*: pequeño pueblo del norte de Italia en la provincia de Rovigo; también recibe el nombre de Candes.

—Sobre la ceniza —decía— se ve morir un cristiano.

Aun en la agonía quiso el Bajísimo atreverse ante tanta virtud. Su voz ahuyentó la Potestad de las tinieblas. Fueron sus últimos conceptos:

—Dejadme, hermanos míos, dejadme mirar al Cielo, para que mi alma, que va a ver a Dios, tome de antemano el camino que conduce a él.

De su cuerpo brotó luz de oro y aroma de rosas. Severino en Colonia y Ambrosio en Milán tuvieron revelación de su paso a la otra vida.

Tal es, más o menos, la leyenda de San Martín, obispo de Tours, patrono de Buenos Aires, confesor y pontífice de Dios, *beati Martini confesoris tui atque pontificis*, como reza la oración[12]; a quien la Iglesia romana celebra el 11 de noviembre, y cuya vida detallada podéis leer escrita en latín por el hagiógrafo Severo Sulpicio[13].

---

[12] «Deus, qui conspicis quia ex nulla nostra virtute subsistimus: concede propitius ut, intercessione beati Martini confessoris tui atque pontificis, contra omnia adversa muniamur», oración del *Missale Romanum* para la fiesta de San Martín (11 de noviembre).

[13] Severo Sulpicio (360-423?), discípulo y hagiógrafo de San Martín. Escribió una vida del santo muy popular en la Edad Media, la cual, dadas sus semejanzas con el cuento de Darío, debe considerarse como la fuente más probable de éste (cfr. Sulpice Sévère, *Vie de Saint Martin*, ed. Jacques Fontaine, París, CERF, 1967). Justo un año después de la publicación de «La leyenda de San Martín», *La Nación* recogió otro trabajo de Darío acerca de Severo Sulpicio y de su producción literaria, y en el que también dedicaba una especial atención a la *Vida de San Martín* (Darío, 1977, 39-41).

Paz y Paciencia[1]

I

Como hubiese caminado por varios días entre valles y florestas en donde vi maravillosas visiones, advertí de pronto que la tierra que hollaban mis pies era ya blanca como la sal o la nieve pura, ya rosada, de un rosa suavísimo que encantaba con su color. Como he leído en el Cavalca de una tierra semejante[2], comprendí que había llegado a los alrededores del Paraíso terrenal; el cual, como es sabido, existe sobre este mundo, tan lleno de delicias como cuando lo creó la palabra del Señor antes de la locura de Adán. Y más se afirmó mi creencia, al ver una ancha puerta de oro adornada con flores rarísimas y de dulces olores, las cuales tenían tal vida como si estuviesen habitadas por espíritus humanos.

Mas no viendo la figura terrible del querubín armado, habría vacilado en mi creencia, si no escuchara la voz con que me hablara una de aquellas flores hechiceras, la cual volando de su tallo, como una mariposa o un pájaro de encanto, vino a posarse en mi hombro.

Oí la suave voz:

---

[1] Apareció en *Buenos Aires*, el 9 de enero de 1898, y llevaba la dedicatoria «A Grandmontagne *(Mandrágora)*»; muy probablemente se trata de Francisco Grandmontagne (1866-1936), escritor y periodista de origen español que vivió en Argentina hasta 1902. Seguimos el texto de Barcia (Darío, 1968b, 98-100).

[2] Cfr. el trabajo de Cavalca citado en la nota 1 de «Las lágrimas del centauro», *passim*.

«Este que ves aquí es por cierto el lugar que te imaginas, aunque no hayas percibido al querub armado de espada coruscante y fulminante. Es el Jardín que creó el Señor en los comienzos del mundo, y en el cual habitaron el Hombre y la Mujer hasta el día en que dijo su secreto la Serpiente. El querub partió después de que el trueno de Dios habló a los culpables y la espada celeste les desterró.»

Dije:

«¿Quién habita, hoy, pues, este lugar; y por qué he logrado penetrar hasta el sagrado recinto?»

Y la voz de la viva flor:

«Has logrado llegar, porque en un instante de tu existencia has vuelto a la inculpada naturaleza y has unido tu alma con el alma inocente de los animales y de las cosas, retornando así a la vida primitiva y adámica, antes de la desobediencia. En cuanto a quienes habitan y reinarán —hasta cierto día en que aparecerá de nuevo sobre la tierra el Juez, en divinidad y en cuerpo purificado ya el ser humano—, son dos seres puros y extraordinariamente elevados por la voluntad del Todopoderoso. Ellos dos habitan fraternalmente en el Paraíso, y reinan en la maravilla de su virtud.»

«¿Podré saber —interrumpí— cómo se llaman?»

Y la voz de la flor:

«Paz y Paciencia.»

II

Pasé por la puerta de oro ornada de las flores paradisíacas. Y clamé:

«¡Paz en el nombre de Dios!»

Y de un boscaje misterioso brotó una figura que me maravilló. Dos ojos dulces y grandes, llenos de una desconocida luz de bondad y de amor; como una media luna de oro sobre la gran testa; como una piel de seda y oro sobre sus fuertes formas que descansaban sobre cuatro pilares de vida.

«¡Hermana Paz —dije—, yo te saludo en el nombre de Dios!»

«Hermano —respondió en una lengua más sublime que

la lengua humana—, sé bien venido a este lugar porque has tenido en un instante de la existencia la suerte de unirte con la inculpada naturaleza y juntar tu alma de hombre, contaminada desde antiguo, con el alma de los animales y de las cosas.»

»Me llamo Paz, y soy aquel buey que en el establo de Judea calentó con su aliento la carne de un niño pobre que juntó la miseria con la Divinidad y la corona con el martirio. ¡Oh, cómo temblaba de frío el cuerpo del Príncipe entre la paja y el estiércol! El anciano viajero había traído a la bella y pálida parturienta sobre las espaldas de mi hermano...»

«¡Hermana Paciencia —dije—, yo te saludo en nombre del Señor!»

Al lado de Paz, surgió la más hermosa figura. ¡Oh, cuán profundas miradas, bajo las orejas que bañaban desde el abismo celeste dos chorros de luz jamás contemplados por ojos de pecador! La figura despedía de sí un misterioso encanto y hablaba también con un idioma que debía regocijar a los arcángeles.

«Yo te saludo —contestóme—, en nombre de Dios. Sé el bienvenido, pues no has podido llegar hasta nosotros sino por la ciencia de la Fe y por la gracia del Amor.»

Y ambas lenguas narraron a mi espíritu embelesado la historia prodigiosa del Nacimiento del Niño Dios; cómo calentaron con sus fauces al recién nacido; cómo el milagro estelar condujo a los reyes magos; y cómo alegraron el campo vecino, en la noche azulada y armoniosa, los cantos de los pastores.

III

«Ya comprendo —dije después de escuchar el hermoso misterio—, cómo por tal servicio hecho al Rey de los humildes habéis venido vosotros dos a morar realmente en el Paraíso creado para los hombres.»

Y Paz y Paciencia desaparecieron de mi vista y habló de nuevo la voz de la flor viviente:

«En verdad te digo que éste es el verdadero misterio. ¿Cuál ha sido el premio del buey bueno sobre el haz de la tierra?

Sangre y martirio. El yugo es suyo; su dulzura natural parece que atrajera la crueldad humana; suyas son la castración, la fatiga de arar los campos, las aguzadas púas, y por último la degollación para servir de carne al contaminado. ¿Cuál ha sido el premio del buen asno sobre el haz de la tierra? Él, cuyos ojos y cuyo silencio encierran todas las filosofías de los sabios, es el emblema de la estupidez; sobre sus espaldas amontonaron los hombres las cargas y el ridículo; y el mismo Satán busca su forma al presentarse en los aquelarres y en las tentaciones a los santos y hombres de virtud. Ambos han sido ludibrio y risa, y el palo y el cuchillo sus galardones.

»Por tanto, he ahí que viene el Mesías que anuncia la libertad de los seres inocentes y esclavizados por el Hijo de la Culpa, y mientras sufren en la tierra sus hermanos, ¡Paz y Paciencia habitarán el Paraíso de Jesucristo!»

Y la flor viva volvió a su tallo, y yo sentí como si en mi corazón hubiese caído una gota de un perfume divino.

Pierrot y Colombina[1]
La eterna aventura

I

El alba despierta a Pierrot tirándole suavemente de una oreja. Es Pierrot, el mismo doctor Blanco de Mendès, el amigo de Banville, el eterno enamorado de la Luna.

Pierrot no siente el peso del Tiempo[2]. Él vive, come, y sueña. Hacer la rueda a Colombina es cosa que viene después, a pesar de ese pícaro de Arlequín, que pretende coronar, no de oro, al hombre blanco.

«Pierrot —le dice el alba—, hoy es día de Carnaval. Perezoso, levántate. Ve a mirar el rostro de Colombina, que ha pasado una buena noche soñando con el baile de hoy. Pues tu mujercita es aficionada a las alegres fiestas, y danza y ríe, cuando tú no estás presente. Ella asegura que tu peor defecto es la tristeza. Te cree poeta, en lo cual no anda muy descaminada; te cree soñador. Y ella gusta de los ricos trajes de seda, de las joyas de oro, de las perlas y de los diamantes. Tú, en realidad, Pierrot, a pesar de tu gula y tu afición al vino, eres triste; y a las mujeres no les gustan los hombres tristes. Leván-

---

[1] En *Buenos Aires*, 20 de febrero de 1898, firmado por *Darius*. Seguimos el texto de Barcia (Darío, 1968b, 101-103).
[2] Pierrot no siente el peso del Tiempo: *sic*, aunque quizá quepa mejor otra lectura: Pierrot no siente el paso del Tiempo.

tate, Pierrot, y piensa en no dejar escapar el amor de tu compañera, alegre como un pájaro y linda como una rosa.»

Pierrot se despereza, y de un salto, se levanta.

II

Colombina, que ha aprendido muchas cosas, sabe Nietzsche: esteta prerrafaelista y ababún[3]. Hace la gran dama a maravilla y recibe a su marido con aires de princesa, envuelta en un largo peinador.

Y Pierrot, que no las tiene todas consigo, un tanto celoso, desde hace días, comienza por rogar, y ordenar a su cara mitad que no vaya al baile. A las órdenes que se evaporan ante el mármol de Colombina, suceden las súplicas, y Pierrot suplicante no puede más que Pierrot autoritario. En vano se pone de rodillas, en vano hace una cara triste, semejante a la faz de su olvidada Selene... Colombina, impasible, dícele que irá al baile.

«Pues bien —dice Pierrot, cambiando de tono—. Iremos al baile, iremos juntos. Danzaremos, reiremos, y pasaremos las más preciosas horas.»

Él mismo va a preparar el traje que va a lucir Colombina; él mismo se presenta lleno de risa, y proclama gustoso que no hay nada mejor que un baile de Carnaval, en compañía de una bella mujer.

Colombina le deja hacer. Pues en su cabecita de pájaro tiene las más caprichosas ideas respecto a la felicidad conyugal. ¿No ha recibido un mensaje de Arlequín, en el cual mensaje el elegante amante le prometía cielos y tierra por un vals en el baile carnavalesco?

Ella cree que no ofenderá a Dios ni a Pierrot acompañando a Arlequín a comer *écrevisses en cabinet particulier*.

¡Pícara Colombina!

---

[3] *Sic.* La palabra más próxima parece ser la francesa «ababouiné», que sólo en un sentido figurado podría aplicarse aquí (se refiere a los veleros que quedan inmovilizados en el mar por la ausencia de viento).

III

Y he aquí la pareja lista para partir al baile.

El Hombre Blanco, cándido como un cisne, como un ensueño virginal, con su sombrero blanco, su cara blanca, su traje blanco, su alma blanca.

Y Colombina de negro, con su sombrero negro, sus guantes negros, sus medias y zapatos negros, su traje negro que deja ver muchas cosas sonrosadas, su bastón largo y negro, y su alma de donde salen para el pobre Pierrot muchas penas negras...

Ambos van contentos a la fiesta. Es el día en que la humanidad cree necesario adornarse con las joyas de la Locura. Suenan por todas partes músicas alegres. Las gentes pasan y ríen. Las máscaras van en profusión por las calles. Todo predispone al juego y al fuego, cuya ceniza servirá para el miércoles del *Memento, homo*[4]... Brazo con brazo, van Pierrot y Colombina, entre los transeúntes que dicen decires y chistes a través de las caretas y de los disfraces.

Y Colombina va acariciando en su interior una pérfida idea.

¡Pobre Pierrot!

IV

¡Música! ¡Música!

Flores y murmullos y luces. Es el imperio del placer.

El teatro está lleno e hirviente de parejas. Los disfraces más variados circulan. De los palcos vuelan las serpentinas y las miradas ardientes.

Princesas, manolas, aves, gitanas, pasan, se confunden.

---

[4] *Memento homo quia pulvis eris et in pulvis reverteris*: palabras que pronuncia el sacerdote al imponer la ceniza a los fieles en la liturgia del primer día de Cuaresma.

Pierrot y Colombina penetran en el vasto recinto, en la lluvia de notas de la orquesta, entre el remolino de danzantes.

Y Colombina, que ha visto a lo lejos a Arlequín, haciéndole una seña, suéltase de pronto del brazo de su marido, y piérdese en el bullicio de la alegre muchedumbre.

Pierrot, atontado, mira a todos lados, se agita, corre aquí y allá, sin poder percibir a su consorte en fuga. Va de un punto a otro y es estrujado. Hace grandes gestos que llaman la atención de los circunstantes. Camina, se lo arrojan los que bailan, como una pelota, hasta que al fin, fatigado, lleno de tristeza y de desesperación, va a sentarse a descansar, en la gran escalera, iluminada por las claras lámparas eléctricas que fingen un sol meridiano.

Pasan gentes, pasan gentes, pasan, pasan, y Pierrot cree de repente ver a su mujer... No, no es ella. Es una que se le asemeja.

Y el Hombre Blanco, desesperanzado, sigue en triste actitud, observado por los que suben y bajan por la extensa y marmórea galería.

V

Ha pasado tiempo, tiempo; ha desagranado el reloj muchos minutos, es ya más de medianoche; la música ha destrozado muchas veces con su alegría el corazón de Pierrot, cuando de pronto siente que una suave mano se posa sobre su hombro.

—«Es ella.»

Es ella. Manifiéstale que ha sido arrastrada en el torbellino de los danzantes; que ha sido llevada por la ola de los valses; y que felizmente, ha encontrado a un amigo, a su digno amigo el señor Arlequín, que le ha convidado a reparar sus fuerzas con una copa de champagne y *écrevisses en cabinet particulier*...

Pierrot explota:

—«¡Desventurada!» Y haciendo una mueca trágica, hace que le conduzca al gabinete en que ha tenido lugar la cena.

Ahí están las señales de un buen divertimiento; el resto del vino, el resto del pastel...

Pierrot, delante de la falsa mujer junta sus manos y se pone a meditar en si hará sus hazañas de doctor Blanco, o soportará con paciencia su desgracia...

Un momento después las golosinas le tientan; se come el resto del pastel y se bebe el resto del vino, ante las miradas especiales de la esposa fatal que le acteoniza[5].

VI

Ya en su casa, Pierrot se echa en un sillón, inconsolable, mientras Colombina, preciosamente, pretende inculcarle, al buen filósofo, una cantidad mayor de filosofía.

---

[5] Cfr. nota 9 de «Arte y hielo».

Historia de mar[1]

I

Sí, amigo mío, una historia de mar, quizá mejor una leyenda, tal vez más propiamente un cuento. Esto me lo dijo un pescador que tiene la frente como hecha de roca, una tarde que hube llegado hasta el faro de Punta Mogotes[2]. ¿Se acuerda usted de su proyecto de futura novela del faro? Pues razón tiene usted al creer que las cosas de la novela y de la poesía vuelan como las aves marinas alrededor de estas máquinas de luz. Cerca del faro fue donde el pescador me contó el cuento, a propósito de que allí había visto pasar como un espectro, como una sombra, a la vieja María. ¿Quién es la vieja María? Aquí está la historia. Cuéntela usted a su más linda amiga, cuando ella ría más.

---

[1] La primera aparición conocida es la del semanario *El Mundo*, de México, el 19 de junio de 1898, donde iba dirigido «A Alberto del Solar, naturalmente». Ernesto Mejía Sánchez, cuya versión seguimos aquí, lo reprodujo de nuevo en *Texto crítico* (junio de 1975, 122-130) y propuso como fecha «los primeros meses de 1898», cuando Darío residía aún en Buenos Aires. Alberto del Solar (1860-1921), el destinatario del cuento, fue un prolífico autor chileno con quien Darío coincidió en la capital argentina. El nicaragüense le prologó su obra *El mar en la leyenda y en el arte* (1897) y, en los años de *Mundial*, le dedicó también una de sus *Cabezas*.

[2] Cabo de la costa argentina, en la provincia de Buenos Aires.

II

Allí, cerca del faro, está la casucha de la vieja. Antes era muy alegre. Hacían en ella fiestas los pescadores; vivía el viejo, que fue uno de los primeros pescadores del Mar del Plata. Nunca faltó allí, en noches de jolgorio, un son de guitarra. Eso pasó hace tiempo. De entonces acá, esa vieja ha llorado mucho, y las gentes no van a la casa a reír y bailar como antes.

Antes, lo mejor de la casa, lo más lindo de la costa, junto con la aurora de todos los días, era hija de aquel pescador, la hija de esa vieja María, que es hoy una ajada y rústica dolorosa, más amarga de lágrimas que de mar. La muchacha era como una manzana de salud, y no había belleza natural en los contornos como la suya.

Cuando el padre volvía de la pesca, ella le ayudaba a sacar las redes de las olas, ella alistaba en la casa pobre la comida, era ella más madre de la vivienda que su madre. Robusta, tenía una bella fuerza masculina; sana, no había viento de océano que no le trajese un don de las islas de lejos; rosada, su coral era el plantío en que florecían las más lindas centifolias de su sangre; inocente y natural, una gaviota. Los años ¿eran trece, eran catorce, eran veinte? Todo eso podrían ser, pues la opulencia prístina se ostentaba en aquella obra manifiesta y vencedora.

Una mole de cabellera, dos ojos francos y de luz inocente y salvaje, un seno como una onda contenida, y voz y risa libres y sonoras, como las de la espuma y el viento. Una primavera, llegó, por fin, más tempestuosa que todos los inviernos. Una vez hubo en que la gaviota viese a los cuatro puntos de la rosa marina, como espiando por dónde había de llegar algo desconocido.

—Hija —díjole la vieja María—, algo te pasa, ¿qué tienes?

La gaviota no decía nada. Estaba inquieta, iba y venía como si la llevase un soplo extraño, a donde no sabía, a donde no quería ir y sin embargo iba.

Lo que había pasado era tan sencillo como un copo de espuma o un aliento de aire.

¿Quién fue el que, en un instante, logró avanzar a la arisca ave marina? ¿O fue ella misma la que buscó la mano que debía asirla? Fue su temporada de verano. No se supo nunca si fue marinero o señor ciudadano. Lo que se supo fue que la joven —¿dije cómo se llamaba? Se llamaba Sara— estaba en vísperas de tener un hijo.

Aseguran que tenía a una amiga a la cual decía cosas y sueños. Que le decía que iba a partir, feliz, a Buenos Aires, que había un hombre que la quería mucho, que era mozo gallardo, gentil, acomodado. Eso dicen, nadie lo asegura. Lo cierto es que el vientre de la pescadorcita crecía. Los colores de manzana se iban, los ojos de luz salvaje se entristecían de tanto ver venir otras cosas que no eran las que antes deseara el rústico querer de la hija de la naturaleza y amada del mar.

En esto fue cuando el padre murió, no ahogado por las olas, en día de pesca, sino gastado de luchar con el viento y el agua salada. María, la madre, se enfermó, se puso casi tullida, y la pobre Sara era todo en el tugurio costero.

María la vieja, dicen que se trastornó cuando cayó a la cama; que sus ojos grises, sus cabellos grises, los gestos de sus flacos brazos daban a entender que jugaban al volante con su ánima miserable la muerte y el delirio.

Sara hacía la comida, Sara lavaba, Sara iba al pueblo a buscar lo necesario... Y siempre miraba hacia un punto del camino: siempre estaba aguardando a alguien.

Hasta que llegó un día en que ella también tuvo que ir al lecho, al triste y pobrísimo lecho, en donde nació una criatura muerta... ¿Muerta o la mató, como dicen, la madre, al nacer, aullando al viento como una loba?

Que siga hablando el hombre de mar que me contó la historia, que es quizá una leyenda, tal vez un cuento.

Más o menos dice:

Así, señor, fue una noche de tormenta. Yo soy vecino de la vieja María. Cuando vivía el marido, iba yo a las fiestas de la casa. Allí cantábamos y bailábamos. Desde que murió el viejo: no más alegrías. María se enfermó; Sara era como la Providencia. Había tenido su desgracia. Mientras iba a nacer la criatura, yo no he visto cara con más amargura. María miraba como que iba a morir. María pasaba por la orilla del mar poniéndonos a todos tristes. ¡Oh tristeza de su cara! ¡Oh tristeza de su modo de mirar!

Y fue una noche cuando se fue a la mar, una noche de tormenta. Todavía no había truenos ni rayos; pero la mar estaba enojada. Había en lo lejano de la noche como fogonazos de cañón, sin ruido. El cielo estaba sin estrellas, ni una luz arriba, y las olas, de mala manera, traidoras y furiosas. Así son las tempestades de este mar nuestro. Así comienzan. El farero sabe ya con qué intención viene la nube de la tarde, y lo mismo el pescador y el marino. Y abajo, el mar, se pone como de acuerdo con la nube.

El viento mueve a la una y a la otra. Después son los relámpagos, los truenos, los rayos, sobre el agua obscura, que carnerea[3]. Una noche así fue, pues, señor. La vieja estaba enferma. Nació el niño y la Sara se puso loca. A qué hora nació, no se sabe; pero creo que sería al llegar la hora de la madrugada, porque un poco después fue que oí las voces de la vieja María. Estaba yo sin dormir, pensando en la tempestad, cuando sentí como un grito en la casa vecina, en la casita de la María. ¿Qué pasará?, dije; y pensando en que aquellas mujeres estaban solas, me vestí, tomé mi fierro y me fui allá, hacia la casa. Entonces fue cuando vi una figura como de difunto que se iba hacia el mar; era una figura envuelta en una sábana blanca. Los fogonazos de la tormenta que venía alumbraban de seguido lo lejano del mar. La cosa blanca se iba dentro del mar, más adentro, más adentro... Y entonces llegué a la casa de la vieja María, y la vi a ella tambaleándose de debilidad, con los brazos tendidos a la sábana blanca, llorando, gimiendo, llorando, gimiendo...

—¡Sara!...

La vieja enferma se había levantado; tendía los brazos flacos, gritaba apenas, débilmente:

—¡Sara!...

---

[3] *carnerear:* posiblemente se esté refiriendo Darío al movimiento circular y cerrado de las olas durante las tormentas, por analogía con una expresión argentina más bien coloquial («dar vueltas de carnero»; Néstor Lugones).

La figura blanca iba entrando al mar, entrando al mar...

Yo no me di cuenta hasta después: yo no me di cuenta, porque lo primero que me dio fue miedo, un miedo grande, señor.

—¡Sara!...

Hasta que se perdió la figura blanca en el agua, bajo la tormenta que comenzaba. Yo contuve a la vieja enferma que deliraba, casi desnuda, al frío de la noche. El cuerpo de la pobre niña no lo pudimos nunca encontrar.

D. Q.[1]

I

Estábamos de guarnición cerca de Santiago de Cuba. Había llovido esa noche, no obstante el calor era excesivo. Aguardábamos la llegada de una compañía de la nueva fuerza venida de España, para abandonar aquel paraje en que nos moríamos de hambre, sin luchar, llenos de desesperación y de ira. La compañía debía llegar esa misma noche según el aviso recibido.

Como el calor arreciase, y el sueño no quisiese darme reposo, salí a respirar fuera de la carpa. Pasada la lluvia, el cielo se había despejado un tanto y en el fondo obscuro brillaban algunas estrellas. Di suelta a la nube de tristes ideas que se aglomeraban en mi cerebro. Pensé en tantas cosas amadas que estaban allá lejos; en la perra suerte que nos perseguía; en que quizá Dios podría dar un nuevo rumbo a su látigo y nosotros entrar en una nueva vía, en una rápida revancha. En tantas cosas pensaba... ¿Cuánto tiempo pasó? Las estrellas sé que poco a poco fueron palideciendo; un aire que refrescó el campo todo sopló del lado de la aurora, y ésta inició su aparecimiento, entre tanto que una diana que no sé por qué llegaba a mis oídos como llena de tristeza, regó sus notas matinales.

---

[1] La primera aparición, cuyo texto seguimos aquí, es la del *Almanaque Peuser para el año 1899* (Buenos Aires, Peuser, 1898, 57-58).

Poco tiempo después se anunció que la compañía se acercaba. En efecto, no tardó en llegar a nosotros, y los saludos de nuestros camaradas y los nuestros se mezclaron fraternizando en el nuevo sol.

Momentos después hablábamos con los compañeros. Nos traían noticias de la patria. Sabían los estragos de las últimas batallas. Como nosotros estaban desolados, pero con el deseo quemante de luchar, de agitarse en una furia de venganza, de hacer todo el daño posible al enemigo. Todos eran jóvenes y bizarros, menos uno; todos nos buscaban para comunicar con nosotros, para conversar; menos uno. Nos traían provisiones que fueron repartidas. A la hora del rancho, todos nos pusimos a devorar nuestra escasa pitanza, menos uno.

Tendría como unos cincuenta años, mas también podía haber tenido trescientos. Su mirada triste parecía penetrar hasta lo hondo de nuestras almas y decirnos cosas de siglos. Alguna vez que se le dirigía la palabra, casi no contestaba; sonreía melancólicamente; se aislaba, buscaba la soledad; miraba hacia lo hondo del horizonte, por el lado del mar.

Era el abanderado. ¿Cómo le llamaban? No oí su nombre nunca.

II

El capellán me dijo, dos días después:

—Creo que no nos darán la orden de partir todavía. La gente se desespera de deseos de pelear. Tenemos algunos enfermos. Por fin, ¿cuándo veríamos llenarse de gloria nuestra pobre y santa bandera? A propósito: ¿Ha visto usted al abanderado? Se desvive por socorrer a los enfermos. Él no come; lleva lo suyo a los otros. He hablado con él. Es un hombre milagroso y extraño. Parece bravo y nobilísimo de corazón. Me ha hablado de sueños irrealizables. Cree que dentro de poco estaremos en Washington y que se izará nuestra bandera en el Capitolio, como lo dijo el obispo en su brindis. Le han apenado las últimas desgracias; pero confía en algo desconocido que nos ha de amparar; confía en Santiago; en la nobleza de nuestra raza, en la justicia de nuestra causa. ¿Sabe usted? Los otros le hacen burlas; se ríen de él. Dicen que debajo del uniforme usa una coraza vieja. Él no les hace caso. Conversando conmigo, suspiraba profundamente, miraba el cielo y el mar. Es un buen hombre en el fondo; paisano mío, manchego. Cree en Dios y es religioso. También algo poeta. Dicen que por la noche rima redondillas, se las recita solo, en voz baja. Tiene a su bandera un culto casi supersticioso. Se asegura que pasa las noches en vela; por lo menos, nadie le ha visto dormir. ¿Me confesará usted que el abanderado es un hombre original?

—Señor capellán —le dije— he observado ciertamente algo muy original en ese sujeto, que creo por otra parte haber visto no sé dónde. ¿Cómo se llama?

—No lo sé —contestóme el sacerdote—. No se me ha ocurrido ver su nombre en la lista. Pero en todas sus cosas hay marcadas dos letras: «D. Q.»

III

A un paso del punto en donde acampábamos había un abismo. Más allá de la boca rocallosa, sólo se veía sombra. Una piedra arrojada rebotaba, y no se sentía caer.

Era un bello día. El sol caldeaba tropicalmente la atmósfera. Habíamos recibido orden de alistarnos para marchar, y probablemente ese mismo día tendríamos el primer encuentro con las tropas yanquis. En todos los rostros, dorados por el fuego furioso de aquel cielo candente, brillaba el deseo de la sangre y de la victoria. Todo estaba listo para la partida, el clarín había trazado en el aire su signo de oro. Íbamos a caminar, cuando un oficial, a todo galope, apareció por un recodo. Llamó a nuestro jefe, y habló con él misteriosamente.

¿Cómo os diré lo que fue aquello? ¿Jamás habéis sido aplastados por la cúpula de un templo que haya elevado vuestra esperanza? ¿Jamás habéis padecido viendo que asesinan delante de vosotros a vuestra madre...? Aquélla fue la más horrible desolación. Era «la noticia». Estábamos perdidos, perdidos sin remedio. No lucharíamos más. Debíamos entregarnos, como prisioneros, como vencidos. Cervera estaba en el poder del yanqui[2]. La escuadra, se la había tragado el mar, la habían despedazado los cañones de Norte América. No quedaba ya nada de España en el mundo que ella descubriera.

Debíamos dar al enemigo vencedor las armas, todo; y el enemigo apareció, en la forma de un gran diablo rubio, de cabellos lacios, barba de chivo, oficial de los Estados Unidos, seguido de una escolta de cazadores de ojos azules.

Y la horrible escena comenzó. Las espadas se entregaron; los fusiles también... Unos soldados juraban; otros palidecían, con los ojos húmedos de lágrimas, estallando de indignación y de vergüenza.

Y la bandera...

Cuando llegó el momento de la bandera, se vio una cosa que puso en todos el espanto glorioso de una inesperada maravilla. Aquel hombre extraño, que miraba tan profundamente con una mirada de siglos, con su bandera amarilla y roja, dándonos una mirada de la más amarga despedida, sin que nadie se atreviese a tocarle, fuese paso a paso al abismo y se arrojó en él. Todavía de lo negro del precipicio, devolvieron las rocas un ruido metálico, como el de una armadura.

IV

El señor capellán cavilaba tiempo después:

—«D. Q.»...

De pronto, creí aclarar el enigma. Aquella fisonomía, ciertamente, no me era desconocida.

---

[2] Darío alude a Pascual Cervera y Topete (1839-1909), el almirante al mando de la escuadra española derrotada el día 3 de julio de 1898, al intentar romper el bloqueo estadounidense a Santiago de Cuba. La derrota supuso el final de la guerra y con ello el final de la presencia española en Cuba. La posición desde la que el narrador del cuento relata la historia se explica igualmente en relación con la doble misión de la escuadra de Cervera, que consistía en romper el bloqueo y en proporcionar ayuda a las tropas españolas acantonadas en el interior de la isla.

—D. Q. —le dije—, está retratado en este viejo libro. Escuchad: «Frisaba la edad de nuestro hidalgo con los cincuenta años: era de complexión recia, seco de carnes, enjuto de rostro, gran madrugador y amigo de la caza. Quieren decir que tenía el sobrenombre de Quijada o Quesada, que en esto hay alguna diferencia en los autores que de este caso escriben; aunque por conjeturas verosímiles se deja entender que se llamaba Quijano.»

Cuento de Año Nuevo[1]

I

Había una vez en un reino del país de Utopía una hermo-
sísima princesa llamada Rosa de las Rosas. Tenía ese nombre
porque al mirarla parecía la encarnación humana de la emperatriz de las flores. Su rostro era semejante a una rosa blanca
purpúrea, y de ella se desprendía como una fragancia incomparable a punto de que cuando se paseaba por sus jardines
superaba la exhalación suya al aliento múltiple de todos los
senos florales. Había nacido un alba de Año Nuevo, a la
hora en que San Silvestre apagaba la última estrella de diciembre y se abría la belleza del sol flamante. Y como al nacer, su padre el rey y toda la corte sintiesen la prodigiosa fragancia y viesen la maravilla de aquella faz, dijeron: ésta es la
Rosa de las Rosas. Y así fue bautizada. Porque era el aparecer
ella por sus balcones y, así se estuviese en medio de las nieves invernales, o en las olas de fuego vivo del verano, se sentía la llegada de la primavera; se alegraba el aire, se aromaba;
lucía la luz violenta, se sentía como si el espíritu de las florestas se despertase; las colonias sonoras de los pájaros iniciaban
sus mágicas sinfonías, y todo se impregnaba de juventud y de
gracia.

---

[1] En *Buenos Aires*, el 1 de enero de 1899. Seguimos el texto de Barcia (Darío, 1968b, 107-108).

276

Rosa de las Rosas fue coronada reina, y no hubo fiesta igual en el universo. Compitieron en pompas los príncipes extranjeros para lograr su mano; llegaron muchos a solicitar la mirada de sus ojos amorosos; nadie logró que ella le señalase como al preferido de su corazón. Y el viejo rey le dijo:

—¿A quién darás por fin la joya de tu mano, la flor de tus labios, el diamante de tus ojos, y el rubí misterioso?

Ella contestó:

—Al cisne.

II

¿Al cisne?

Había en efecto, en el más lindo lago del jardín, junto a los rosales mágicos y a los kioskos, un rey armonioso: el cisne. Era todo blanco y argentino, y el pico lustroso de ágata sonrosada como el talón de Venus. Las alas eran dos abanicos de alabastro y el cuello trazaba sus signos de gracia en el aire fugaz, de manera que su influjo secreto ponía en el paraje como un encantamiento. Era el pájaro voluptuoso el preferido de la princesa, pues ella había leído la fábula de Leda, la otra princesa de hermosura que se abrió como una rosa a la caricia del amante simbólico[2].

Y al amanecer, en la dulzura de la aurora, o en las horas violetas y doradas del crepúsculo, ella iba al estanque a dialogar de amor y de poesía con su lírico novio. Él la amaba también, con su alma olímpica y su cuerpo que era como un verso de seda. Y ella solía, blanca y desnuda como una perla, entregarse a la música de halagos de aquella encarnación de un melodioso y raro sueño. Rosa de las Rosas habría también podido ser perla de las perlas.

Así pues, el viejo rey dijo:

—¿A quién amas?

---

[2] Según la mitología, Zeus, bajo la forma de un cisne, se unió a Leda, engendrando a Helena y a Cástor y Pólux. Darío alude a esta leyenda en varios de sus poemas (cfr., por ejemplo, «Los cisnes» o «Leda», de *Cantos de vida y esperanza*).

Y ella sencilla y natural, le contestó:

—Amo al cisne.

—Pues el cisne ha de ser coronado y se sentará en la silla real —afirmó el viejo rey.

Y así fue.

III

Una mañana de Año Nuevo recorrieron los trompeteros de las largas trompetas de plata, montados en caballos blancos, las calles de la ciudad, anunciando el matrimonio de la princesa con el príncipe cisne. Y la ciudad se embanderó y se puso en fiestas, y todo fue colores y músicas y sonrisas. Y ante toda la corte fue conducido el cisne y puesto en un cojín de púrpura y de oro. Y la princesa se sentó al lado de él, con el cetro en la mano y mirada apasionada a su rey blanco, y los dos iban bajo los estandartes, y el viejo rey aprobaba con su barba de nieve.

Y Rosa de las Rosas fue después al estanque del jardín y amó de amor al príncipe encantado.

IV

Entonces él le habló con voz humana:

—Has querido realizar el desposorio con tu sueño, y dejando los amores del mundo has buscando el único e infinito. Yo te doy como joya de boda la immortalidad. Todas las rosas que se abren sobre la tierra en las mañanas de Año Nuevo tendrán siempre algo de ti, y tu perfume se prolongará por las primaveras del tiempo. Desde hoy, Rosa de las Rosas, eres la cisnesa y la flor, juntas la fragrancia a la armonía, los níveos hechiceros a los pétalos encantadores.

»Y pues te has querido consagrar en nupcias misteriosas al divino Imposible, sé la emperatriz de los ensueños, la reina de una Saba maravillosa e indestructible, pues yo soy el eter-

278

no Salomón[3], el emperador de la sabiduría y de la cordura, el dominador de las poéticas esferas por medio de mis mágicos ensalmos: soy la suma de la pura Belleza y de la Razón Suprema.

---

[3] Ésta es una más de las alusiones de Darío al pasaje en que la Reina de Saba viaja hasta Israel para comprobar la sabiduría de Salomón (I Re., 10; cfr. también el poema «Divagación», de *Prosas profanas*). Debido a su proverbial sabiduría y habilidad musical, Salomón, como Leonardo da Vinci y otras figuras más, fueron contados durante el fin de siglo entre los personajes más interesantes de la Historia.

Las tres Reinas Magas[1]

I

—Señor —dije al fraile de las barbas blancas—; vos que sabéis tantas cosas, decidme si en algún viejo libro, o en algún empolvado centón[2], habéis leído algo que se refiera[3] a las mujeres de los tres Reyes Magos que fueron a adorar a Nuestro Señor Jesucristo cuando estaba, sonrosado y risueño niño, en el pesebre de Belén. Porque, de seguro, Gaspar, Melchor y Baltasar deben de haber tenido sendas esposas.

—Es verdad —me contestó el religioso—, no he visto nunca, en venerable biblioteca o vetusto archivo, nada que se refiera al objeto de tu pregunta. Es casi seguro que hayan tenido, no solamente una esposa, sino muchas esposas, pues eran paganos, o idólatras, o adoradores de dioses que, como representaciones del Maligno, aprobaban la poligamia. Mas

---

[1] La primera aparición conocida es la de *El Mundo Ilustrado de México*, del 6 de enero de 1901, anterior, pues, a la propuesta por Mejía Sánchez (septiembre de 1912); en aquélla llevaba el título de «Cuento de las tres reinas» y una sola separacion interliminar, que coincide con la cuarta (IV) de nuestro texto. Seguimos aquí la versión que Regino E. Boti tomó de *Por esos Mundos* (Madrid, enero de 1914), anotando sólo las divergencias más relevantes que presentan ambas versiones (Darío, 1921, 21-24; Saavedra Molina, 1946, 84 y Vera, 1977).

[2] *centón*: obra literaria compuesta enteramente o en su mayor parte de sentencias e ideas ajenas.

[3] En Darío, 1988, y en Vera: «o en algún empolvado centón habéis algo que se refiera».

280

nada sé sobre el particular, y no he leído jamás texto que con tal asunto tenga relación.

Consulté a otros sabios y estudiosos y me convencí de que nada podría averiguar al respecto. Mas vi que iba por el camino de la Vida —muy al principio— un joven de larga cabellera y ojos en que se reflejaba el misterio del cielo y de la tierra —un poeta—, y recordé que los poetas suelen saber más cosas que los sabios.

—Abandona —me dijo el creador de armoniosos sueños— el cuidado de esas vagas erudiciones y escucha el cuento de otras tres Reinas Magas, que han de estar, por cierto, más cerca de tu corazón[4].

II

—Mi alma se llama Crista. En un pesebre nació, para ser coronada reina de martirio[5]. Ella es hija de una virgen y un obrero, y la noche de su nacimento danzaron y cantaron alrededor del pesebre cien pastores y pastoras[6]. Una estrella apareció sobre el techo del pesebre de mi alma; y, a la luz de esa estrella, llegaron a visitar a la recién nacida tres Reinas Magas.

Venían desde países muy lejanos. La primera sobre un asna blanca, toda caparazonada de plata y perlas. La segunda sobre un unicornio. La tercera sobre un pavo real.

La recién nacida recibió sus homenajes. La primera le ofreció incienso. La segunda, oro. La tercera, mirra.

Hablaron las tres:

—Yo soy la reina de Jerusalem.

—Yo soy la reina de Ecbatana[7].

—Yo soy la reina de Amatunte.

---

[4] En *El Mundo*, el cuento se inicia a partir de este segundo apartado que, además, va presentado con un verbo *dicendi* ausente en el texto de Boti: «Habla Finogino:».

[5] *El Mundo*: «para ser coronada princesa del martirio».

[6] *El Mundo*: «cien pastores».

[7] *Ecbatana*: ciudad de la antigua Media, legendaria por los materiales preciosos de que estaban construidos sus murallas y el palacio del rey. *Amatunte* o *Amatonte*, en la siguiente línea, es el nombre de una antigua población de Chipre con un templo dedicado a Venus.

III

—Reina de martirio[8], pues has de padecer mañana la cruel crucifixión, he aquí el incienso.

—Reina de martirio, pues has de padecer mañana la cruel coronación, he aquí el oro.

—Reina de martirio, pues has de padecer mañana la transfixión, he aquí la mirra.

Y el alma infanta contestó con una voz suave[9]:

—¡Yo te saludo, reina de la Pureza!

—¡Yo te saludo, reina de la Gloria!

—¡Yo te saludo, reina del Amor!

Vosotras tres me traéis los más inapreciables regalos, de manera que entreveo, para mientras llega la hora de la fatalidad[10], tres paraísos que escoger.

En el primero, forma la nube aromada y sacra del incienso un inmenso dombo, a través del cual se vislumbra el amor de los astros y las sonrisas arcangélicas. Allí imperan las Virtudes[11], ceñidas las blancas frentes de una luz paradisíaca. Los Tronos y las Dominaciones hacen percibir el brillo de sus incomparables magnificencias[12]. Un místico son de salterios dice la paz poderosa del Padre, la sacrosanta magia del Hijo y el misterio sublime del Espíritu. Los lirios de divina nieve son las flores que en hechiceras vías lácteas cultivan y recogen las Vírgenes y los Bienaventurados[13].

En el segundo, el Oro forma un maravilloso palacio constelado de diamantes de triunfo; arcadas vastas se desenvuel-

---

[8] *El Mundo*: «Princesa de martirio.» Esta misma variación se repite en las líneas que siguen.

[9] *El Mundo*: «Y la alma infante contestó con una voz suave.»

[10] *El Mundo*: «llega la hora del martirio».

[11] Las *Virtudes*, como los *Tronos* y *Dominaciones* que se mencionan a continuación, son nombres de los diversos coros angélicos que rodean el trono divino; también aparecen en textos de Darío como «Cháritas», de *Cantos de vida y esperanza*.

[12] *El Mundo*, en párrafo distinto al anterior: «Los Tronos y los diamantes hacen oír el rumor de oro de sus incomparables maginificencias.»

[13] *El Mundo*: «Los lirios son las flores...»

ven en una polvareda de sol[14]. Allí pasan los grandes, los fuertes, ceñidas las cabezas de laureles de oro.

Allí crecen los antiguos laureles, y de las gigantescas columnas cuelgan coronas de roble y de laurel. Los más que hombres se complacen en visiones augustas sobre horizontes inmensos[15]. Revuelan familiares las águilas. Y sobre los pavimentos de incomparables pórfidos y ágatas, se desperezan en una imperial calma los leones. Suena de tanto en tanto un trueno de trompetas, y el viento sonoro hace ondear ilustres oriflamas y banderas de púrpura.

En el tercero, la mirra perfuma un suave ambiente en la más preciosa de las islas floridas. Es bajo un cielo azul y luminoso que baña de oro dulce glorietas encantadas y mágicos kioscos. Las rosas imperan en los jardines custodiadas de pavones, y los cisnes en los estanques especulares y en las fuentes. Si oís una música lejana, es de flautas, liras y cítaras, en lo secreto de los boscajes, de donde brotan también ruidos de besos, y ayes y risas.

Es el imperio de la mujer; es el país en donde la prodigiosa carne femenina, al mostrarse en su pagana y natural desnudez, tiñe de rosa los enternecedores crepúsculos[16]. Pasan bajo el palio celeste bandadas de tórtolas[17], y tras las arboledas vense cruzar formas blancas perseguidas por seres velludos de pies hendidos.

IV

—Pues has de sufrir, pues estás condenada inexorablemente, reina de martirio[18] —dijo la reina de Jerusalem— ¿no es cierto que en el momento de tu ascensión preferirás el celeste paraíso del incienso?

Y el alma:

---

[14] *El Mundo*: «polvareda de soles».
[15] *El Mundo*: «Los superhombres se regocijan en visiones augustas sobre horizontes inmensos.»
[16] *El Mundo*: «los divinos crepúsculos».
[17] *El Mundo*: «pasan bajo el pórtico celeste...».
[18] *El Mundo*: «princesa de martirio».

—¡Ay! En verdad que la parte más pura de mi ser tiende a tan mística mansión. Existe un diamante que se llama Fe, una perla que se llama Esperanza y un encendido rubí de amor que se llama Caridad. Tiemblo delante de la omnipotencia del Padre, me atrae la excelsitud del Hijo y me enciende la llama del Espíritu[19]; mas...

—Ya sé —interrumpió la reina de Ecbatana—; por cierto que en el instante de tu ascensión preferirás el paraíso del oro...

Y el alma:

—¡Ay! En verdad que me domina el deseo de la riqueza, del dominante porvenir[20], de la fuerza. Nada hay más bello que imperar, y los mantos purpúreos, o de armiño, y los cetros y la supremacía, son absolutamente atrayentes[21]. Os juro que el grande Alejandro me hace pensar en Júpiter y que el son soberano de las tropas pone un heroico temblor en una parte de mi ser, pero...[22].

La reina de Jerusalem suspiraba. La reina de Ecbatana sonreía. La reina de Amatunte dijo:

—Crueles penas has de padecer; tu crucifixión será dolorosa y terrible; sufrirás las espinas, la hiel y el vinagre...

Y el alma infanta interrumpió a la reina:

—¡Yo seré contigo, Señora[23], en el paraíso de la mirra!...

---

[19] *El Mundo*: «... me atrae la grandeza del Hijo y me enciende la llama del Espíritu Santo;».

[20] *El Mundo*: «del poder (en lugar de «del dominante porvenir»)».

[21] *El Mundo*: «Nada hay más bello que dominar, y los mantos purpúreos y los cetros y las supremacías, son absolutamente atrayentes.»

[22] *El Mundo*: «... heroico temblor en una parte de mi ser, como me enamora un cetro de oro, un cetro espiritual; pero...».

[23] *El Mundo*: «mi señora».

La larva[1]

Como se hablase de Benvenuto Cellini y alguien sonriera de la afirmación que hace el gran artífice en su *Vida*, de haber visto una vez una salamandra[2], Isaac Codomano dijo:

—No sonriáis. Yo os juro que he visto, como os estoy viendo a vosotros, si no una salamandra, una larva o una empusa[3].

---

[1] La primera publicación conservada parece ser la de la revista *Caras y Caretas* de Buenos Aires, de 1910, a la que Darío alude en el capítulo XLVI de su *Autobiografía*. Un poco posteriores serían tal vez sus apariciones en *El Fígaro* de La Habana (16 de octubre de 1910) y en *Selecta* de Santiago de Chile (diciembre del mismo año). De todos modos, y atendiendo a la nota 3 de «Mis primeros cuentos» y a la persistencia de este recuerdo en la memoria de Darío, que lo menciona también en *Los raros* (1896) y en *El mundo de los sueños* (1911), cabe sospechar alguna redacción anterior del cuento, de la cual ésta de 1910 sería una versión posterior y mejorada. Seguimos aquí el texto de *Selecta*, tal como lo recoge Saavedra Molina (Darío, 1938b, 79-82).

[2] *salamandra*: animal imaginario, dragón de pequeño tamaño que viviría en el fuego; también, para la alquimia, sería el espíritu elemental del fuego. En su *Vita*, Benvenuto Cellini (1500-1571) recuerda cómo durante su infancia pudo observar una salamadra en el hogar de su casa, refocilándose «en medio de las más ardientes brasas» (B. Cellini, *Vida*, vol. I, Madrid, Hernando, 1892, 10). La *Vita* de Cellini fue por estos años lectura frecuente de Darío, que la utilizó también para abrir su *Autobiografía*, en 1912. El nombre de Isaac Codomano que aparece a continuación es también otro heterónimo del poeta, que al igual que Rubén Darío y Benjamín Itaspes, el protagonista de *La isla de oro*, está compuesto de un nombre judío y otro persa.

[3] *larva*: con este vocablo, que hicieron suyo los círculos ocultistas del pasado fin de siglo, los romanos designaban a los difuntos que no podían encontrar descanso en el más allá y que volvían a la vida para atormentar a los vivos o para implorar su perdón. Las *empusas*, según el *Theosophical Dictionary*

Os contaré el caso en pocas palabras.

Yo nací en un país en donde, como en casi toda América, se practicaba la hechicería y los brujos se comunicaban con lo invisible. Lo misterioso autóctono no desapareció con la llegada de los conquistadores. Antes bien, en la colonia aumentó, con el catolicismo, el uso de evocar las fuerzas extrañas, el demonismo, el mal de ojo. En la ciudad en que pasé mis primeros años se hablaba, lo recuerdo bien, como de cosa usual, de apariciones diabólicas, de fantasmas y de duendes. En una familia pobre, que habitaba en la vecindad de mi casa, ocurrió, por ejemplo, que el espectro de un coronel peninsular se apareció a un joven y le reveló un tesoro enterrado en el patio. El joven murió de la visita extraordinaria, pero la familia quedó rica, como lo son hoy mismo los descendientes. Aparecióse un obispo a otro obispo, para indicarle un lugar en que se encontraba un documento perdido en los archivos de la catedral. El diablo se llevó a una mujer por una ventana, en cierta casa que tengo bien presente. Mi abuela me aseguró la existencia nocturna y pavorosa de un fraile sin cabeza y de una mano peluda y enorme que se aparecía sola, como una infernal araña[4]. Todo eso lo aprendí de oídas, de niño. Pero lo que yo vi, lo que yo palpé, fue a los quince años; lo que yo vi y palpé del mundo de las sombras y de los arcanos tenebrosos.

En aquella ciudad, semejante a ciertas ciudades españolas de provincia, cerraban todos los vecinos las puertas a las ocho, y a más tardar, a las nueve de la noche. Las calles quedaban solitarias y silenciosas. No se oía más ruido que el de las lechuzas anidadas en los aleros, o el ladrido de los perros en la lejanía de los alrededores.

Quien saliese en busca de un médico, de un sacerdote, o para otra urgencia nocturna, tenía que ir por las calles mal empedradas y llenas de baches, alumbrado apenas por los fa-

---

de M. Blavatsky (Londres, 1892), eran también los muertos revividos, que podían tomar varias formas.

[4] Darío recuerda episodios parecidos en los capítulos II y IX de su *Autobiografía*.

roles de petróleo que daban su luz escasa colocados en sendos postes.

Algunas veces se oían ecos de músicas o de cantos. Eran las serenatas a la manera española, las arias y romanzas que decían acompañadas con la guitarra, las ternezas románticas del novio a la novia. Esto variaba desde la guitarra sola y el novio cantor, de pocos posibles, hasta el cuarteto, septuor, y aun orquesta completa y un piano, que tal o cual señorete adinerado hacía sonar bajo las ventanas de la dama de sus deseos.

Yo tenía quince años, un ansia grande de vida y de mundo[5]. Y una de las cosas que más ambicionaba era poder salir a la calle, e ir con la gente de una de esas serenatas. Pero ¿cómo hacerlo?

La tía abuela que cuidó de mi niñez, una vez rezado el rosario, tenía cuidado de recorrer toda la casa, cerrar bien todas las puertas, llevarse las llaves y dejarme bien acostado bajo el pabellón de mi cama. Mas un día supe que por la noche habría una serenata. Más aún: uno de mis amigos, tan joven como yo, asistiría a la fiesta, cuyos encantos me pintaba con las más tentadoras palabras. Todas las horas que precedieron a la noche las pasé inquieto, no sin pensar y preparar mi plan de evasión. Así, cuando se fueron las visitas de mi tía abuela —entre ellas el cura y dos licenciados—, que llegaban a conversar de política, o a jugar al tute, al fusileo o al tresillo, y una vez rezadas las oraciones y todo el mundo acostado, no pensé sino en poner en práctica mi proyecto de robar una llave a la venerable señora.

Pasadas como tres horas, ello me costó poco, pues sabía en dónde dejaba las llaves, y además, dormía como un bienaventurado. Dueño de la que buscaba, y sabiendo a qué puerta correspondía, logré salir a la calle, en momentos en que, a lo lejos, comenzaban a oírse los acordes de violines, flautas y violoncelos. Me consideré un hombre. Guiado por la melodía, llegué pronto al punto donde se daba la serenata. Mientras los músicos tocaban, los concurrentes tomaban cerveza y licores. Luego, un sastre, que hacía de tenorio, entonó pri-

---

[5] Darío, 1938b: «una ansia grande de vida y de mundo».

mero «A la luz de la pálida luna», y luego «Recuerdas cuando la aurora...». Entro en tantos detalles para que veáis cómo se me ha quedado fijo en la memoria cuanto ocurrió esa noche para mí extraordinaria. De las ventanas de aquella Dulcinea, se resolvió ir a las de otra. Pasamos por la plaza de la Catedral. Y entonces... He dicho que tenía quince años, era en el trópico, en mí despertaban imperiosas todas las ansias de la adolescencia... Y en la prisión de mi casa, de donde no salía sino para ir al colegio, y con aquella vigilancia, y con aquellas costumbres primitivas... Ignoraba, pues, todos los misterios. Así, ¡cuál no sería mi gozo cuando, al pasar por la plaza de la Catedral, tras la serenata, vi, sentada en una acera, arropada en su rebozo, como entregada al sueño, a una mujer! Me detuve.

¿Joven? ¿Vieja? ¿Mendiga? ¿Loca? ¡Qué me importaba! Yo iba en busca de la soñada revelación, de la aventura anhelada.

Los de la serenata se alejaban.

La claridad de los faroles de la plaza llegaba escasamente. Me acerqué. Hablé; no diré que con palabras dulces, mas con palabras ardientes y urgidas. Como no obtuviese respuesta, me incliné y toqué la espalda de aquella mujer que no quería contestarme y hacía lo posible porque no viese su rostro. Fui insinuante y altivo. Y cuando ya creía lograda la victoria, aquella figura se volvió hacia mí, descubrió su cara, y, ¡oh espanto de los espantos!, aquella cara estaba viscosa y deshecha; un ojo colgaba sobre la mejilla huesosa y saniosa[6]; llegó a mí como un relente de putrefacción. De la boca horrible salió primero como una risa ronca; y luego aquella «cosa», haciendo la más macabra de las muecas, produjo un ruido que se podría indicar así:

—¡Kgggggg!...

Con el cabello erizado, di un gran salto, lancé un gran grito. Llamé.

Cuando llegaron algunos de la serenata, la «cosa» había desaparecido.

Os doy mi palabra de honor —concluyó Isaac Codomano— de que lo que os he contado es completamente cierto.

---

[6] *saniosa*: hedionda, fétida.

Cuento de Pascuas[1]

I

Una noche deliciosa, en verdad... El *réveillon*[2] en ese hotel lujoso y elegante, donde tanta belleza y fealdad cosmopolita se junta, en la competencia de las libras, los dólares, los rublos, los pesos y los francos. Y con la alegría del champagne y la visión de blancores rosados, de brillos, de gemas. La música luego, discreta, a lo lejos...

No recuerdo bien quién fue el que me condujo a aquel grupo de damas, donde florecían la yanqui, la italiana, la argentina... Y mi asombro encantado ante aquella otra seductora y extraña mujer, que llevaba al cuello, por todo adorno, un estrecho galón rojo... Luego, un diplomático que llevaba un nombre ilustre me presentó al joven alemán políglota, fino, de un admirable don de palabra, que iba, de belleza en belleza, diciendo las cosas agradables y ligeras que placen a las mundanas.

—M. Wolfhart —me había dicho el ministro—. Un hombre amenísimo.

Conversé largo rato con el alemán, que se empeñó que hablásemos castellano y, por cierto, jamás he encontrado un ex-

---

[1] Apareció en *Mundial Magazine*, en su número de diciembre de 1911, acompañado de cinco ilustraciones de Francisco J. Gosé. Se trata, muy probablemente, del relato que *Mundial* había anunciado en noviembre para su número de Navidad («un cuento de Rubén Darío y otros muchos trabajos que esperamos recibir en breve»; Hernández, 47). Seguimos el texto de *Mundial*, conservando en cursiva las frases que así aparecen en él.

[2] *réveillon*: cenas de Nochebuena y/o Nochevieja.

tranjero de su nacionalidad que lo hablase tan bien. Me refirió algo de sus viajes por España y la América del Sur. Me habló de amigos comunes y de sus aficiones ocultistas. En Buenos Aires había tratado a un gran poeta y a un mi antiguo compañero, en una oficina pública, el excelente amigo Patricio[3]... En Madrid... Al poco rato teníamos las más cordiales relaciones. En la atmósfera de elegancia del hotel llamó mi atención la señora que apareció un poco tarde, y cuyo aspecto evocaba en mí algo de regio y de galante a la vez. Como yo hiciese notar a mi interlocutor mi admiración y mi entusiasmo, Wolfhart me dijo por lo bajo, sonriendo de cierto modo:

—¡Fíjese usted! ¡Una cabeza histórica! ¡Una cabeza histórica!

Me fijé bien. Aquella mujer tenía, por el perfil, por el peinado, un peinado, si no con la exageración de la época, muy semejante a las *coiffures a la Cléopatre*, por el aire, por la manera y, sobre todo, después que me intrigara tanto *un galón rojo que llevaba por único adorno en el cuello*, tenía, digo, un parecido tan exacto con los retratos de la reina María Antonieta, que por largo rato permanecí contemplándola en silencio. En realidad, era una cabeza histórica. Y tan histórica por la vecindad... A dos pasos de allí, en la plaza de la Concordia... Sí, aquella cabeza que se peinara *a la circasiana, à la Belle-Poule, al casco inglés, al gorro de candor, à la queue en flambeau d'amour, à la chien couchant, à la Diane, à la* tantas cosas más, aquella cabeza...

Se sentó la dama a un extremo del hall, y la única persona con quien hablara fue Wolfhart, y hablaron, según me pareció, en alemán. Los vinos habían puesto en mi imaginación su movimiento de brumas de oro, y alrededor de la figura de encanto y de misterio, hice flotar un vuelo de suposiciones exquisitas. La orquesta, con las oportunidades de la casualidad, tocaba una pavana. Cabelleras empolvadas, *moscas asesinas*, trianones de realizados ensueños[4], galantería pomposa y

---

[3] Alusiones a Leopoldo Lugones (1874-1938) y a Patricio Piñeiro Sorondo, en cuya compañía Darío frecuentó los círculos teosóficos y ocultistas (cfr. Darío, 1950, I, 132-133).

[4] *trianón*: nombre de dos mansiones reales edificadas dentro del recinto de Versalles.

libertinaje encintado de poesía, tantas imágenes adorables, tanta gracia sutil o pimentada, de página de memoria, de anécdota, de correspondencia, de panfleto... Me venían al recuerdo versos de los más lindos escritos con tales temas, versos de Montesquiou-Fezensac, de Régnier, los preciosos poemas italianos de Lucini[5]... Y con la fantasía dispuesta, los cuentos milagrosos, las materializaciones estudiadas por los sabios de los libros arcanos, las posibilidades de la ciencia, que no son sino las concesiones a un enigma cada día más hondo, a pesar de todo... La fácil excitabilidad de mi cerebro estuvo pronto en acción. Y cuando, después de salir de mis cogitaciones, pregunté al alemán el nombre de aquella dama, y él me embrolló la respuesta, repitiendo tan sólo lo de lo histórico de la cabeza, no quedé ciertamente satisfecho. No creí correcto insistir; pero como, siguiendo en la charla, yo felicitase a mi flamante amigo por haber en Alemania tan admirables ejemplares de hermosura, me dijo vagamente:

—No es de Alemania. Es de Austria.

Era una belleza *austríaca*... Y yo buscaba la distinta semejanza de detalle con los retratos de Kucharsky, de Riotti, de Boizot[6], y hasta con las figuras de cera de los sótanos del museo Grevin...

II

—Es temprano aún —me dijo Wolfhart, al dejarle en la puerta del hotel en que habitaba—. Pase usted un momento, charlaremos algo más, antes de mi partida. Mañana me voy de París, y quién sabe cuándo nos volveremos a encontrar.

---

[5] El conde Robert de Montesquiou-Fezensac (1855-1921), poeta amante de sensaciones raras y títulos rebuscados. Henri de Régnier, poeta francés (1864-1936) afín al simbolismo y cuyas obras muestran un leve pesimismo ante la vida; Gian Pietro Lucini, poeta italiano (1867-1914) que participó en el movimiento futurista.

[6] *Boizot*, seguramente Antoine Boizot (1702-1780), pintor de cámara francés y académico a partir de 1737. El Grevin que se menciona a continuación, puede ser Alfred Grevin, dibujante y caricaturista francés (1827-1892) que a partir de 1864 comenzó una serie de estampas irónicas sobre la vida parisina.

Entre usted. Tomaremos, a la inglesa, un *whisky-and-soda* y le mostraré algo interesante.

Subimos a su cuarto por el ascensor. Un *valet* nos hizo llevar el bebedizo británico, y el alemán sacó un cartapacio lleno de viejos papeles. Había allí un retrato antiguo, grabado en madera.

—He aquí —me dijo— el retrato de un antecesor mío, Theobald Wolfhart, profesor de la Universidad de Heidelberg. Este abuelo mío fue posiblemente un poco brujo, pero, de cierto, bastante sabio. Rehizo la obra de Julius Obsequens sobre los prodigios, impresa por Aldo Manucio, y publicó un libro famoso, el *Prodigiorum ac ostentorum chronicon*, un infolio editado en Basilea, en 1557. Mi antepasado no lo publicó con su nombre, sino bajo el pseudónimo de Conrad Lycosthenes[7]. Theobald Wolfhart era un filósofo sano de corazón, que, a mi entender, practicaba la magia blanca. Su tiempo fue terrible, lleno de crímenes y desastres. Aquel moralista empleó la revelación para combatir las crueldades y perfidias, y expuso a las gentes, con ejemplos extraordinarios, cómo se manifiestan las amenazas de lo invisible por medio de signos de espanto y de incomprensibles fenómenos. Un ejemplo será la aparición del cometa de 1557, que no duró sino un cuarto de hora, y que anunció sucesos terribles. Signos en el cielo, desgracias en la tierra. Mi abuelo habla de ese cometa que él vio en su infancia, y que era enorme, de un color sangriento, que en su extremidad se tornaba del color del azafrán. Vea usted esta estampa que lo representa, y su explicación por Lycosthenes. Vea usted los prodigios que vieron sus ojos. Arriba hay un brazo armado de una colosal espada amenazante, tres estrellas brillan en la extremidad, pero la

---

[7] Existió realmente un pastor protestante llamado Conrad Wolfhart que firmaba sus obras con el seudónimo de Lycosthenes y vivió de 1518 a 1561. Su *Prodigiorum liber, nunc demum per Conr. Lycosthenem integritati suae restitutus* se publicó en Basilea en 1552; en este trabajo, como afirma Darío, Lycosthenes incluyó también la obra de Julius Obsequens (siglo IV), *De prodigiis*, que había impreso Aldo Manucio en 1508. Lycosthenes fue también el autor de *Prodigiorum ac ostentorum chronicon*, publicado en Basilea en 1557. Cfr. Darío, 1988 (375-376) y Marini-Palmieri, 1989b (57 y ss.), que también reproduce alguno de los grabados a los que Darío alude más adelante.

que está en la punta es la mayor y más resplandeciente. A los lados hay espadas y puñales, todo entre un círculo de nubes; y entre esas armas hay unas cuantas cabezas de hombres. Más tarde escribirá sobre tales fantásticas maravillas Simon Goulard, refiriéndose al cometa: «Le regard d'icelle donna telle frayeur a plusieurs qu'aucuns en moururent; autres tomberent malades»[8]. Y Petrus Creusserus, discípulo de Lichtenberg —el astrólogo[9]—, dice un autor que, habiendo sometido el fenómeno terrible a las reglas de su arte, sacó las consecuencias naturales, y tales fueron los pronósticos, que los espíritus más juiciosos padecieron perturbación durante más de medio siglo. Si Lycosthenes señala los desastres de Hungría y de Roma, Simon Goulard habla de terribles asolaciones de los turcos en tierra húngara, el hambre en Suabia, Lombardía y Venecia, la guerra en Suiza, el sitio de Viena de Austria, sequía en Inglaterra, desborde del océano en Holanda y Zelanda y un terremoto que duró ocho días en Portugal. Lycosthenes sabía muchas cosas maravillosas. Los peregrinos que retornaban de Oriente contaban visiones celestes. ¿No se vio en 1480 un cometa en Arabia, de apariencia amenazante y con los atributos del Tiempo y de la Muerte? A los fatales presagios sucedieron las devastaciones de Corintia, la guerra en Polonia. Se aliaron Ladislao y Matías el Huniada[10]. Vea usted este rasgo de un comentador: «Las nubes tienen sus flotas como el aire sus ejércitos»; pero Lycosthenes, que vivía en centro de Alemania, no se asienta sobre tal hecho. Dice que el año 114 de nuestra era, simulacros de navíos se

---

[8] Simon Goulard, teólogo, historiador y traductor francés (1543-1628), autor de *Recueil des choses memorables advenues sous la Ligue* (1587-1590) y del *Trésor d'histoires memorables*.

[9] Joannes Lichtenberger, astrólogo del siglo xv, fue el autor de un libro de predicciones titulado *Pronosticatio in Latino raro et prius non audita quae exponit et declarat nonnullos coeli influxus et inclinationes certarum constellationum magnae videlicet conjunctionis*; se publicó por primera vez en 1488 y tuvo una segunda edición aumentada 1492 (cfr. Darío, 1888, 376).

[10] Ladislao VI de Polonia (1424-1444), monarca polaco a quien los aristócratas húngaros, con Juan Hunyada a la cabeza, ofrecieron la corona de Hungría en 1439. Fueron varias las ocasiones en que ambos pelearon juntos contra los turcos.

vieron en las nubes. San Agobardo, obispo de Lyon[11], está más informado. Él sabe a maravilla a qué región fantástica se dirigen esas ligeras naves. Van al país de Magonia, y sólo por reserva el santo prelado no dice su itinerario. Esos barcos iban dirigidos por los hechiceros llamados *tempestarii*. Mucho más podría referirle; pero vamos a lo principal. Mi antecesor llegó a descubrir que el cielo y toda la atmósfera que nos envuelve, están siempre llenos de esas visiones misteriosas; y con ayuda de un su amigo alquimista llegó a fabricar un elixir que permite percibir de ordinario lo que únicamente por excepción se presenta a la mirada los hombres. Yo he encontrado ese secreto —concluyó Wolfhart—, y aquí —agregó sonriendo— tiene usted el milagro en estas pastillas comprimidas. ¿Un poquito más de whisky?

No había duda de que el alemán era hombre de buen humor y aficionado, no solamente al alcohol inglés, sino a todos los paraísos artificiales. Así, me pareció ver en la caja de pastillas que me mostraba, algún compuesto de opio o de cáñamo indiano.

—Gracias —le dije—, no he probado nunca, ni quiero probar, el influjo de la *droga sagrada*. Ni hachís, ni el veneno de Quincey...

—Ni una cosa, ni otra. Es algo vigorizante, admirable hasta para los menos nerviosos.

Ante la insistencia y con el último sorbo de whisky, tomé la pastilla, y me despedí. Ya en la calle, aunque hacía frío, noté que circulaba por mis venas un calor agradable. Y olvidando la pastilla, pensé en el efecto de las repetidas libaciones. Al llegar a la plaza de la Concordia, por el lado de los Campos Elíseos, noté que no lejos de mí caminaba una mujer. Me acerqué un tanto a ella y me asombró el verla a aquellas horas, a pie y soberbiamente trajeada, sobre todo cuando a la luz de un reverbero vi su gran hermosura y reconocí en ella a la dama cuyo aspecto me intrigase en el *réveillon*: la que

---

[11] Agobardo de Lyon (770-840), obispo y liturgista de origen español, fue autor de trabajos religiosos de diversa temática y de una obra titulada *De la greè et du tonerre*, donde habla de los *tempestarii* que menciona Darío a continuación (Marini-Palmieri).

tenía por todo adorno en el cuello blanquísimo un fino galón rojo, rojo como una herida. Oí a un lejano reloj[12] dar unas horas. Oí la trompa de un automóvil. Me sentía como poseído de extraña embriaguez. Y, apartando de mí toda idea de suceso sobrenatural, avancé hacia la dama que había pasado ya el obelisco y se dirigía del lado de las Tullerías.

—Madame —le dije—, madame...

Había comenzado a caer como una vaga bruma, llena de humedad y de frío, y el fulgor de las luces de la plaza aparecía como diluido y fantasmal. La dama me miró al llegar a un punto de la plaza que, de pronto, me apareció como el escenario de un cinematógrafo. Había como apariencias de muchas gentes, en un ambiente como el de los sueños, y yo no sabría decir la manera con que me sentí, como en una existencia a un propio tiempo real y cerebral... Alcé los ojos y vi en el fondo opaco del cielo las mismas figuras que en la estampa del libro de Lycosthenes, el brazo enorme, la espada enorme, rodeados de cabezas. La dama, que me había mirado, tenía un aspecto tristemente fatídico, y, cual por la obra de un ensalmo, había cambiado de vestiduras, y estaba con una especie de fichú[13] cuyas largas puntas le caían por delante; y en su cabeza no había ya el peinado *à la Cléopatre*, sino una pobre cofia bajo cuyos bordes se veían los cabellos emblanquecidos. Y luego, cuando iba a acercarme más, percibí a un lado como una carreta, y unas desdibujadas figuras de hombres con tricornios y espadas y otras con picas. A otro lado un hombre a caballo, y luego una especie de tablado... ¡Oh, Dios, naturalmente, naturalmente!: he aquí la reproducción de lo *ya visto*... ¿En mí hay reflexión aun en este instante? Sí, pero siento que lo invisible, entonces visible, me rodea. Sí, es la guillotina. Y, tal en las pesadillas, con mucho, mucho de palpable en realidad, como si sucediese, veo desarrollarse —¿he hablado ya de cinematógrafo?— la tragedia... Aunque por no sé cuál motivo no pude darme cuenta de más detalles, vi que la dama me miró de nuevo, y bajo el ful-

---

[12] Oí a un lejano reloj...: *sic*.

[13] *fichú*: en francés, especie de mantilla o pañoleta de varias estofas y colocado alrededor del cuello.

gor color de azafrán que brotaba de la visión celeste y profética, brazo, espada, nubes y cabezas, vi cómo caía, bajo el hacha mecánica la cabeza de aquella que poco antes, en el salón del hotel, me admirara con su encanto galante y real, con su aire soberbio, con su cuello muy blanco, adornado con un único galón de sangre.

III

¿Cuánto tiempo duró aquel misterioso espectáculo? No lo sabría decir, puesto que ello fue bajo el imperio desconocido en que la ciencia aún anda a tientas; el tiempo en el ensueño no existe, y mil años, según observaciones experimentales, pueden pasar en un segundo. Todo aquello había desaparecido, y, dándome cuenta del lugar en donde me encontraba, avancé siempre hacia el lado de las Tullerías. Avancé y me vi entre el jardín, y no dejé de pensar rapidísimamente cómo era que las puertas estaban aún abiertas. Siempre bajo la bruma pálida de aquellas nocturnas horas, seguí adelante. Saldré, me dije, por la primera puerta del lado de la calle Rivoli, que quizás esté también abierta... ¿Cómo no ha de estar abierta?... ¿Pero era o no era aquel jardín el de las Tullerías? Árboles, árboles de obscuros ramajes en medio del invierno... Tropecé al dar un paso con algo semejante a una piedra, y me llené, en medio de mi casi inconsciencia, de una sorpresa pavorosa, cuando escuché un ¡ay! semejante a una queja, parecido a una palabra entrecortada y ahogada; una voz que salía de aquello que mi pie había herido y que era, no una piedra, sino una cabeza. Y alzando hacia el cielo la mirada vi la faz de la luna en el lugar en que antes la espada formidable, y allí estaban las cabezas de la estampa Lycosthenes. Y aquel jardín, que se extendía vasto cual una selva, me llenó del encanto grave que había en su recinto de prodigio. Y a través de velos de ahumado oro refulgía tristemente en lo alto la cabeza de la luna. Después me sentí como en una certeza de poema y de libro santo, y, como por un motivo incoherente, resonaban en la caja de mi cerebro las palabras: «¡Última hora! ¡Trípoli! ¡La toma de Pekín!» leídas en los diarios del día. Conforme con mis anhelos de lo divino, experimentando una inexpresable angustia, pensé: «¡Oh Dios! ¡Oh Señor! ¡Padre nuestro!...»

Volví la vista y vi a un lado, en una claridad dulce y dorada, una forma de lira, y sobre la lira una cabeza igual a la del Orfeo de Gustave Moreau, del Luxembourg[14]. La faz expresaba pesadumbre, y alrededor había como un movimiento de seres, de los que se llaman animados porque sus almas se manifiestan por el movimiento, y de los que se llaman inanimados porque su movimiento es íntimo y latente. Y oí que decía, según me ayuda mi recuerdo, aquella cabeza: «¡Vendrá, vendrá el día de la concordia, y la lira será entonces consagrada en la pacificación!» Y cerca de la cabeza de Orfeo vi una rosa milagrosa, y una hierba marina, y que iba avanzando hacia ellas una tortuga de oro.

Pero oí un gran grito, al otro lado. Y el grito era como de un coro de muchas voces. Y a la luz que os he dicho, vi que quien gritaba era un árbol, uno de los árboles coposos, llenos de cabezas por frutos, y pensé que era el árbol de que habla el libro sagrado de los musulmanes[15]. Oí palabras en loor de la grandeza y omnipotencia de Alá. Y bajo el árbol había sangre.

Haciendo un esfuerzo, quise ya no avanzar, sino retroceder a la salida del jardín; y vi que por todas partes salían murmullos, voces, palabras de innumerables cabezas que se destacaban en la sombra como aureoladas, o que surgían entre los troncos de los árboles. Como acontece en los instantes dolorosos de algunas pesadillas, pensé que todo lo que me

---

[14] De acuerdo con la leyenda, Orfeo habría muerto decapitado por las mujeres tracias, y su cabeza, junto con su lira, habría sido arrojadas al río Hebro. Gustave Moreau: pintor y escultor simbolista (1826-1898) cuyos trabajos fueron muy apreciados por los escritores del fin de siglo; uno de sus óleos presenta a una figura femenina sosteniendo una lira que contiene entre sus cuerdas la cabeza de Orfeo. *Luxemburgo*: parque de París muy frecuentado por Darío durante su vida en la capital francesa.

[15] No hemos podido localizar en *El Corán* ningún árbol que corresponda exactamente a esta alusión de Darío, aunque sí existe, entre los elementos del infierno musulmán, el «árbol Zaquum», de cuyos frutos van a comer todos los condenados (cfr. Azora, LVI, 40-56).

pasaba era un sueño, para disminuir un tanto mi pavor. Y en tanto, pude *reconocer* una temerosa y abominable cabeza asida por la mano blanca de un héroe, asida de su movible e infernal toisón de serpientes: la tantas veces maldecida cabeza de Medusa[16]. Y de un brazo, de un brazo como de carne de oro de mujer, pendía otra cabeza, una cabeza con barba ensortijada y oscura, y era la cabeza del guerrero Holofernes. Y la cabeza de Juan el Bautista; y luego, como viva, de una vida singular, la cabeza del Apóstol que en Roma hiciera brotar el agua de la tierra[17]; y otra cabeza que Rodrigo Díaz de Vivar arrojó, en la cena de la venganza, sobre la mesa de su padre[18].

Y otras que eran la del rey Carlos de Inglaterra[19] y la de la reina María Estuardo... Y las cabezas aumentaban, en grupos, en amontonamientos macabros, y por el espacio pasaban relentes de sangre y de sepulcro; y eran las cabezas hirsutas de los dos mil halconeros de Bayaceto[20]; y las de las odaliscas degolladas en los palacios de los reyes y potentados asiáticos; y las de los innumerables decapitados por su fe, por el odio, por la ley de los hombres; las de los decapitados de las hordas bárbaras, de las prisiones y de las torres reales, las de los Gengiskanes, Abdulhamides y Behanzines...[21].

---

[16] *Medusa* o *Gorgona*, monstruo marino de cuya cabeza brotaban serpientes en lugar de cabellos; fue decapitado por Perseo.

[17] De acuerdo con la tradición, en el momento de la decapitación de San Pablo y en el mismo lugar en que su cabeza cayó al suelo habría surgido una fuente con tres bocas. En ese punto se levantó más tarde la iglesia de San Pablo «alle tre fontane», situada a las afueras de Roma y no muy lejos de la basílica de San Pablo Extramuros.

[18] Según algunas versiones, el joven Rodrigo Díaz de Vivar habría matado en duelo y cortado la cabeza al padre de Jimena, el cual habría afrentado previamente a Diego Laínez, el padre del Cid.

[19] Carlos I de Inglaterra (1600-1649) murió decapitado en Londres, después de caer prisionero en manos de Cromwell y de ser juzgado por el Parlamento.

[20] Hay varios sultanes otomanos con el nombre de Bayaceto. El más famoso y violento fue Bayaceto I (1347-1403), de cuyos halconeros no hemos podido localizar mención alguna.

[21] *Abdulamides*: nombre genérico de una familia de sultanes turcos, especialmente belicosos. Behanzin (1844-1906) fue el último rey de Dahomey, expulsado de su país por los franceses; sumamente cruel, acostumbraba a degollar a sus prisioneros de guerra.

Dije para mí: ¡Oh, mal triunfante! ¿Siempre seguirás sobre la faz de la tierra? ¿Y tú, París, cabeza del mundo, serás también cortada con hacha, arrancada de tu cuerpo inmenso?

Cual si hubiesen sido escuchadas mis interiores palabras, de un grupo en que se veía la cabeza de Luis XVI[22], la cabeza de la princesa de Lamballe, cabezas de nobles y cabezas de revolucionarios, cabezas de santos y cabezas de asesinos, avanzó una figura episcopal que llevaba en sus manos su cabeza, y la cabeza del mártir Dionisio, el de las Galias, exclamó:

—¡En verdad os digo, que Cristo ha de resucitar[23]!

Y al lado del apostólico decapitado vi a la dama del hall del hotel, a la dama austriaca con el cuello desnudo; pero en él se veía, como un galón rojo, una herida purpúrea, y María Antonieta dijo:

—¡Cristo ha de resucitar!

Y la cabeza de Orfeo, la cabeza de Medusa, la cabeza de Holofernes, la cabeza de Juan y la de Pablo, el árbol de cabezas, el bosque de cabezas, la muchedumbre fabulosa de cabezas, en el hondo grito, clamó:

—¡Cristo ha de resucitar! ¡Cristo ha de resucitar! ...

—Nunca dormir inmediatamente después de comer —concluyó mi buen amigo el doctor.

---

[22] Luis XVI de Francia fue decapitado durante la Revolución Francesa, al igual que su esposa María Antonieta y la princesa de Lamballe (1749-1792), íntima amiga de ésta, que se menciona a continuación (cfr. nota 3 de «Un cuento para Jeannette»).

[23] Rubén se refiere a San Dionisio, obispo de París en fechas imprecisas pero anteriores al siglo IV. Según la costumbre cristiana, cuando se esculpía sobre una tumba el cuerpo de un mártir decapitado, la cabeza se solía colocar entre sus manos; por ello, de acuerdo a la leyenda, San Dionisio, después de ser decapitado, habría recogido su cabeza y se habría ido caminando con ella entre las manos.

Cherubín a bordo[1]

...Tenemos a Cherubín a bordo, un Cherubín de sangre ardiente, un Cherubín hispanoamericano... Y hace algunas horas, después de tan alegres días de travesía, Cherubín ha cambiado, está de un humor melancólico y agrio. Cherubín está triste, ¿qué tendrá Cherubín?... Es un muchacho fuerte, hecho a los *sports*; ha sido criado en el temor de Dios, en su casa primero; y luego ha cultivado mucho, como he indicado antes, los ejercicios físicos en un colegio inglés... De modo que Cherubín, todavía con sus quince años desarrollados, todavía no... ¡Sí, perfectamente! No es el personaje renovado por M. de Groisset; pero con todo, a su manera, y a causa de su raza solar, y de su precocidad y de su crecimiento, piensa en la realización de más de un sueño amoroso... Y aunque a causa de las malicias del siglo, él sabe ya más de un secreto comunicado por el compañero del colegio, por el primo, por la prima, aún se colorea de rubores ante una bella, y a pesar de su despejo de jovencito bien educado, contesta si la dama le habla, o muy despacio, o muy precipitadamente. Y ahora, esta joven que viene en el barco...

... Vienen en el barco varias jóvenes, pero hay una criolla, de ojos tan negros, tan brillantes y tan perversos... Es una mejicana. Cherubín tiene un pequeño álbum, lleno de recuerdos, de confidencias de amiguitos y amiguitas. Una de ellas

---

[1] Según Barcia, se publicó en *La Nación* el 28 de noviembre de 1912. Aparecía acompañado por otro trabajo titulado «Ménagerie» y los dos iban reunidos bajo el epígrafe de «Films de viaje» (Darío, 1968b, 267-268).

le ha escrito en una página: «¡Qué delicioso es amar en medio del mar!...» Y Cherubín pone en práctica la exclamación epifonémica... El mar, en verdad, es propicio a los amores... Se diría que su influencia nos anima y alienta... No se trata, naturalmente, de los que se marean... El mar se diría que da vigores nuevos e invita al aumento de la especie... La ciencia está por ello: el mar es nuestro medio primitivo... He allí explicado el mito en la Anadiómena. El doctor Quintón está en lo justo[2]. Y la thalassoterapia es una realidad. Los pueblos ictiófagos... Sí, decididamene, razón tuvo la niña que escribiera en el álbum de Cherubín la observación de que el amor es singularmente delicioso con la connivencia de la maternal Thetis[3]... Y por eso el adolescente ha estado tan encendido en animación, galante durante todo el viaje. Pero he aquí que Cherubín está triste; y la culpa es de la criolla de los negros y perversos ojos...

... Yo le he dicho a la criolla: —No haga usted sufrir a un corazón de quince años... Es verdad que el *flirt* es una institución social, un sacramento de salón que no imprime carácter...; mas eso no autoriza a los juegos peligrosos con la adolescencia; diré más, con la niñez... ¿No se inquieta usted si ve en manos de un niño una caja de fósforos, un revólver cargado? Pues lo que usted pone, no en sus manos, sino en su imaginación, es algo peor y más explosivo... Entiendo que usted cumple con su obligación de Eva, o de Lilith...; pero Adán no tuvo niñez, ni adolescencia, como que no tuvo ni pudo tener ombligo... Sus ojos de usted son reveladores de lavas ocultas, lo sé; y su espíritu y su instinto de gato no se fijan en si el ratón está demasiado tierno... con todo, ¡tenga usted cuidado! Está fabricando un Don Juan, casi seguramente... Los Cherubines que sufren hoy son los Donjuanes que hacen sufrir mañana... Lo que usted hace lo pagarán mil y tres... Usted ha dado esperanzas y ha hecho palpar realidades a ese pobre *gosse*[4]...; y luego coquetea usted con todo el mun-

---

[2] René Quintón, médico francés (1867-1925), inventor de un método terapéutico basado en inyecciones de agua de mar.

[3] *Thetis* o *Tetis*: diosa latina del mar.

[4] *gosse*: en francés, niño, chaval.

do, con el capitán, con el comisario, con ese joven rubio...; no lo niegue, porque he visto a usted escribir una cartita y luego dársela, una cartita llena de su letra a la moda, de su letra chic, un poco picuda, larga y muy sagrado corazón... Y Cherubín se ha dado cuenta de todo y no comprende el juego de usted...; Y Cherubín está triste, lo cual a los quince años es una catástrofe...

Y como yo hiciese una pausa en mi conminatorio discurso, la criolla aprovechó para decirme, después de refrescar y aromar el instante con una gran risa: «¡Venga usted! Ya verá cómo yo lo arreglo todo...» Y me llevó a un extremo del vapor, donde el adolescente estaba contemplativo, de cara al horizonte.

Y sin decir una palabra más, bruscamente, cogió la cara del muchacho, como se coge la de un bebé y le dio un beso, otro beso, otro beso, ¡con una alegría! Manera de arreglarlo todo... Pero más alegría era la de Cherubín que estaba todo colorado, como si por la cara le saliese la aurora.

El último prólogo[1]

Salía de la redacción de *La Nación* cuando me encontré con un joven, vestido elegantemente, cuidado y airoso, con una bella perla en la finísima corbata y un anillo con rica piedra preciosa.

Me saludó con la mayor corrección y me manifestó que deseaba acompañarme, pues tenía algo importante que decirme. «Éste es un joven poeta, un poeta a la moderna», pensé, y acepté gustoso su compañía.

*

—Señor —me dijo—, hace tiempo que deseaba tener una entrevista con usted. Le he buscado por todos los cafés y bares; porque... conociendo su historia y su leyenda... ¿Usted comprende?

—Sí —le contesté—, comprendo perfectamente.

—Y no le he encontrado en ninguno, lo cual es una desilusión. Pero, en fin, le he hallado en la calle, y aprovecho la ocasión para manifestarle todo lo que tenía que decirle.

—¿...?

—Se trata de la autoridad literaria de usted, de la reputación literaria de usted, que desde hace algún tiempo está usted comprometiendo con eso de los prólogos, de los prólo-

---

[1] De acuerdo con Regino E. Boti la versión más temprana de este trabajo de Darío apareció en *El Cubano Libre*, el 20 de abril de 1913. Seguimos el texto de *El árbol del rey David* (Darío, 1921, 115-120; Saavedra Molina, 1946, 85).

gos en extremo elogiosos, en prosa y en verso. Sí, señor, permítame usted que sea claro y explícito.

El joven hablaba con un tono un poco duro y golpeado, como deben de haber hablado los ciudadanos romanos, y como hablan los ciudadanos de los Estados Unidos de Norteamérica. Continuó:

—No me refiero a las alabanzas que hace usted a hombres de reconocido valer. Eso se explica y es muy natural, aunque no siempre exista la reciprocidad... ¡qué quiere usted! Me refiero a los líricos e inesperados sermones con que usted nos anuncia de cuando en cuando el descubrimiento de algún ilustre desconocido. Mozos tropicales y no tropicales, ascetas, estetas, que usted nos presenta con la mejor buena voluntad del mundo y que luego le pagan hablando y escribiendo mal de usted... ¿Comprende?... ¿No escribió usted en una ocasión que casi todos los pórticos que había levantado para casas ajenas se le habían derrumbado encima?[2]. No; no me haga usted objeciones. Conozco su teoría; las alabanzas, sean de quien sean, no pueden dar talento al que no lo tiene... No hay trovador, de Sipesipe, de Chascomún, de Chichigalpa, que no tenga la frente ceñida de laureles y el corazón henchido de soberbia, con su correspondiente cartica del israelita o del rector consabido. Y todo eso hace daño, señor mío. Y luego llega usted con los prólogos, con los versos laudatorios, escritos, a lo que supongo, quién sabe en qué noches...

»Sí, ya sé que usted me hablará de ciertas poesías de Victor Hugo dirigidas a amigos que hoy nadie sabe quiénes eran, gentes mediocres y aprovechadoras. Ya sé que me hablará también de las *Dédicaces* de Verlaine[3]; ¡pero éste siquiera se

---

[2] Alusión al poema «Pórtico» que Darío escribió como prólogo al libro de Salvador Rueda titulado *En tropel* (1892). Con el tiempo Rueda y Darío llegaron a descalificarse mutuamente, atribuyéndose cada uno para sí los comienzos del Modernismo hispánico.

[3] Las *Dédicaces* de Verlaine se publicaron por primera vez en 1896 y las *Invectives*, que se citan a continuación, lo fueron en 1890. Si el primer poemario consiste, principalmente, en una serie de elogios en verso dedicados a otros poetas del momento, el tono general del segundo es el de reproche y queja hacia las diversas instancias de la vida cultural y política en que vivió su autor.

desquitaba con las *Invectives!* No; no me hable usted de su generoso sentimiento, de que es preciso estimular a la juventud, de que nadie sabe lo que será más tarde... No, de ninguna manera. No insista en esa caridad intelectual. Le va a su propio pellejo. Fuera de que todos aquellos a quienes estimule y ayude se convertirán en detractores suyos, ¡va usted a crear fama de zonzo! No me interrumpa, le ruego. ¿Y cree usted que hace bien? ¡De ninguna manera! Muchos de estos muchachos desconocidos a quienes usted celebra, malgastan su tiempo y malogran su vida. Se creen poseedores de la llama genial, del "deus", y en vez de dedicarse a otra cosa, en que pudieran ser útiles a su familia o a sí mismos, se lanzan a producir a destajo prosas y versos vanos, inservibles, y sin meollo. Pierden sus energías en algo que extraño a ellos pontifican en adolescencias insensatas, no perciben ni el ridículo, ni el fracaso: logran algunos formarse una reputación *surfaite*. Hay quienes, en el camino, reflexionan y siguen el rumbo que les conviene... Son los menos... ¿A cuántos ha hecho usted perjuicios con sus irreflexivos aplausos, tanto en España como en América? Usted se imagina que cualquier barbilampiño entre dos veces que le lleva un manuscrito para el consabido prólogo, o presentación, o alabanza en el periódico, está ungido y señalado por el padre Apolo; que puede llegar a ser un genio, un portento; y porque una vez le resultó con Lugones, ¿cree usted que todos son Lugones?[4]. A unos les encuentra usted gracia, a otros fuerza, a todos pasión de arte, vocación para el sacerdocio de las musas... ¡Qué inocente es usted! ¡A menos que no sea un anatolista, un irónico, un perverso, que desea ver cómo se rompe la crisma poética tanto portaguitarra o portaacordeón! Perdóneme usted que sea tan claro, que llame, como dice el vulgar proloquio, al pan pan y al vino vino... Y luego insisto en lo que acabo de

---

[4] El triunfo de Leopoldo Lugones en Buenos Aires dependió en gran medida de su amistad con Darío y de la elogiosa crítica de éste a su obra. Entre otros, el nicaragüense publicó en *El Tiempo* de Buenos Aires dos trabajos referidos al poeta cordobés; el primero llevaba el título de «Un poeta socialista, Leopoldo Lugones» y apareció el 12 de mayo de 1896 y el segundo, titulado «Lo que encontré en *Las montañas del oro*», se publicó el 26 de noviembre de 1897 (Darío, 1938a, 102-108 y 129-130).

decir. ¿Qué saca usted con toda esa buena voluntad y con ser el San Vicente de Paúl de los ripiosos? ¡Enemigos, mi querido señor, enemigos! Yo sé de uno que le levantó la voz y le sitió en su propia casa, y por último ha escrito contra usted porque no encontró suficiente el bombo que usted le daba, ¡y era ya doble bombo!

»¿Que no se fija usted en todo eso, hombre de Dios? ¡Y otro, a quien usted pintara de tan artística manera, y que hoy le alude insultantemente en las gacetas! ¡Y tantos otros más! ¿Que se reconoce usted vocación para el martirio?

»¿Insistirá usted en descubrirnos esos tesoros que quiere demostrarnos su buen querer? Reflexione, vuelva sobre sus pasos. No persista en esa bondad que se asemeja mucho a la tontería. Hay prefacios y *dédicaces* que le debían dar a usted pena, sobre todo al recordar la manera con que le han correspondido... No digo yo que cuando, en verdad, aparezca un verdadero ingenio, un verdadero poeta, un Marcellus[5] a quien augurar grandezas, no lo haga usted. Suene usted su trompeta, sacuda bien el instrumento lírico. ¡Pero es tan raro! Y corre usted tanto peligro en equivocarse como sus lectores y los que creemos en el juicio y en el buen gusto de usted en tomar gato por liebre. Siquiera se contentase usted con imitar las esquelas huguescas: "Sois un gran espíritu." "Iungamus dextras." "Os saludo." ¡Pero no! Usted se extiende sobre los inesperados valores de los pánidas de tierra fría: usted nos señala promesas que no se cumplen; usted da el espaldarazo sin pensar si se reúnen todas las condiciones de la caballería... cuando tal vez se reúnen demasiado... usted no averigua si el neófito puede pronunciar como se debe el schiboleth sagrado y lo deja entrar, no más, a la ciudad de la Fama... No, señor, no.

»Es preciso que usted cambie de conducta y cierre la alacena de fáciles profecías. Acuérdese de lo que le pasó a don Marcelino Menéndez y Pelayo, en la época en que no había quien le pidiera una presentación al público que no se saliera con la suya. Y don Marcelino llegó casi a perder su autori-

---

[5] *Marcellus*, posiblemente Louis Marie-Auguste-Marcellus, marqués de Marcellus (1776-1841), escritor y político francés.

dad; y cuando lo percató cerró la espita prologal... Los que exigen las presentaciones no se contentan sino con que se queme todo el turíbulo... Si usted escatima, o aminora la alabanza, la enemistad o el rencor aparecerán pronto. Así, ¿cuántos malos ratos no ha dado a usted su inagotable complacencia en encontrar con que se echa usted de malquerientes a los malquerientes de la persona loada?... Pero ninguno será peor para usted, con lengua y pluma, que aquel a quien haya hecho el servicio intelectual... No me haga observación ninguna, que aquí estamos bien enterados... ¿Cuántos pórticos, prólogos, prefacios, retratos y presentaciones ha escrito usted, vamos a ver? Cuente usted con los dedos y dígame cuántos amigos leales le quedan, si le queda alguno entre todos los favoritos... Sí, claro que hay excepciones. Mas, después de todo, ¿valía la pena exponerse a esos resultados?... Y es tiempo ya de concluir con ese peligroso altruismo. Créame usted, hágalo así... Eso deseamos muchos. Ya nos lo agradecerá.

El joven no me había dejado responder nada, bajo el alud de sus palabras. Habíamos llegado a la puerta de mi hotel. Le tendí la mano para despedirme. Pero él me dijo:

—Permítame un momento. Deseo pedirle un pequeño servicio —y sacó un rollo de manuscritos y me lo entregó.

—¿Qué deseaba usted? —le interrogué.

Y él, decidido y halagador:

—Un prólogo.

La extraña muerte
de fray Pedro[1]

I

Visitando el convento de una ciudad española, no ha mucho tiempo, el amable religioso que nos servía de cicerone, al pasar por el cementerio, me señaló una lápida en que leí, únicamente: *Hic iacet frater Petrus.*

—Éste —me dijo— fue uno de los vencidos por el diablo.

—Por el viejo diablo que ya chochea —le dije.

—No —me contestó—, por el demonio moderno que se escuda con la Ciencia.

Y me narró el sucedido.

Fray Pedro de la Pasión era un espíritu perturbado por el maligno espíritu que infunde el ansia de saber. Flaco, anguloso, nervioso, pálido, dividía sus horas conventuales entre la oración, las disciplinas y el laboratorio, que le era permitido por los bienes que atraía a la comunidad. Había estudiado,

---

[1] Este cuento es una versión de «Verónica», relato que Darío publicó en *La Nación* el 16 de marzo de 1896 con el pretítulo de «Cuentos raros». «La extraña muerte...» apareció publicado como tal en el número de mayo de 1913 de *Mundial Magazine*, que lo había anunciado previamente en sus números de febrero («cuento de Semana Santa por Rubén Darío») y de abril («cuento inédito de Rubén Darío»; Hernández, 23). En *Mundial*, cuyo texto y división reproducimos aquí, iba acompañado de cuatro ilustraciones de Basté.

desde muy joven, las ciencias ocultas. Nombraba, con cierto énfasis, en las horas de conversación, a Paracelsus, a Alberto el Grande; y admiraba profundamente a ese otro fraile, Schwartz, que nos hizo el diabólico favor de mezclar el salitre con el azufre[2].

Por la ciencia había llegado hasta penetrar en ciertas iniciaciones astrológicas y quirománticas; ella le desviaba de la contemplación y del espíritu de la Escritura. En su alma se había anidado el mal de la curiosidad, que perdió a nuestros primeros padres. La oración misma era olvidada con frecuencia, cuando algún experimento le mantenía cauteloso y febril. Como toda lectura le era concedida, y tenía a su disposición la rica biblioteca del convento, sus autores no fueron siempre los menos equívocos. Así llegó hasta pretender probar sus facultades de zahorí[3], y a poner a prueba los efectos de la magia blanca. No había duda de que estaba en gran peligro su alma, a causa de su sed de saber y de su olvido de que la ciencia constituye, en el principio, el arma de la Serpiente que ha de ser la esencial potencia del Anticristo, y que, para el verdadero varón de fe, *initium sapientiae est timor Domini*.

II

¡Oh, ignorancia feliz, santa ignorancia! ¡Fray Pedro de la Pasión no comprendía tu celeste virtud, que ha hecho a los ciertos Celestinos! Huysmans se ha extendido sobre todo ello. Virtud que pone un especial nimbo a algunos mínimos de Dios queridos, entre los esplendores místicos y milagrosos de las hagiografías.

---

[2] Paracelso: médico y alquimista suizo (1493-1541); su figura anda teñida de tintes legendarios por el secretismo de sus actuaciones y las incógnitas acerca de su muerte. Alberto el Grande: San Alberto Magno (1206-1280), filósofo y teólogo alemán, con fama de sabio y docto en el campo de las ciencias naturales. Berthold Schwartz de Graz: monje y alquimista alemán (siglo XIV) que introdujo la pólvora en Europa y que, según la leyenda, habría sido también el inventor del cañón.

[3] *zahorí*: adivino, mago.

Los doctores explican y comentan altamente cómo, ante los ojos del Espíritu Santo, las almas de amor son de mayor manera glorificadas que las almas de entendimiento. Ernest Hello ha pintado, en los sublimes *vitraux* de sus *Fisonomías de santos*[4], a esos beneméritos de la caridad, a esos favorecidos de la humildad, a esos seres columbinos, simples y blancos como los lirios, limpios de corazón, pobres de espíritu, bienaventurados hermanos de los pajaritos del Señor, mirados con ojos cariñosos y sororales por las puras estrellas del firmamento. Joris-Karl[5], el merecido beato, quizá más tarde consagrado, a pesar de la literatura, en el maravilloso libro en que Durtal se convierte, viste de resplandores paradisíacos al lego guardapuercos que hace bajar a la pocilga la admiración de los coros arcangélicos, y el aplauso de las potestades de los cielos. Y fray Pedro de la Pasión no comprendía eso...

Él, desde luego, creía, creía con la fe de un indiscutible creyente. Mas el ansia de saber le azuzaba el espíritu, le lanzaba a la averiguación de secretos de la naturaleza y de la vida, a tal punto, que no se daba cuenta de cómo esa sed de saber, ese deseo indominable de penetrar en lo vedado y en lo arcano del universo, era obra del pecado, y añagaza del Bajísimo, para impedirle de esa manera su consagración absoluta a la adoración del Eterno Padre. Y la última tentación sería fatal.

III

Acaeció el caso no hace muchos años. Llegó a manos de fray Pedro un periódico en que se hablaba detalladamente de todos los progresos realizados en radiografía, gracias al descubrimiento del alemán Roentgen[6], quien lograra encontrar el modo de fotografiar a través de los cuerpos opacos. Supo lo

---

[4] Cfr. n. 5 de «Caín».
[5] Joris Karl Huysmans (1848-1907), uno de los autores finiseculares preferidos por Darío. Su personaje Durtal aparece por primera vez en *Là-bas* (1891), se convierte al catolicismo en *En route* (1895) y continúa figurando en *La cathédrale* (1898) y *L'oblat* (1903) (cfr. Darío, 1988, 398-399).
[6] William Roentgen: científico alemán (1845-1923) que descubrió los rayos X en 1895.

que se comprendía en el tubo Crookes[7], de la luz catódica, del rayo X. Vio el facsímil de una mano cuya anatomía se transparentaba claramente, y la patente figura de objetos retratados entre cajas y bultos bien cerrados.

No pudo desde ese instante estar tranquilo, pues algo que era un ansia de su querer de creyente, aunque no viese lo sacrílego que en ello se contenía, punzaba sus anhelos... ¿Cómo podría él encontrar un aparato como los aparatos de aquellos sabios, y que le permitiera llevar a cabo un oculto pensamiento, en que se mezclaban su teología y sus ciencias físicas?... ¿Cómo podría realizar en su convento las mil cosas que se amontonaban en su enferma imaginación?

En las horas litúrgicas, de los rezos y de los cánticos, notábanlo todos los otros miembros de la comunidad, ya meditabundo, ya agitado como por súbitos sobresaltos, ya con la faz encendida por repentina llama de sangre, ya con la mirada como extática, fija en lo alto, o clavada en la tierra. Y era la obra de la culpa que se afianzaba en el fondo de aquel combatido pecho, el pecado bíblico de la curiosidad, el pecado omnitrascendente de Adán, junto al árbol de la ciencia del Bien y del Mal. Y era mucho más que una tempestad bajo un cráneo... Múltiples y raras ideas se agolpaban en la mente del religioso, que no encontraba la manera de adquirir los preciosos aparatos. ¡Cuánto de su vida no daría él, por ver los peregrinos instrumentos de los sabios nuevos en su pobre laboratorio de fraile aficionado, y poder sacar las *anheladas pruebas*, hacer los mágicos ensayos que abrirían una nueva era en la sabiduría y en la convicción humanas!... Él ofrecería más de lo que se ofreció a Santo Tomás... Si se fotografiaba ya lo interior de nuestro cuerpo, bien podría pronto el hombre llegar a descubrir visiblemente la naturaleza y origen del alma; y, aplicando la ciencia a las cosas divinas, como debía permitirlo el Espíritu Santo, ¿por qué no aprisionar en las visiones de los éxtasis, y en las manifestaciones de los espíritus celestiales, sus formas exactas y verdaderas?

---

[7] William Crookes (1832-1919), físico y químico inglés que en 1879 realizó con éxito varios experimentos sobre los rayos catódicos en los tubos que llevan su nombre.

¡Si en Lourdes hubiese habido un kodak, durante el tiempo de las visiones de Bernardetta[8]! ¡Si en los momentos en que Jesús, o su Santa Madre, favorecen con su presencia corporal a señalados fieles, se aplicase convenientemente la cámara obscura!... ¡Oh, cómo se convencerían los impíos, cómo triunfaría la religión!

Así cavilaba, así se estrujaba el cerebro el pobre fraile, tentado por uno de los más encarnizados príncipes de las tinieblas.

IV

Y avino que, en uno de esos momentos, en uno de los instantes en que su deseo era más vivo, en hora en que debía estar entregado a la disciplina y a la oración, en su celda, se presentó a su vista uno de los hermanos de la comunidad, llevándole un envoltorio bajo el hábito.

—Hermano —le dijo—, os he oído decir que deseabais una de esas máquinas, como esas con que los sabios están maravillando al mundo. Os la he podido conseguir. Aquí la tenéis.

Y, depositando el envoltorio en manos del asombrado fray Pedro, desapareció, sin que éste tuviese tiempo de advertir que debajo del hábito se habían mostrado, en el momento de la desaparición, dos patas de chivo.

Fray Pedro, desde el día del misterioso regalo, consagróse a sus experimentos. Faltaba a maitines, no asistía a la misa, excusándose como enfermo. El padre provincial solía amonestarle; y todos le veían pasar, extraño y misterioso, y temían por la salud de su cuerpo y por la de su alma.

Él perseguía su idea dominante. Probó la máquina en sí mismo, en frutos, llaves dentro de libros, y demás cosas usuales. Hasta que un día...

O más bien, una noche, el desventurado se atrevió, *por fin*, a realizar *su pensamiento*. Dirigióse al templo, receloso, a pa-

---

[8] Bernardette Soubiroux (1844-1879), la vidente de las apariciones de la Virgen en la ciudad francesa de Lourdes (1858).

sos callados. Penetró en la nave principal y se dirigió al altar en que, en el tabernáculo, se hallaba expuesto el Santísimo Sacramento. Sacó el copón. Tomó una sagrada forma. Salió veloz para su celda.

V

Al día siguiente, en la celda de fray Pedro, se hallaba el señor arzobispo delante del padre provincial.

—Ilustrísimo señor —decía éste—, a fray Pedro le hemos encontrado muerto. No andaba muy bien de la cabeza. Esos sus estudios creo que le causaron daño.

—¿Ha visto su reverencia esto? —dijo su señoría ilustrísima, mostrándole una revelada placa fotográfica que recogió del suelo, y en la cual se hallaba, con los brazos desclavados y una dulce mirada en los divinos ojos, la imagen de Nuestro Señor Jesucristo.

313

Mi tía Rosa[1]

Mi vecina, sollozante, a un extremo del salón, había recibido ya su reprimenda; mas después del consabido proceso de familia, se sabía, o se había resuelto, que ella no era tan culpable; el culpable principal era «¡este mozo que parece que anduviese por las nubes, pero que me ha de dar muchos dolores de cabeza!».

Yo tenía la mía inclinada; mas, feliz y glorioso delincuente, guardaba aún el deslumbramiento del paraíso conseguido: un paraíso rubio de quince años, todo rosas y lirios, y fruta de bien y de mal, del comienzo de la vendimia, cuando la uva tiene aún entre su azúcar un agrio de delicia.

Mi padre, un tirano, seguía redoblando su sermón...

—Porque te juzgas ya un hombre y no eres sino un mozo desaplicado... Parece que anduvieses viendo mariposas en el aire... ¡Roberto, alza la frente, mírame bien! Te he perdonado muchas faltas. No eres en el colegio un modelo. Tu profesor de matemáticas te declara un asno, y yo estoy por encontrar que tiene mucha razón tu profesor de matemáticas. No hablas casi, y cuando lo haces, hablas solo. El día en que te reprobaron, ha encontrado tu madre, entre tus libros de estu-

---

[1] Este cuento se publicó por primera vez en *Elegancias*, en el número de diciembre de 1913, con dos ilustraciones de Basté y firma de Darío. Hasta cierto punto, se trata de una nueva recreación literaria del episodio de «Palomas blancas y garzas morenas», el relato de *Azul...*, que también se correspondería con el capítulo V de la *Autobiografía* (cfr. Darío, 1995, 211). Reproducimos el texto de *Elegancias*.

dio, versos y cartitas de amor. ¿Es esto serio? Sin embargo, lo serio es esto otro. Tu falta de ahora merece el más severo castigo, y lo has de tener. ¡A esto te ha llevado el andar divagando y soñando! ¡Bonitos sueños los de ahora! ¿Acaso estás en edad de cumplir como debe hacerlo un caballero? Yo he de enseñarte a conocer tus deberes, con el rigor que no he empleado nunca. Yo he de enseñarte a ser hombre de veras. ¿Quieres desde ahora ser hombre? Pues a hacer obras de hombre. En verdad, que andar muy lechuguino y enamoradizo y haciendo algo peor que los versos, no es digno de quien desea ser un *gentleman*. Versos, y después de los versos, de los versitos, tenemos ahora esto... ¡Bribón!

Jamás había tronado tanto.

—Es que yo me quiero casar... —pude por fin exclamar, con un modo y voz de *Poil-de-Carotte* afrentado[2].

Entonces, tras una doble carcajada por lo que dije, que debía de ser muy ridículo, quien se adelantó a perorarme fue mi madre:

—¡Casarte! ¿Y con qué te vas a casar? ¿Con qué vas a mantener a tu mujer? ¿Es que crees que puedes remediar la atrocidad que has hecho? «¡Me quiero casar!»... ¿Has visto alguna vez casarse a los chicos de la escuela? Pues tú no eres más que un chico del colegio. Y tu padre tiene razón: esos mamotretos, esos versos, esos papeles inútiles, son la causa de todo. Por eso no estudias y pasas el día ocioso. Y la pereza es la madre de todos los vicios. Lo que acabas de hacer es obra de la pereza, pues si en algo útil te ocuparas, no tendrías malos pensamientos... Da gracias a Dios que tienes padre y madre como los tuyos... Y lo cierto es que nuestra extremada bondad para contigo te ha hecho ir cada día de mal en peor. ¡Al campo debías haber ido, a trabajar al campo! ¿No quieres seguir una carrera? ¡Al campo! Tu padre pensaba muy bien cuando te quiso dedicar al comercio... Tú te encaprichaste, y después de mucho rogarte yo, te decidiste al estudio, y me ofreciste ser abogado... ¿Qué has hecho? No eres ni bachiller. «¡Me quiero casar!» ¿Y qué van a comer en tu

---

[2] «El sufrido personaje infantil de la novela del mismo título (1894; dramatizada en 1900), de Jules Renard (1864-1910)» (Mejía Sánchez).

casa? Porque debes tener casa. El casado casa quiere. ¡Casado a los dieciséis años! ¿Qué vais a comer, tú y tu mujer? ¿Versos, flores, estrellas? Y me vas a echar al fuego ahora mismo toda esa papelería... Y entrégame las cartas que te haya escrito esa deschavetada... Y alístate, porque te vas al campo, sin remedio, a trabajar a una hacienda, para que seas hombre de veras... ¿Quieres desde ahora ser hombre? ¡A trabajar como hombre, pues! ¡Bribón!

Y el paternal trueno:

—¡Bien dicho!

Tú lo sabes, divina Primavera, y tú, imperial Aurora, si era yo en realidad el atroz personaje pintado por las palabras de mis padres. Pues era el tiempo primaveral y auroral mío, y en mi cuerpo y en mi alma florecía, en toda su magnificencia, la gracia de la vida y del amor. Mis sueños poéticos habían ya tendido sus palios de azur, sus tiendas de oro maravilloso. Mis visiones eran mañanas triunfales, o noches de seda y aroma al claro plenilunar; mi astro, Venus; mis aves, pavones fabulosos o líricos ruiseñores; mi fruta, la manzana simbólica o la uva pagana; mi flor, el botón de rosa: pues lo soñaba decorando eminente los senos de nieve de las mujeres; mi música, la pitagórica, que escuchaba en todas partes: Pan; mi anhelo, besar, amar, vivir; mi ideal encarnado, la rubia a quien había un día sorprendido en el baño, Acteón adolescente delante de mi blanca diosa, silencioso, pero mordido por los más furiosos perros del deseo[3]. Sí; yo era el facineroso de la vida, el bandido del alba; sí, padre y madre míos, teníais razón de relampaguear delante de mis dieciséis años, pues estaba en la víspera de entrar a saco a Abril, de hacer la carnicería de Mayo, y de celebrar el triunfo de la juventud y del amor, la gloria omnipotente del sexo, con todas las vibrantes dianas de mi sangre. Y en tanto que escuchaba vuestros reproches, bajo la tempestad de vuestro regaño, miraba flamear como un estandarte real la más opulenta y perfumada de las cabelleras rubias; y pensaba en la roja corola de los dos más lindos labios de niña, tras cuyo cerco de raso estaba la miel

---

[3] Cfr. nota 9 de «Arte y hielo».

ultraterrestre de la más dulce fruta; y oía la voz amorosa que primeramente me despertara a la pasión de las pasiones; y bajo mis dedos nerviosos y avaros todo el tesoro columbino, y el del oro y el del marfil y el del rubí, ¡el ala del cisne, la onda, la ira! No; no era yo, pues, el culpable; no fui más que un nuevo instrumento de la infinita orquesta; y por furioso, por loco, por sonoro que fuese, no haría más que el mínimo gorrión de los árboles, o el más pequeño pez de las aguas.

Había que alistarme para partir. Abandonar el paraíso conquistado, mi amoroso trono, mi ciudad de marfil, mi jardín de flores encantadas, mi jardín de único perfume... Y, con la cabeza baja, triste, triste, parecíame que estuviese en la víspera de mi muerte, y mi partida, el viaje al país de la Muerte.

Porque, ¿qué era todo sino muerte, lejos de lo que para mí era toda la vida?

Así, quedéme solo en el salón, mientras mis padres enviaban a su sobrina, «por razones que luego explicarían», a casa de los suyos.

Quedé abrumado, abandonado de mi buena suerte, de mi hermoso ángel de carne, de mis ilusiones, de todo y de todos... ¡Negra existencia! Y como fuese entonces romántico y cabelludo, no dejé de pensar en una vieja pistola... yo sabía en qué armario estaba guardada... Escribiría dos cartas: una para mi padre y otra para[4]... Y después...

—¡Pst!, ¡pst!, ¡pst!

Y después me pegaría un tiro, pronunciando el nombre de la más amada de las...

—¡Pst!, ¡pst!, ¡pst!

¡Dios mío! Mi buena tía Rosa me llamaba por una ventana que daba al jardín; me llamaba con un aire que prometía algún consuelo, en medio de tanta desventura.

—¡Voy, tía!

Y de cuatro saltos bajé al jardín, un jardincito perfumado de naranjos floridos, y visitado con frecuencia por palomas y colibríes.

Os presento a mi tía Rosa Amelia, en el tiempo en que ha-

---

[4] una para mi padre: *sic*, aunque quizá sea mejor otra lectura: una para mis padres.

bía llegado a sus cincuenta años de virginidad. Había sido en su juventud muy bella, como lo atestiguaba una miniatura que llevaba al cuello. Sus cabellos habían ya emblanquecido —*mais, où sont les neiges d'antan?*[5]— y su cuerpo había perdido la gallardía de los años amables; mas en su rostro se mantenía una suave frescura de manzana, un tanto pálida; faz de abadesa aristocrática, iluminada crepuscularmente por una sonrisa melancólica y fugitiva. Había tenido en su juventud un novio amado, Rosa, cuando era como una rosa, y entre todas las buenas mozas, princesa. El novio no era del agrado de la familia, y la boda se agrió para siempre, porque el novio murió. Mi tía, tan linda, se fue marchitando, marchitando, marchitando... y, seco en el árbol su ramito de azahar, la pobre mujer visitó santos durante toda su existencia[6]. Le quedó el consuelo de amar como hijos a sus sobrinos, de hacer muy bellos ramos de flores y de formar matrimonios, embarcando en la epístola de San Pablo a todo el que a ella se acercaba[7].

—Ya he oído todo —me dijo—, y sé todo lo que ha sucedido. No te aflijas.

—Pero es que me mandan al campo, y no podré verla a ella.

—No importa, muchacho, no importa. ¿Te quiere? ¡Bien! ¿La quieres? ¡Bien! Pues entonces os casarán, tu tía Rosa lo asegura.

Y después de una pausa, dando un gran suspiro, continuó de esta manera:

—Hijo, no pierdas el más bello tiempo de la vida. Sólo se es joven una vez, y el que deja pasar la época de las flores sin

---

[5] Estribillo de la famosa balada de François Villon (1431-1463), y en la que se recrea el tópico del «Ubi sunt?» latino (cfr. F. Villon, *Poésies Complètes*, París, Librairie Générale Française, 1972, 72-75).

[6] *Sic* en *Elegancias*. En sus respectivas versiones, Saavedra Molina y Mejía Sánchez proponen una expresión más conocida que la de *Elegancias* («la pobre mujer *vistió* santos durante toda su existencia»), pero, en cualquier caso, el sentido de la frase sigue siendo sustancialmente el mismo.

[7] Seguramente Darío alude a la primera carta de San Pablo a los corintios, en la que se resumen muchas de las enseñanzas cristianas sobre el matrimonio.

cortarlas, no volverá a encontrarlas mientras exista. Mira estos cabellos blancos, ellos son mis antiguos hermosos cabellos negros. Yo amé, y no pude cumplir con la ley de amor. Así, me voy a la muerte con la más larga de las tristezas. Amas a tu prima y ella te ama; hacéis locuras, os habéis dejado arrastrar por el torbellino; no es prudente, pero es ello de influjo natural e, indudablemente, Dios no se ha de enojar mucho con vosotros; y confía, Roberto, hijo mío, en que tu tía os casará. Todavía sois muy jóvenes. Dentro de unos tres o cuatro años os podréis unir. Pero no hagas caso a tu padre, ¡ámala! Te vas al campo. Yo mantendré el fuego, tú me escribirás (¡oh, sublime tía!) y yo entregaré tus cartas... ¡Se ríen de ti porque te quieres casar! Pues te casarás. Vete al campo, durante un tiempo; después de lo hecho, ella será tu mujer. ¡Y, ciertamente, está loca por ti!

Esto dicho, partió nuevamente, como deslizándose, hacia sus habitaciones. Y he aquí la alucinación que tuve. Mi tía permanecía cerca de mí, pero cambiada por una maravillosa virtud. Su cabello blanco y peinado, de solterona vieja, se convirtió en una espesa cabellera de oro; su traje desapareció al surgir el más divino de los desnudos, aromado de sutilísimo y raro aroma, cual despidiendo una tenue bruma de luz de la sacra carne de nieve; en sus ojos azules irradiaba la delicia del universo; y su boca misteriosa y roja me habló como una lengua de lira:

—¡Yo soy la inmortal Anadiómena[8], la gloriosa patrona de los cisnes! Yo soy la maravilla de las cosas, cuya presencia conmueve los nervios arcanos del orbe; yo soy la divina Venus, emperatriz de los reyes, madre de los poetas; mis pupilas fueron más poderosas que el entrecejo de Júpiter, y he encadenado a Pan con mi cinturón[9]. La Primavera es mi clarín heráldico, la Aurora mi timbalera. Murieron los dioses del Olimpo de Grecia, menos la única inmortal; y todas las otras divinidades podrán desaparecer, mientras mi rostro alegrará por siempre la esfera. Triunfa y canta en tu tiempo, ¡oh san-

---

[8] *Anadiómena:* cfr. nota 15 de «Rojo».
[9] De acuerdo con la mitología, Venus era propietaria de un cinturón que concedía un atractivo irresistible a aquella mujer que lo llevase ceñido.

ta Pubertad! Florece, Mayo; fructifica, Otoño. El pecado de Mayo es la capital virtud de la Tierra. Las palomas que llevan mi carroza por el aire se han multiplicado por los cuatro puntos del globo, conducen mensajes de amor de sur a norte, y de oriente a occidente. Mis rosas sangran en todos los climas, y embalsaman todas las razas. Tiempo llegará en que la libertad augusta de los besos llene de música al mundo. Infeliz del que no gozó del dulzor de su alba, y dejó podrirse o secarse, flor o uva, en el tallo o en la viña. ¡Feliz el joven que se llame Batilo, y el viejo que se llame Anacreonte[10]!

En una mula bien aperada, y en compañía de un buen negro mayordomo, partí a la hacienda. Allá escribí más poesías que nunca, y tiempo después me alejaba muy lejos. A mi vecina no la volví a ver sino ya viuda y llena de hijos. Y a mi tía Rosa no la volví a ver jamás, porque se fue al otro mundo con sus azahares secos.

Permitidme que, a través del tiempo y de la tumba, le envíe un beso.

---

[10] Batilo, joven de Samos célebre por su belleza; Polícrates le erigió una estatua y Anacreonte le dedicó varios de sus poemas. Anacreonte (549-478 a.C.) es considerado el poeta del amor y del vino, y sus poemas más conocidos —las anacreónticas— son famosos por su tono ligero y alegre.

Huitzilopoxtli[1]

Tuve que ir, hace poco tiempo, en una comisión periodística, de una ciudad de frontera de los Estados Unidos a un punto mexicano en que había un destacamento de Carranza. Allí se me dio una recomendación y un salvoconducto para penetrar en la parte de territorio dependiente de Pancho Villa[2], el guerrillero y caudillo militar formidable... Yo tenía que ver a un amigo, teniente en las milicias revolucionarias, el cual me había ofrecido datos para mis informaciones[3], asegu-

---

[1] La primera publicación conocida es la de *La Nación*, del día 5 de junio de 1914, donde bajo el título y entre paréntesis llevaba una breve acotación («Para *La Nación*»). También se recogió en el *Diario de Centro-América* de Guatemala, el 10 de mayo de 1915, donde se acompañaba con el subtítulo de «Leyenda mexicana». Hemos tomado como base el texto de *La Nación*, aunque también tenemos en cuenta algunas aportaciones del *Diario*, tal como lo reproduce Raimundo Lida (1958, 301-306). *Huitzilopoxtli*, la palabra del título, es el nombre del dios azteca de la guerra, a quien se solían sacrificar esclavos o prisioneros con cierta frecuencia. En el número de agosto de 1914 de *Mundial* apareció el poema de Darío titulado «Ode a la France», con unos versos que pueden ayudar también a entender el sentido que Darío quería para este cuento: «Là-bas, dans l'épouvante et l'injurie et la haine / les chasseurs de la mort ont sonné l'hallali, / et, de nouveau soufflant sa vanimeuse haleine, / on croirait voir la bouche d'Huitzilopoxtli» (Darío, 1968, 837).
[2] Venustiano Carranza (1850-1920) y Pancho Villa (1877-1923), que lucharon al lado del luego presidente Francisco I. Madero (1873-1913), a quien se cita más adelante, fueron dos de los caudillos alzados en armas contra Porfirio Díaz, durante los años de la Revolución Mexicana; ambos controlaron el poder en los estados del norte de México.
[3] *Sic* en el *Diario*, en *La Nación*: «el cual me había ofrecido datos para informaciones».

rándome que nada tendría que temer durante mi permanencia en su campo.

Hice el viaje en automóvil, hasta un poco más allá de la línea fronteriza en compañía de Mr. John Perhaps, médico, y también hombre de periodismo, al servicio de diarios norteamericanos[4], y del Coronel Reguera, o, mejor dicho, el padre Reguera, uno de los hombres más raros y terribles que haya conocido en mi vida.

El padre Reguera es un antiguo fraile que, joven en tiempo de Maximiliano, imperialista, naturalmente, cambió en la época de Porfirio Díaz de Emperador sin cambiar en nada de lo demás. Es un viejo fraile vasco que cree en que todo está dispuesto por la resolución divina. Sobre todo, el derecho divino del mando es para él indiscutible.

—Porfirio dominó —decía— porque Dios lo quiso, porque así debía ser.

—¡No diga macanas! —contestaba Mr. Perhaps, que había estado en la Argentina.

—Pero a Porfirio le faltó la comunicación con la divinidad... ¡Al que no respeta el misterio se lo lleva el diablo! Y Porfirio nos hizo andar sin sotana por las calles. En cambio Madero...

Aquí en México, sobre todo, se vive en un suelo que está repleto de misterio. Todos esos indios que hay no respiran otra cosa. Y el destino de la nación mexicana está todavía en poder de las primitivas divinidades de los aztecas. En otras partes se dice: «Rascad... y aparecerá el...»

Aquí no hay que rascar nada. El misterio azteca, o maya, vive en todo mejicano, por mucha mezcla racial que haya en su sangre, y esto en pocos.

—¡Coronel, tome un whisky! —dijo Mr. Perhaps, tendiéndole su frasco de *ruolz*.

—Prefiero el comiteco[5] —respondió el padre Reguera, y me tendió un papel con sal que sacó de un bolsón, y una cantimplora llena del licor mejicano.

*

---

[4] *Diario*: «diarios yankis».
[5] *comiteco*: bebida alcohólica típica del departamento de Comitán, en el es-

Andando, andando, llegamos al extremo de un bosque, en donde oímos un grito: «¡Alto!» Nos detuvimos. No se podía pasar por ahí. Unos cuantos soldados indios, descalzos, con sus grandes sombrerones y sus rifles listos, nos detuvieron.

El viejo Reguera parlamentó con el principal, quien conocía también al yanqui. Todo acabó bien. Tuvimos dos mulas y un caballejo para llegar al punto de nuestro destino. Hacía luna cuando seguimos la marcha. Fuimos paso a paso. De pronto exclamé, dirigiéndome al viejo Reguera:

—Reguera, ¿cómo quiere que le llame, coronel o padre?

—¡Como la que le parió! —bufó el apergaminado personaje.

—Lo digo —repuse— porque tengo que preguntarle sobre cosas que a mí me preocupan bastante...

Las dos mulas iban a un trotecito regular, y solamente Mr. Perhaps se detenía de cuando en cuando a arreglar la cincha de su caballejo[6], aunque lo principal era el requerimiento de su whisky.

Dejé que pasara el yanqui adelante, y luego, acercando mi caballería a la del P. Reguera, le dije:

—Usted es un hombre valiente, práctico y antiguo. A usted le respetan y le quieren mucho todas estas indiadas. Dígame en confianza: ¿es cierto que todavía se suelen ver aquí cosas extraordinarias, como en tiempos de la conquista o antes de la conquista?[7]

—¡Buen diablo se lo lleve a usted! ¿Tiene tabaco?

Le di un cigarro.

—Pues le diré a usted. Desde hace muchos años conozco a estos indios como a mí mismo, y vivo entre ellos como si fuera uno de ellos... Me vine aquí muy muchacho, desde tiempo de Maximiliano. Ya era cura y sigo siendo cura, y moriré cura.

—¿Y...?

---

tado de Chiapas, que se elabora a partir del jugo de un maguey propio de aquella región.

[6] *Diario*: «la cincha de su caballo».

[7] *Diario*: «... aquí cosas extraordinarias, como en tiempos de la conquista?».

—No se meta en eso.

—Tiene usted razón, padre; pero sí me permitirá que me interese en su extraña vida. ¿Cómo usted ha podido ser durante tantos años sacerdote, militar, hombre que tiene una leyenda, metido por tanto tiempo entre los indios, y por último aparecer en la revolución con Madero? ¿No se había dicho que Porfirio le había ganado a usted?

El viejo Reguera soltó una gran carcajada.

—Mientras Porfirio tuvo algo a Dios[8], todo anduvo muy bien; y eso gracias a Da. Carmen...

—¿Cómo, padre?

—¡Pues así...! Lo que hay es que los otros dioses...

—¿Cuáles, padre?

—Los de la tierra...

—¿Pero usted cree en ellos?

—Calla, muchacho; y tómate otro comiteco.

—Invitemos —le dije— a Mr. Perhaps, que se ha ido ya muy delantero.

—¡Mr. Perhaps! ¡Perhaps![9].

No nos contestó el yanqui.

—Espere —le dije a Reguera—; voy a ver si lo alcanzo.

—No vaya —me contestó, mirando al fondo de la selva—. Tome su comiteco.

El alcohol azteca había puesto en mi sangre una actividad singular. A poco andar en silencio, me dijo el padre:

—Si Madero no se hubiera dejado engañar...

—¿De los políticos?[10]

—No, hijo; de los diablos...

—¿Cómo eso? ¿Usted sabe lo del espiritismo?

—Nada de tal cosa. Lo que hay es que él logró ponerse en comunicación con los dioses viejos...

—¡Pero, padre...!

—Sí, muchacho, sí, y te lo digo porque, aunque yo diga misa, eso no me quita lo aprendido por todas esas regiones

---

[8] En *La Nación: tuvo algo a Dios,* pero quizá mejor: *tuvo a Dios,* o *tuvo en algo a Dios.*

[9] *Diario:* «¡Eh, Perhaps! ¡Perhaps!»

[10] *Sic* en *Diario,* en *La Nación:* «¡De los políticos!...»

en tantos años, y te advierto una cosa: con la cruz hemos hecho aquí muy poco; y por dentro y por fuera, el alma y las formas de los primitivos ídolos nos vencen... Aquí no hubo suficientes cadenas cristianas para esclavizar a las divinidades de antes; y cada vez que han podido, y ahora sobre todo, esos diablos se muestran.

Mi mula dio un salto atrás, toda agitada y temblorosa. Quise hacerla pasar y fue imposible.

—Quieto, quieto —me dijo Reguera.

Sacó su largo cuchillo y cortó de un árbol un varejón[11], y luego con él dio unos cuantos golpes en el suelo.

—No se asuste —me dijo—; es una cascabel.

Vi entonces una gran víbora que quedaba muerta a lo largo del camino. Y cuando seguimos el viaje oí una sorda risita, una sorda risita del cura...

—No hemos vuelto a ver al yanqui —le dije.

—No se preocupe, ya le encontraremos alguna vez.

*

Seguimos adelante. Hubo que pasar a través de una gran arboleda tras la cual oíase el ruido del agua en una quebrada. A poco: «¡Alto!»

—¿Otra vez? —le dije a Reguera.

—Sí —me contestó—. Estamos en el sitio más delicado que ocupan las fuerzas revolucionarias. ¡Paciencia!

Un oficial con varios soldados se adelantaron. Reguera les habló y oí contestar al oficial:

—Imposible pasar más adelante. Habrá que quedar ahí hasta el amanecer.

Escogimos para reposar un escampado bajo un gran ahuehuete[12]. De más decir que yo no podía dormir. Yo había terminado mi tabaco y le pedí a Reguera.

—Tengo —me dijo—, pero con mariguana.

---

[11] *varejón*: vara larga y gruesa.
[12] *ahuehuete*: árbol pináceo de tronco alto y fuerte y copa ovalada. Es muy común en las zonas montañosas de México, donde también se le conoce con el nombre de «ciprés de Moctezuma».

Acepté, pero con miedo, pues conozco los efectos de esa yerba embriagadora, y me puse a fumar.

Enseguida el cura roncaba y yo no podía dormir.

Todo era silencio en la selva, pero silencio temeroso, bajo la luz pálida de la luna. De pronto escuché a lo lejos como un quejido largo y ululante, que luego fue un coro de aullidos. Ya conocía esa siniestra música de las selvas salvajes; era el aullido de los coyotes.

Me incorporé, cuando sentí que los clamores se iban acercando. No me sentía bien y me acordé de la mariguana del cura. ¿Si sería eso?...

Los aullidos aumentaban. Sin despertar al viejo Reguera, tomé mi revólver y me fui hacia el lado en donde estaba el peligro. Caminé y me interné un tanto en la floresta, hasta que vi una especie de claridad que no era la de la luna, puesto que la claridad lunar, fuera del bosque, era blanca, y ésta, dentro, era dorada. Continué internándome hasta donde escuchaba como un vago rumor de voces humanas alternando de cuando en cuando con los aullidos de los coyotes. Avancé hasta donde me fue posible. He aquí lo que vi: un enorme ídolo de piedra, que era ídolo y altar al mismo tiempo, se alzaba en esa claridad que apenas he indicado. Imposible detallar nada. Dos cabezas de serpiente, que eran como brazos o tentáculos del bloque, se juntaban en la parte superior, sobre una especie de inmensa testa descarnada, que tenía a su alrededor una ristra de manos cortadas sobre un collar de perlas, y debajo de eso, vi, en vida de vida[13], un movimiento monstruoso. Pero ante todo observé unos cuantos indios, de los mismos que nos habían servido para el acarreo de nuestros equipajes, que silenciosa y hieráticamente daban vueltas alrededor de aquel altar viviente.

Viviente, porque fijándome bien, y recordando mis lecturas especiales, me convencí de que aquello era un altar de Teoyamiqui, la diosa mexicana de la muerte. En aquella piedra se agitaban serpientes vivas, y adquiría el espectáculo una actualidad espantable...

---

[13] *Sic* en *La Nación* y *El Diario*. Ibáñez, que sigue también el texto de *La Nación*, propone «en onda de vida» (Darío, 1970, 224).

Me adelanté. Sin aullar, en un silencio fatal, llegó una tropa de coyotes y rodeó el altar misterioso. Noté que las serpientes, aglomeradas, se agitaban; y al pie del bloque ofídico[14], un cuerpo se movía, el cuerpo de un hombre. ¡Mr. Perhaps estaba allí!

Tras un tronco de árbol yo estaba en mi pavoroso silencio. Creí padecer una alucinación, pero lo que en realidad había era aquel gran círculo que forman esos lobos de América, esos aullantes coyotes más fatídicos que los lobos de Europa.

Al día siguiente, cuando llegamos al campamento, hubo que llamar al médico para mí.

Pregunté por el padre Reguera.

—El coronel Reguera —me dijo la persona que estaba cerca de mí— está en este momento ocupado. Le faltan tres por fusilar.

Vino a mi cerebro, como escrito en letras de sangre: *Huitzilopoxtli*.

---

[14] *Sic* en el *Diario*, en *La Nación*: «bloque ofidio».

El cuento de Martín Guerre[1]

—¿Es un cuento? —preguntó la señora de Pérez Sedano.

—Una historia —contestó el viejo M. Poirier—. Una historia que parece inverosímil. ¿Cómo es posible que una mujer, por muchos años de ausencia que hayan pasado, pueda confundir a su marido con otro hombre?

Pérez Sedano, recién casado, feliz, sano y jovial, miró a su mujer.

—¡Imposible! —exclamó ésta, poniendo a su vez en él una mirada significativa.

—Yo no conozco el caso —dijo una señorita de la tertulia.

—Pues lo voy a referir una vez más —agregó Mr. Poirer— tal como lo leí cuando era estudiante de derecho, en el trabajo de Jean de Coras, titulado *De l'arrêt mémorable du parlament de Toulose, contenant une historie prodigieuse*[2]. Os aseguro que es interesante como una novela. Allá por el año de 1539, se casaron, muy jóvenes y bien enamorados, los llamados Martín Guerre y Bertrande de Rols, en Artigat, diócesis de

---

[1] *La Nación* (Buenos Aires), 10 de junio de 1914. Seguimos el texto de Ibáñez (Darío, 1970, 226-229).

[2] Jean de Coras (1513-1572), jurisconsulto francés, autor, entre otros, del trabajo que cita Darío *(De l'arrêt mémorable du parlament de Toulose, contenant une historie prodigieuse d'un supposé mari, advenue de nôtre temps: enrichie de cent et once belles et doctes annotations,* Lyon, ca. 1590). Como en el caso de «La leyenda de San Martín», Rubén sigue muy de cerca el modelo de su cuento, manteniendo prácticamente inalterados detalles como los nombres de los protagonistas, lugares, fechas, etc. (cfr. N. Zemon Davis, *The return of Martin Guerre*, Cambrigde, Harvard UP, 1983).

Rieux, en Gascogne. Vivieron diez años dichosos —fijaos bien, ¡diez años!— y de pronto desapareció el marido, sin que se supiese qué rumbo había tomado. A los ocho años se presentó en el lugar un hombre completamente igual a él, el mismo tamaño, las mismas facciones, «las mismas señas particulares»: una cicatriz en la frente, un defecto dental, una mancha en la oreja izquierda, etc. Gran alegría para la mujer abandonada, que le acoge en sus brazos y en su tálamo, y todo fue a maravilla. Pero pasados tres años se supo que este marido de pega se llamaba Arnoult du Thil, alias Pansette, que había sabido embaucar a toda la gente y principalmente a la esposa de Martín Guerre. El cual se presentó a reclamar sus derechos, y de ahí el proceso. De veinticinco a treinta testigos, nueve o diez aseguran que el impostor es Martín Guerre, siete u ocho que es Du Thil, y el resto, vacila. Dos testigos afirman que un soldado de Rochefort, no hace mucho tiempo, al pasar por Artigat, asombrado de ver a Du Thil pasar por Martín Guerre, dijo bien alto que era un engañador, pues Martín Guerre estaba en Flandes, con una pierna de palo, por haber sido mutilado por una bala delante de St. Quentin en la jornada de St. Laurens. Pero casi todos declaran que el acusado, cuando llegó a Artigat, saludaba por su nombre a todos los que encontraba, sin haberlos visto ni conocido nunca. Y a los que decían no conocerle, les recordaba: «¿No te acuerdas cuando estábamos en tal lugar, hace diez, quince o veinte años, que hacíamos tal cosa, en presencia de Fulano, o hablamos tal otra?» Y aun, la primera noche, dijo a su pretendida mujer: «Vete a buscar mis calzas blancas, forradas de seda blanca, que dejé en tal cofre cuando partí.» Allí estaban las calzas.

»La corte estaba en perplejidad grande, pero el bueno y poderoso Dios, mostrando que quiere siempre asistir a la justicia y para que un tan prodigioso hecho no quedase oculto y sin castigo, hizo que como por un milagro apareciese el verdadero Martín Guerre, el cual, llegado de las Españas con una pierna de palo, como un año antes había sido consignado por el soldado, presentó queja de la impostura. Los comisarios le pidieron en secreto alguna cosa más oculta de aquellas que ni uno ni otro había sido interrogado. Una vez que hubo declarado, se hizo venir al prisionero, a quien se le hace el mismo interrogatorio. Respondió del mismo modo que el otro, lo que asombró a la compañía e hizo creer que Du Thil sabía algo de magia. "Había, en verdad, gran razón de pensar —dice, en sus curiosas anotaciones sobre este proceso Jean de Coras, hombre desde luego profundamente instruido—, había gran razón de pensar que éste, prevenido, tuviese algún espíritu familiar. No hay que dudar de que entre las prodigiosas y abominables tiranías que Satán, desde la creación del mundo, ha cruelmente ejercido contra los hombres para enlazarlos y atraerlos a su reino, no haya tenido un gran almacén de magia, abierto tienda a tal mercadería, y dado de ella a infinitos hombres tan largamente que se haya hecho reverenciar de muchos con grande maravilla, persuadiéndoles de que todo es factible por medio de la virtud mágica."

»Los comisarios hicieron venir a Bertrande, la cual, de pronto, después de haber puesto los ojos en el recién llegado, desolada y trémula como la hoja agitada por el viento, con el rostro bañado en lágrimas, corrió a abrazarle, pidiéndole perdón de la falta que, por imprudencia y llevada de seducciones, imposturas y cautelas de Du Thil, había cometido y acusó a las hermanas de Martín, sobre todo, que habían demasiado fácilmente creído y asegurado que el prisionero era su hermano.

»El recién venido, habiendo llorado al encontrarse con sus hermanas, a pesar de los llantos y gemidos extremos de Bertrande, no mostró un solo signo de dolor o tristeza, y, al contrario, una austera y huraña continencia. Y sin dignarse mirarla, díjole: "Dejad aparte esos lloros, de los cuales no puedo ni debo conmoverme, y no os excuséis con mis hermanas, pues ni padre, ni madre, hermanos y hermanas deben conocer a su hijo o hermano, como la esposa debe conocer al marido, y nadie tiene más culpa que vos." Sobre lo cual los comisarios intentaron acusar a Bertrande; pero, en este primer encuentro, no pudieron nunca ablandar el corazón de Martín, ni quitarle su austeridad.

»El impostor Du Thil, una vez descubierto, sufrió la siguiente sentencia: "La corte... ha condenado a Du Thil a hacer confesión honorable ante la iglesia de Artigat; y allí, de rodillas y en camisa, cabeza y pies desnudos, con la cuerda al cuello y teniendo en sus manos una antorcha de cera ardiente, pedir perdón a Dios, al rey y a la justicia, a los dichos, Martín Guerre y Bertrande. Y esto hecho, será Du Thil entregado en manos del ejecutor de la alta justicia, que le hará hacer las vueltas por las calles y lugares acostumbrados del dicho lugar de Artigat; y, la cuerda, al cuello, lo llevará ante la casa de Martín Guerre, para allí, en una horca, ser colgado y estrangulado, y después quemado su cuerpo... Pronunciado el 12º día de septiembre de 1560."

»El condenado, llevado de la conserjería al lugar de Artigat, fue oído por el juez de Rieux, delante el cual confesó largamente su culpa. Sin embargo, declaró que lo que le había dado la primera ocasión al proyectar su empresa, había sido que siete u ocho años antes, a su vuelta de campo de Picardía, algunos lo tomaban por Martín Guerre, del cual habían sido íntimos amigos y familiares, y considerando que así podrían equivocarse muchos otros, se le ocurrió inquirir e informarse, lo más cautamente que pudiera, de la profesión de Martín, de su mujer, de sus parientes, de lo que él solía decir y hacer antes de irse; negando siempre, sin embargo, ser nigromante, ni haber usado encantos, encantamientos o alguna especie de magia. Por lo demás, confesó haber sido "fort mauvais garnement" de todas maneras. Estando para subir a la horca pidió perdón a Martín y a Bertrande, con grandes muestras de arrepentimiento y detestación de su hecho, pidiendo a gritos a Dios misericordia por su hijo Jesucristo. Y fue ejecutado, colgado su cuerpo y después quemado.

—¡Interesantísimo! —exclamaron todos.

—¡Y pensar —dijo con cierto retintín la ácida Mme. Poirier— que tal vez habría congeniado mejor con el otro!

—Por lo que toca a mi mujercita —concluyó Pérez Sedano— creo que, por mucho que hiciera el impostor, jamás me confundiría con otro...

Y la señora de Pérez Sedano aprobó riendo lo que decía su marido; pero se puso toda ruborosa como una rosa...

Colección Letras Hispánicas